LA PREMIÈRE FOIS,
J'AVAIS SIX ANS...

ISABELLE AUBRY

LA PREMIÈRE FOIS, J'AVAIS SIX ANS...

En collaboration avec Véronique Mougin

Document

ÉDITIONS

Le papier de cet ouvrage est composé de fibres naturelles, renouvelables, recyclables et fabriquées à partir de bois provenant de forêts plantées et cultivées expressément pour la fabrication de pâte à papier.

ISBN : 978-2-266-19280-4

1

Porte Dauphine et ailleurs

Il y a dans Paris, la nuit, des voitures discrètes qui sillonnent les rues éclairées ou désertes avec, à leur bord, des couples bien sous tous rapports. Des hommes et des femmes souriants, excités d'avance par le plaisir qui les attend, un peu plus loin. C'est vers la porte Dauphine que tous se dirigent.

Moi aussi, j'y vais, parce que l'homme qui m'y conduit en a décidé ainsi. Tout à l'heure, avant que nous partions, Renaud m'a dit qu'il allait me faire une jolie surprise. Jolie ou pas, je n'ai pas d'autre choix que de le suivre. Lui, c'est le genre colérique, tendance violent. Ses mains robustes et noueuses écrasent les cigarettes d'un geste vif, surprenant, et envoient les claques de la même façon. Voilà longtemps que Renaud me fait peur, mais aujourd'hui, ça va, il chantonne. La petite sauterie qu'il s'est concoctée le réjouit autant qu'elle m'inquiète.

Porte Dauphine, le ballet des voitures commence. Elles se suivent, se doublent, tourbillonnent autour du rond-point. Les conducteurs et leurs passagères se toisent, évaluant la marchandise du véhicule d'à côté. Appels de phares en direction de Renaud : l'occupant de la voiture voisine témoigne vivement de son intérêt. L'affaire est faite et Renaud s'engage à sa suite dans les ruelles. Paris, banlieue, parking, ascenseur, couloir : je ne sais pas encore où je vais, mais la boule qui se forme dans mon estomac m'indique que nous touchons au but. La fameuse surprise, je le pressens, n'est pas un cadeau. Nous entrons dans le petit appartement de Monsieur Tout-le-monde. Un poste de télévision, une moquette marronnasse, une table basse, Madame Tout-le-monde décolorée et un long canapé sur lequel l'assemblée s'assoit. Chacun sait apparemment pourquoi il est là. Je le devine aussi, et mon angoisse monte d'un cran quand on me laisse seule, porte fermée, avec cet homme. Que je ne connais pas. Qui ne me connaît pas. Qui commence à me déshabiller. Qui détache les boutons de son jean en caressant mes seins.

Je rêve de m'enfuir, tout de suite, avant que n'arrive ce qui doit arriver. Je reste parce que Renaud, parti dans la chambre d'à côté avec la blonde, l'exige.

C'est long. Mon regard s'accroche au plafond tandis que mon corps s'enfonce dans les coussins sous le poids de l'homme chauve, inconnu. Ses va-et-vient me donnent la nausée. Les minutes passent, j'ai de plus en plus chaud, mon supplice semble n'avoir pas de fin. Renaud revient avec sa conquête et il faut encore s'emmêler, à quatre, sur ce canapé-lit râpé, devant la télé éteinte.

Je me concentre très fort pour ne rien ressentir. Mon corps devient un paquet de coton dont chacun fait ce qui lui plaît. Quand les hennissements se taisent, enfin, j'ai juste envie de mourir.

J'ai treize ans et demi et je viens de vivre ma première partouze.

Il y en aura d'autres. Beaucoup d'autres. À quatre personnes, à six, à vingt. Non content de me mettre dans son lit, Renaud va faire de moi, l'enfant brune et timide, une pute rentable et silencieuse. Il va me salir, longtemps, souvent, porte Dauphine et ailleurs. Écolière le jour, joujou soumis la nuit, voilà ma vie. Une dizaine, parfois une quinzaine de types défilent sur moi. Je ne compte pas. Je ferme les yeux, inerte. Je me débranche.

Une fois, l'un de ces types m'interpelle :

« Ça n'a pas l'air de te plaire... », a-t-il remarqué.

Perspicace, le gars. Ça ne me plaît pas, évidemment. Je déteste ça, même. Je préférerais, comme toutes les gosses de mon âge, passer la soirée devant la télé, ou à lire la biographie d'Édith Piaf que j'admire tant, ou à faire mes devoirs, pourquoi pas ? J'aimerais mieux qu'aucun porc ne piétine ma vie. J'aimerais mieux ne pas servir, nuit après nuit, de sac à sperme à des dizaines d'hommes qui se défoulent entre mes jambes de gamine. Je donnerais tout pour que mon cauchemar s'arrête. Ces soirées sans fin sont mon agonie. J'y crève doucement et le lendemain tout recommence. Je pourrais lui balancer tout cela, à ce pauvre type, pendant qu'il rajuste son pantalon. Mais je ne lui dis rien. Je me tais parce que je suis une enfant et que Renaud, l'homme qui chaque soir me viole et me prête à qui veut, c'est mon père.

2

Un objet

C'est un rocher têtu, battu par les paquets de mer mais toujours acéré. Un éperon plongé dans l'océan, sauvagement beau, aride, hostile même les jours de tempête. La pointe de la Torche ne daigne s'adoucir que lorsque derrière elle on devine, dans les terres, la rondeur de dunes fleuries de tulipes orangées... Cette presqu'île caractérielle est l'endroit que j'aime le plus au monde. Elle est le cœur de mon pays de cœur, le Finistère. J'y ai vécu et, quand je l'ai quitté, ce ne fut jamais pour bien longtemps. J'y suis toujours revenue, pour des vacances quand j'étais enfant, puis adulte avec les amours de ma vie. C'est dans cette terre salée que plongent mes racines. Mes aïeux s'y installèrent, face à la mer, dans un triangle iodé compris entre Audierne, Bénodet et Quimper. Mes arrière-grand-mères y attendirent, seules, leur mari, leur frère ou leur fils partis pêcher au large. Mes grand-mères encore, chapeautées de la coiffe bigoudène, passèrent leur jeunesse les yeux dans le bleu, attendant leur marin de père.

Ainsi auraient perduré des générations de pêcheurs s'il n'y avait eu Valentine.

La première à quitter la Bretagne, c'est elle, ma grand-mère paternelle. Dans sa jeunesse, Valentine est belle comme personne. Une brune au teint pâle et au port de princesse… Tellement jolie qu'elle remporte même, à l'aube de ses seize ans, le titre de « reine des brodeuses » ! Dans les années 1920, ce concours de beauté n'est pas n'importe quoi : cette couronne rapporte à ma grand-mère une notoriété locale, des demandes en mariage à la pelle, ainsi qu'un aller-retour pour la capitale. La miss refuse les alliances, mais empoche le billet. De Paris, elle ramènera de belles cartes postales en gris et blanc ainsi que mon grand-père, René Aubry. Il n'est pas breton, mais qu'importe ! Ce jeune apprenti du bâtiment, souriant rarement, parlant sec, lui plaît. Il est grand par la taille, imposant par la stature, dur à la tâche. Mieux : il a de l'or dans les mains.

C'est le début du xxe siècle, l'époque où les familles de France aspirent au progrès, au confort. Mon grand-père peut leur apporter cela sur un plateau, puisqu'il connaît les secrets du chauffage central ! Quand il décide de s'installer dans les terres de sa femme, quand il arrive dans mon Finistère avec ce bijou moderne qu'il est le seul de la région à savoir maîtriser, l'ancien apprenti devient roi. Il équipe les alentours, travaille d'arrache-pied, regardant croître l'entreprise qu'il a fondée. Au pays du *Cheval d'orgueil*, mon grand-père se taille la part du lion. Tandis que son époux chauffe le pays, ma grand-mère, elle, ouvre un magasin de petit électroménager qui acquiert rapidement une jolie réputation. Doucement, Valentine grimpe l'échelle sociale. Son mari et elle finissent par s'installer aux confins d'une lande sauvage, dans une vaste ferme à l'abandon. De ses mains, mon grand-père ressuscite l'imposante bâtisse, plante les légumes derrière, les fleurs devant. Dans le grand parc n'ont survécu que quelques fusains, immunisés contre les âpres tourbillons du vent. À part ces végétaux courbés, brûlés jusqu'à la sève par le souffle de la mer, rien ne pousse, dit-on. Qu'à cela ne tienne, mon grand-père est pugnace, et plante consciencieusement de petits épineux qui donneront, des années plus tard, une luxuriante allée de sapins, majestueuse barrière exotique dans l'aride paysage de granit… L'histoire de mes grands-parents est à l'image de ce jardin modeste devenu parc somptueux : ces deux-là devinrent des notables à force de travail. Cette ardeur à la tâche, ils ne l'ont jamais perdue. Et ils me l'ont transmise.

Enfant, je passe beaucoup de temps avec eux, et pas question de flemmarder !

« Isabelle, viens par ici, je vais te montrer quelque chose. »

Et me voilà tout ouïe, écoutant papy gloser sur la philatélie, l'art de bouturer un saule ou la technique pour sculpter un pied de chaise… Dans le gigantesque atelier de mon grand-père trône en effet un tour à bois mécanique qui me fascine. Penché sur l'établi, plissant les yeux, mon papy œuvre, et je regarde sous ses doigts le tronçon de pin se transformer miraculeusement en pied de lit ou en autre merveille. Pendant des jours, je le verrai ainsi occupé à fabriquer, pour moi, de magnifiques cubes, taillés et polis dans du beau bois couleur caramel…

« Isabelle, peux-tu me dire ce que signifie le mot "chanfreiner" s'il te plaît ? »

J'ai droit à trois réponses, mais je sèche totalement. Avec René Aubry, même les jeux sont éducatifs : il saisit un dictionnaire, pioche un mot au hasard et me laisse deviner sa définition avant de me la livrer, dès que je donne ma langue au chat. À ses yeux, les deux pires gros mots sont « dilettantisme » et « oisiveté ». Quand mon grand-père n'a rien à m'apprendre, je rejoins ma grand-mère pour une séance de patouillage gastronomique. Je lèche la saucière du homard à l'armoricaine, touille les confitures encore fumantes et, en attendant l'heure du festin, je m'échappe dans le parc capturer quelques bestioles. Une fois, je ramène dans un seau, à l'heure de l'apéritif, un serpent que j'ai attrapé, superbe et luisant.

« Regarde, la belle couleuvre que j'ai trouvée, papy, hein dis, elle est belle, non ? »

René Aubry, toujours stoïque, me demande prestement de m'écarter, file dans son atelier chercher la tondeuse à gazon et roule frénétiquement sur mon magnifique trophée de chasse.

Ce jour-là, j'ai eu droit, en plus du gros câlin consolateur, à un cours sur les animaux dangereux. Savoir distinguer une couleuvre inoffensive d'une méchante vipère, mais aussi cuisiner, bricoler, coudre, jardiner, jouer au croquet..., avec mes grands-parents Valentine et René, j'ai appris mille et une choses.

Avec Augustine, j'ai appris à être aimée.

Augustine, c'est mon autre grand-mère, la mère de maman. Mémé quoi. Mon cœur se serre rien qu'à l'évoquer, cette petite bonne femme qui jamais de sa vie n'a quitté sa haute coiffe de Bigoudène. Ses mots doux en breton coulent encore dans mes oreilles et, sous mes doigts, je sens la texture du peigne, accroché à ses cheveux gris, que je tripote quand elle me serre dans ses bras... Ma mémé, je l'aime plus fort qu'aucun autre membre de la famille. Elle me le rend bien.

En plus, sa maisonnette est à deux pas de la plage, et moi, j'aime la plage.

Dès que j'ai trois minutes, j'y cours, j'y vole. Toute seule, je me jette dans les vagues, je bats des pieds, je patauge dans les rouleaux féroces ! Le temps file, parfois, je pars le matin et ne rentre que le soir, pleine de boue, sale comme un cochon, rose des joues, griffée des mollets. Heureuse ! Et Augustine m'attend sur le seuil, aussi furieuse qu'inquiète.

« Isabelle, vous avez vu l'heure ? »

Ma grand-mère, souvent, s'emmêle dans les langues : breton, français, elle s'y perd un peu et la voilà qui me vouvoie, marque d'affection dans sa langue natale. Pourtant, elle est furieuse. J'ai oublié de goûter, ou j'ai roulé dans les orties. Ou encore je lui ai emprunté son vélo noir, bien trop grand pour mes courtes pattes de gamine, et j'ai fait une telle chute qu'un voisin a dû me ramener, complètement sonnée, à la maison.

Mémé m'interdit formellement de lui emprunter de nouveau sa bicyclette.

« Plus jamais, entendez-vous ? »

Pas grave ! Je ne suis pas à court d'idées pour m'amuser, et je trouve un autre jeu, encore plus rigolo, un grillon à attraper ou une longue épingle à glisser dans la prise électrique… Augustine n'en peut plus et c'est le martinet qui m'attend. Celui-là, il sert parfois, quand mémé veut marquer le coup. À maline, maline et demie : dès qu'elle a le dos tourné, j'arrache discrètement un des lacets du martinet. Jour après jour, voilà que le pauvre se déplume et, lorsque Augustine tente de s'en servir, il s'avère diablement moins efficace… Je rigole en douce du bon tour que je lui joue. S'aperçoit-elle de ma petite ruse ? Sans doute, mais elle ferme les yeux. Tendre Augustine…

Je la rends parfois malade avec mes bêtises. Sa coiffe en tremblote quand je reviens deux heures en retard, le short déchiré d'avoir voulu cueillir des mûres dans les ronces. Pourtant, c'est une dure à cuire, elle en a vu d'autres. Son mari, mon grand-père, était marin pêcheur. À l'aube, il quittait sa femme pour la mer, lançant à la cantonade, comme pour conjurer le sort :

« Cette fois-ci, c'est sûr, je ne reviendrai pas. »

Et sa femme lui répondait, en breton également, de ne pas s'inquiéter, qu'il disait cela chaque fois. Le destin finit par lui donner raison, il mourut en mer. Pas noyé, non. Tombé raide sur le pont du bateau, brisé net par une rupture d'anévrisme. À l'époque, quand ce genre de drame survenait, l'équipage ne prenait pas le temps de s'attendrir : les compagnons du gisant attachaient le corps à une corde et le traînaient dans l'Atlantique, une heure ou deux, pour simuler la noyade. La péripétie était déclarée comme accident du travail et la veuve pouvait alors toucher une pension. Trop de cœur ou manque de tripes, les collègues de mon grand-père n'ont pas sacrifié à la tradition, son cadavre est resté sur le pont et Augustine a dû retrousser ses manches. Seule, avec cinq enfants sur les bras, sans revenus, ma Bigoudène est allée s'embaucher à l'usine. Année après année, du matin au soir, elle a mis des sardines en conserve, et s'est occupée de sa marmaille avec l'énergie qui lui restait. Après avoir été une mère courage mais débordée, elle est une grand-mère affectueuse.

Je me souviens, fugacement, de mes mains dans les siennes, quand elle m'emmène, toute petite, sur les dunes plantées de romarin pour m'apprendre à marcher. Je me souviens parfaitement de son odeur sur l'oreiller quand je me blottis le soir tout contre elle, pour m'endormir, le nez dans son cou…

Je passe à ses côtés les meilleurs instants de mon enfance, voire de ma vie. Elle me protège, me console, m'aime et m'amuse. Avec Augustine, j'existe.

Avec mes parents, c'est une autre histoire…

Du mariage d'Augustine et de son marin naîtra Marie, ma mère, cadette de cinq enfants, à qui sans doute sa mère manqua. Plus tard, elle se rêva diplômée, mais dut, hélas, rapidement aller travailler. René et Valentine donnèrent naissance à mon père, Renaud, enfant gâté qui reçut tout ce dont ses parents avaient manqué dans leur jeunesse. Il s'installa comme électricien, jaloux de son frère, devenu, lui, ingénieur. Je suis le fruit de l'union de cette frustration et de cette aigreur. Fruit germé par inadvertance : mes parents habitaient à quelques kilomètres l'un de l'autre. Leur voisinage a sans doute mué en copinage, puis en flirt, ainsi ai-je été conçue sans être désirée. Ma mère tombe enceinte alors qu'elle n'a pas encore dix-huit ans et voit son avenir en grand, à la ville, avec un bon métier. Pour la cadette de la fratrie, cette grossesse est une catastrophe qui contrecarre ses projets dorés. Terminé les études ! J'offre à Marie un aller simple pour la mairie. Elle y pose devant le photographe, belle mariée enrobée de tulle et de lys blancs, au bras de mon père. Amoureux ? Peut-être, mais contraints surtout.

« Quand j'ai su que j'étais enceinte, je me suis sentie piégée. »

Dès les premières secondes de mon existence, je suis donc un cadeau du hasard dont personne ne veut. Des années plus tard, ma mère ne m'épargne aucun détail : j'apprends de sa bouche qu'elle a tout tenté pour me faire passer. Pendant neuf mois, elle est désespérée à pleurer des rivières, à sauter sur les rochers pour décrocher le vigoureux petit fœtus que je suis. Rien à faire, je m'accroche. Je suis tenace, déjà.

Je nais donc malgré tout, en pleine santé, le 11 avril 1965, à l'hôtel-Dieu de Pont-l'Abbé. Ma mère m'allaite, un peu, jusqu'à ce qu'un beau matin ses seins se mettent en grève. Trop de contrariétés, plus rien à donner au bébé affamé.

« Je me suis disputée avec ton père et mon lait s'est tari », me dit-elle.

Déjà, donc, mes parents se disputent. Il faut dire que Renaud Aubry est un spécimen : colérique, égoïste, imprévisible. Enfant, il ne trouvait rien de plus drôle que de bousculer sa petite voisine, chargée de son pot au lait. Le lait renversé, mon père riait de sa farce cruelle. Adulte, il cultive son léger côté sadique. En voiture, dès qu'il voit un étranger sur un vélomoteur, il donne un petit coup de volant de côté, histoire que le vélo et son conducteur dérapent dans le fossé… Mon père a la détestation facile : les Arabes, les Noirs, les plus jeunes, les plus vieux… Globalement, il n'aime que lui-même. Persuadé d'être un homme hors du commun, il se dispute régulièrement avec son père, à qui il reproche de ne pas le considérer à sa juste et immense valeur. Lui, le petit électricien, a une revanche à prendre, contre la vie, contre son frère devenu ingénieur, et cette ambition le ronge. Il s'emporte pour un rien, convaincu que le monde entier le jalouse et le vole. Très fier de sa ceinture noire de judo, un sport qu'il a pratiqué dans la marine, il n'hésite pas à faire le coup de poing. Les armes, les fusils, les couteaux, il adore ça. Et se battre, encore plus. Un jour, il s'emporte contre mon grand-père, hurlant, vociférant. Le lendemain, c'est son beau-frère qui prend, dans la petite maison d'Augustine. Pour un rien, le ton monte, les coups partent, de l'huile se renverse sur le gaz et les flammes lèchent le plafond. J'ai trois ans et suis pétrifiée d'angoisse.

Tel est mon père, ce père que j'aime plus que tout et qui me fait si peur. Car je l'aime, évidemment, puisqu'il est fort, intelligent, et qu'il est mon papa. Et lui aussi, il m'aime, à sa façon. Mal. Je suis la chair de sa chair, le sang de son sang, et, s'aimant énormément, il m'aime donc un peu. En tant que digne fille de son père, il veut que je sois la plus belle, la plus maline, la mieux éduquée. Ce que je suis vraiment, ce que je pense, mes bonheurs et mes peines, il s'en moque pas mal. En fait, j'existe pour qu'il se valorise à travers moi. Aux yeux de son épouse aussi, il aimerait être le centre du monde. Il voudrait bien que Marie l'admire, qu'elle l'accompagne partout. Mais avec elle, ça marche moins bien.

Ma mère, mariée à un égocentrique pur jus, en a parfois assez de son caractère et de ses colères. Leurs disputes rythment mon quotidien, dans l'appartement de la banlieue parisienne où nous nous sommes installés. Mon père y a trouvé un job de dépanneur dans l'électroménager, ma mère est embauchée comme secrétaire et me colle chez une nourrice du quartier… Un jour, alors que ma mère revient plus tôt du travail, elle surprend le mari de la nounou en pleine séance de défoulement : il m'envoie de grandes gifles, je hurle, panique à bord ! Maman me retire fissa de cette étrange maison, et appelle sa propre mère au secours. Ma grand-mère chérie, Augustine, débarque donc à Carrières-sur-Seine avec sa coiffe et sa valise pour me garder. Beaucoup de travail, peu d'argent, un enfant, la belle-mère à demeure… Les sujets de friction ne manquent pas entre mes parents et les cendriers volent dans la pièce plus souvent qu'à leur tour. Un soir, je n'ai pas trois ans encore, ma mère finit par prendre sa fille et sa mère sous le bras, et nous voilà en fuite dans le métro… Je ne comprends rien, les stations défilent et les questions se bousculent dans ma tête : pourquoi ai-je dû laisser mes jouets ? Et mon papa à la maison, comment va-t-il ?

Ainsi est allée ma petite enfance, entre disputes et anxiété. La sécurité qu'il faut à cet âge pour grandir sereinement, j'en ai été privée. Jamais je ne me suis sentie protégée aux côtés de mes parents. Il suffit d'une dispute pour que l'un ou l'autre claque la porte, pour que je me retrouve chez mes grands-parents ou ailleurs… Je crains sans cesse le conflit. Je me demande souvent si, ce soir, je vais dormir dans mon lit. Je ne sais jamais de quoi demain sera fait.

Mes parents me font grandir intranquille.

Quand ils ne s'entendent pas, donc, c'est l'horreur. Quand ils s'entendent, ce n'est pas beaucoup mieux : ils veulent s'amuser, faire du cheval, aller danser, boire des coups et faire l'amour puisqu'ils ne se font pas la guerre. Dans ces cas-là, c'est comme si je n'existais pas.

À l'âge où je m'apprête à entrer en maternelle, mes parents retournent dans leur Bretagne natale. Mes grands-parents, Valentine et René, ont pris leur retraite et décidé de répartir leurs biens, désormais substantiels, entre leurs deux fils. Chacun d'entre eux reçoit un immeuble, doté d'un commerce au rez-de-chaussée. Pour mon père, c'est le magasin d'électroménager : lui dépanne, installe et répare, en vadrouille chez les clients. Ma mère tient la boutique. Nous emménageons juste au-dessus, dans un appartement que mon père entreprend de rénover à sa sauce, dans l'esprit « loft ». À l'époque, c'est déjà la mode, et rien ne convient mieux à mon père qu'un logement sans cloisons : il peut ainsi tout voir, et être vu de toutes. Dirigiste, obsédé, manipulateur : mon père avait le profil parfait pour devenir le gourou d'une secte, une sorte de hippie pervers… Il avait des copains babas cool, d'ailleurs, qu'il appelait les « yéyés » avec un brin de condescendance. Mais voilà, Renaud Aubry est un petit-bourgeois, le fils du président de l'Union des commerçants, chef d'entreprise qui plus est dans une bourgade provinciale. Alors sa petite communauté, il va la construire discrètement à la maison.

D'abord, il abat les murs de notre appartement. À quoi servent-ils, d'ailleurs ? Mon père est allergique à l'intimité des autres. De la sienne, tout le monde doit profiter. Il se balade nu à la moindre occasion, et, quand il va aux toilettes ou sous la douche, il laisse systématiquement la porte ouverte. Comme si de rien n'était, mon père construit un appartement sans barrières, sans frontières. Un espace sans limites. Il installe le lit conjugal dans la pièce principale. Le salon et la chambre de mes parents ne font plus qu'un. J'ai encore ma chambre, et les murs de la salle de bains survivent aussi aux travaux. Mais chez nous, les portes fermées sont déconseillées.

C'est ainsi qu'une fin d'après-midi, après l'école, je remonte l'escalier qui mène à notre appartement et vois, sur le lit, mes parents nus comme des vers, en train de se caresser. Ils ont entendu mes pas. Ils savent que je suis là, tout près d'eux, et continuent leur petite affaire. Je ne comprends pas grand-chose à ce qui se passe, mais j'ai l'impression de ne pas être à ma place. La gêne me fait fuir dans ma chambre. C'est la première fois que mes parents font l'amour sous mes yeux, mais ce n'est pas la dernière. Au gré de leurs envies, ils se grimpent dessus, et il suffit que je passe à ce moment-là pour assister au spectacle. Parfois, lors de la promenade dominicale en forêt, la libido de mon père ne fait qu'un tour : il agrippe soudain ma mère par le bras, et file la lutiner dans les buissons. Je reste sur le sentier à faire le gué, comme il me l'ordonne, chantonnant pour éviter d'entendre leurs gémissements.

Ma présence toute proche les affriole peut-être. Ou alors j'ai tellement peu d'importance pour eux qu'elle ne les dérange pas. Ce que je ressens, nul ne s'en soucie. Il en va de leurs ébats comme des autres domaines de la vie : je compte pour du beurre.

Ma mère tient le magasin, mon père s'occupe de ses clients et moi je passe après, tentant malgré tout de me glisser dans les trous de leur emploi du temps. Pas facile. Le midi, c'est Suzanne, une employée de maison de mes grands-parents, qui est chargée de venir me donner à déjeuner. Je la revois, en pleurs, dépitée devant mon refus. Je ne veux pas de la compote, je ne veux pas de la gentille Suzon, je veux ma maman, un point c'est tout. Quand ma grand-mère débarque en catastrophe, j'accepte tout de même de grignoter un morceau. Après l'école, je traîne dans la rue avec mes copines jusqu'à la fermeture du magasin, ou bien je me réfugie pendant des heures dans la niche de ma petite chienne, Dolly. Voilà le seul souvenir heureux que j'ai avec ma mère : le jour où nous sommes allées chercher cet adorable teckel. Elle et moi, ce fut le coup de foudre. Dès que j'ai vu sa petite bouille, je l'ai prise dans mes bras et nous ne nous sommes plus quittées. Je fais la sieste sur ses cartons, blottie contre elle, je joue sans fin à lui lancer sa balle, j'adore être avec elle et elle avec moi. Pas comme ma mère, qui semble avoir d'autres chats à fouetter. Le soir, après le dîner, j'aimerais tant qu'elle s'occupe de moi ! Alors, je fais tout pour attirer son attention : je lui demande un bisou et des nattes pour que je puisse dormir sans que mes cheveux s'emmêlent, je lui montre mon pyjama en faisant semblant de ne pas savoir l'enfiler.

« Où est le devant, où est le derrière ? Je n'y arrive pas, maman, aide-moi ! »

Tous les soirs, c'est le même cinéma, qui ennuie ma mère au plus haut point. Je l'agace, elle soupire, je réclame, je l'énerve. Je voudrais qu'elle me consacre du temps, qu'elle caresse mes longs cheveux, qu'on se câline sans fin. Elle se contente du minimum syndical. J'ai quatre ans, puis cinq, puis six, et mon quotidien de gamine n'intéresse personne.

Un soir que mes parents sont allés au restaurant, je reste seule à la maison, comme d'habitude, avec ma Dolly qui attend des petits. Mais la portée est pour cette nuit, je vois ma chienne pousser, pousser, souffrir, et un sac sortir de son ventre… J'assiste, affolée, à la naissance de minuscules teckels mouillés. Que faire ? Comment l'aider ? J'essaye en vain, par téléphone, de trouver mes parents. Qui rentrent tranquillement au milieu de la nuit. Et que mes émotions de la veille font à peine sourire.

Mes premières années sont donc tressées de solitude et d'ennui. Je me souviens clairement du sentiment de vide qui me prend lorsque mes parents m'abandonnent pour aller s'amuser de leur côté. Un jour comme cela, dans une de leurs bonnes périodes, ils décident d'aller faire une balade à la plage, après le déjeuner dominical passé chez mes grands-parents. Ils me laissent donc à la maison, seule avec Diane, le chien, et mon papy. Qui, digestion aidant, s'endort rapidement. Mais je m'ennuie, moi… Alors, je m'occupe comme je peux : un bonbon pour moi, un pour Diane. La boîte vidée jusqu'à la dernière gourmandise, je me lance à l'assaut de la chambre de mamie. Dans sa boîte à bijoux, je pioche et essaie toutes les dorures qui me tombent sous les doigts, je les dissémine dans tous les coins de la maison, égarant au passage une gourmette en or qu'on ne retrouvera jamais. Après avoir mangé toutes les Solutricine vitamine C, je décide qu'il est temps de jardiner un peu. Mon grand-père en plein ronflement, je me glisse dans son atelier et me saisis de son beau sécateur à manche en bois. À l'entrée de la propriété, un immense fusain de plusieurs mètres de haut accueille les visiteurs. Sa forme oblongue, en œuf, fait la fierté de mon grand-père, qui chouchoute cet arbre avec amour depuis des années. Pour le tailler, j'y fais un beau trou d'un mètre de diamètre et de cinquante centimètres de profondeur. De retour de leur balade, mes parents constatent mon grand chelem :

« Mais pourquoi as-tu fait ça ?

— Je ne sais pas. »

Je le sais très bien : je veux qu'on fasse attention à moi. Voilà ce que je pourrais leur dire. Au lieu de cela, je vomis toute la soirée.

Mais être malade ne rend pas mes parents plus attentifs à mon cas. Un jour, j'ai six ans, et je rentre de l'école les jambes en coton et les oreilles bourdonnantes. Je dois être grippée, mais il y a du monde dans le magasin. Alors, ma mère me glisse cinquante francs dans la poche, et je m'en vais chez le médecin par mes propres moyens. Verdict : rougeole. Je dois encore courir à la pharmacie avant de plonger dans mon lit, où je m'ennuie fermement pendant quelques jours, jusqu'à ce que mes parents décident qu'il est plus que temps de retourner à l'école. Mais je suis encore malade ! La maîtresse me renverra chez moi dare-dare, et il faudra que Valentine décide de m'accueillir chez elle pour que je puisse passer ma convalescence dans des bras aimants... Une autre fois, je rentre à la maison le genou en sang, résultat d'une mémorable chute de vélo.

« Monte au premier et nettoie », me lance ma mère.

Ma blessure aurait mérité quelques points de suture. Je n'en aurai pas et la cicatrice qui décore ma jambe me rappelle encore aujourd'hui le drame de mon enfance : pour moi, ma mère n'a jamais eu le temps. Pendant des années, il n'y aura que moi pour m'occuper de moi. Dentiste, docteur, coiffeur : j'irai seule partout et toujours. Ni câlins, ni sécurité, ni intimité : de mes parents, je ne recevrai rien. À l'âge de six ans déjà, j'ai le sentiment très net de n'avoir aucune existence à leurs yeux. La suite me prouvera que j'ai raison. Je suis un objet : encombrant pour ma mère, désirable pour mon père.

3

Notre petit secret

C'est dans mon bain que je suis morte la première fois.

J'ai six ans et, dans la baignoire, je barbote avec mon père. Il me regarde fixement tandis que je patauge dans l'eau chaude, m'amusant des éclaboussures qui giclent par terre. Lui a un tout autre jeu en tête : sans dire un mot, il saisit ma main et la pose entre ses jambes, m'indiquant le rythme à suivre. Au bout de longues minutes, mon père s'arrête. Le bain est fini, me dit-il, il est temps de me mettre à quatre pattes sur le sol. J'obéis sans comprendre, ce n'est pas comme d'habitude, c'est inquiétant, c'est bizarre. J'ai peur, mais pourquoi ai-je si peur ? Je suis trempée et, de mes cheveux, l'eau dégouline en petites rigoles que je suis du regard. J'entends mon père s'agenouiller derrière moi et quelque chose de dur frotter le bas de mon dos.

J'ai envie de pleurer. Et de partir en courant, tout de suite, très vite, pour rejoindre la niche de ma Dolly. Mais je reste là, sur le carrelage. Mon corps est un bloc de ciment, ma tête bourdonne. Quelque chose de grave, d'anormal, vient de se produire. Je le sens au silence qui règne quand papa enfile son peignoir, à l'air sérieux qu'il prend, après. D'ailleurs il me dit que je suis gentille d'avoir joué avec lui, mais ce jeu-là n'appartient qu'à nous, il ne faut surtout pas l'expliquer à maman.

« Pas un mot, tu entends ? Les autres ne comprendraient pas. »

Le ton se fait cassant. Je reconnais son air mauvais qui ne supporte pas de réplique, sa main s'attarde sur la poignée de porte. J'acquiesce : ce sera notre petit secret.

Parler, je n'en ai pas le droit, mais gémir, si. Quand ma mère est absente, mon père m'apprend à geindre, puisque cela lui plaît mieux ainsi. Parfois, c'est après le bain. D'autres fois, mon père profite d'un créneau dans son emploi du temps et que ma mère soit partie faire les courses ou au magasin pour venir câliner son Isa chérie. Ces jours-là, c'est dans le lit que ça se passe, le mien, ou le sien.

Après, je peux retourner jouer.

Je déteste ses mains sur mon corps. J'ai peur de ces instants crasseux, et plus encore de lui demander d'arrêter. Alors je ne dis rien. Parfois, des larmes coulent sur mes joues : tout occupé à son plaisir, il ne s'en aperçoit pas. Je suis sa fille et sa poupée, docile, silencieuse.

« Toi, tu es muette comme une tombe ! » fait-il remarquer, les yeux fixés sur moi.

Il en est, semble-t-il, bien content. À l'entendre, une qualité pareille n'est pas donnée à tout le monde. De toute façon, il n'a pas à s'inquiéter, j'ai bien compris : si je raconte quoi que ce soit à qui que ce soit, un déluge de problèmes va s'abattre sur notre tête. Être séparée de lui, c'est ça que je veux ? Aimerais-je qu'on fasse du mal à mon papa chéri ? Voudrais-je, par hasard, que la police débarque à la maison et l'emmène loin de moi ? Bien sûr que non ! Si je raconte quoi que ce soit, notre vie à tous sera fichue, et ce sera ma faute. Alors, je me tais, ses mots me ligotent.

« Tu es la seule qui m'aime vraiment. »

Voilà ce qu'il me répète tout au long de mon enfance. Il a raison sur un point : je l'adore, autant que je le crains. Ni ses caresses immondes ni les fessées déculottées qu'il me sert lorsque je fais des bêtises ne me font l'aimer moins. Un jour, dans ma septième année, mon père vient de rentrer du travail. Il est pris d'un malaise et s'écroule devant moi. J'ai l'impression que mon cœur va exploser de stress. Ma mère se précipite sur lui, le prend par le torse et, clopin-clopant, nous nous ruons à l'hôpital qui se trouve à quelques pas de notre appartement. C'est une méningite qui terrasse mon père, et les médecins ordonnent son transfert à Nantes dans la minute. Je vis des instants d'atroce angoisse : mon papa va mourir et je ne suis pas avec lui… Il ne meurt pas. Quand je vais le voir à l'hôpital, il est alité, entouré de ses parents. Au bout d'une heure de bavardage, les visiteurs décident d'aller déjeuner au restaurant d'à côté en laissant le malade sur sa paillasse. Pour moi, il n'en est pas question :

« Je reste avec papa. »

De ce jour, Renaud Aubry n'aura de cesse de me dire que je suis la seule qui le comprend. Je suis, dit-il, la plus jolie, la plus intelligente. Il n'est pas avare de belles phrases pour gloser sur cet amour filial, qu'il piétine dans l'intimité mais qu'il décrit abondamment. De moi, il exige le meilleur. Il veut que je sois la première de la classe, la plus obéissante à la maison, et, surtout, que je remplisse les vides de sa vie. Il a besoin, toujours, qu'on s'occupe de lui, et sa femme sans doute ne lui suffit pas, d'autant que leurs relations, comme le ciel des îles, virent rapidement du beau temps à l'orage. Alors, il faut que j'endosse tous les rôles : copain, confident, domestique, jouet sexuel. Il me raconte par le menu ses problèmes de couple et jusqu'aux goûts et dégoûts érotiques de ma mère. Il m'exige à ses côtés quand il bricole, je dois être tout près pour lui passer les outils. L'envie lui prend d'un jogging sur la plage, d'une partie d'échecs ? Ma mère n'appréciant ni l'un ni l'autre, c'est moi qui suis désignée pour la remplacer. Je me coltine d'infinies parties d'échecs qui me collent mal à la tête ; sur mon vélo, je roule des kilomètres sous la pluie et sur le sable, à la traîne de mon père, qui file droit devant à petites foulées. Au bout d'une heure de course, je souffre le martyre, mes cuisses sont en feu, il ne le remarque même pas. Mon père a une subite faim de cinéma ? Il m'emmène avec lui voir ce qui lui chante. Le premier film de ma vie sera donc *Le Chacal*, une histoire de tueur à gages embauché pour assassiner de Gaulle, bref, pas franchement le genre de divertissement adapté à une gamine de huit ans. Mais l'important est que mon père ait toujours de la compagnie et qu'il puisse assouvir ses envies, quelles qu'elles soient. Sa femme lui faisant faux bond, il se rabat sur moi. Elle et moi, somme toute, c'est presque pareil : tout le monde me le répète assez, et mon père en premier, je suis le portrait craché de ma mère. D'ailleurs, elle aime m'habiller comme elle : enceinte de ma sœur, elle se fait coudre, un jour, une belle robe chasuble, bleu marine et bien ample pour cacher ses rondeurs. Il reste du tissu, et me voilà habillée de la même robe de grossesse qu'elle, taille XS ! Je suis donc une Marie miniature, en mieux, car plus soumise et toujours disponible. C'est ainsi que mon père m'apprécie, du moins le crois-je. Il se masturbe sur moi et vole mon enfance, mais tout cela, c'est parce qu'il m'aime. Il me le dit et j'en suis convaincue.

« Je donnerais ma vie pour toi tellement tu m'es chère », me dit-il.

Mais je n'aime pas qu'on m'aime comme ça, moi ! Alors, un jour où ma mère m'a donné un billet pour aller chez le coiffeur, je fonce droit au salon, une idée fixe en tête :

« Bien court, s'il vous plaît.

— Tu es sûre, Isabelle ? Tu ne préfères pas garder tes cheveux longs ? »

Non, je ne veux pas. Je n'en peux plus de ma tignasse, je veux voir à mes pieds tomber mes longues mèches brunes. Je veux être un garçon. Comme ça, peut-être, mon père m'aimera moins et me laissera tranquille. Le coiffeur s'exécute, mais mon pauvre stratagème ne fonctionne pas. Mon père m'aime encore, malgré ma coupe au bol. Il m'aime dans la salle de bains et dans son lit conjugal. Il m'aime la journée quand ma mère est partie, ou le soir quand elle sort.

Je ne sais pas combien de temps cet enfer a duré. Aujourd'hui, il ne m'en reste que des flashes : la serviette que mon père étale sur les draps afin d'éviter toute tache suspecte. Son sexe qui dépasse de l'eau mousseuse du bain. Et sa chose sur mes fesses. C'est tout et c'est assez pour me donner encore envie de vomir, trente-sept ans après. Ma mère, elle, durant ces trois années, ne s'est aperçue de rien. Ou si peu.

Maman, c'est le fantôme de ma prime enfance. Elle est absente, même quand elle est là. Occupée au magasin pendant de longues journées, préoccupée le reste du temps, il me semble qu'elle ne s'intéresse pas vraiment à moi. Elle me gère. L'important est que les apparences soient sauves : que la boutique soit bien tenue, que je sois jolie et bien habillée, que les voisins voient en nous une famille sans histoires. Je ne manque donc de rien. Sauf d'affection, de complicité, de câlins, de conversation. Tout ce « superflu », tout ce qui tresse ce lien si doux entre un enfant et sa mère, passe, chez nous, à la trappe. Autant dire qu'à l'époque, maman est fort mal placée, bien trop loin de moi, pour se rendre compte du calvaire que j'endure à cause de son époux. Un jour, pourtant, elle a dû se douter de quelque chose. Nous sommes seules toutes les deux dans notre appartement, la boutique est fermée. J'ai sept ou huit ans peut-être et je vois venir vers moi ma maman, l'air sérieux et le sourcil circonflexe :

« Isabelle, déshabille-toi et allonge-toi sur le lit, s'il te plaît. »

Je m'exécute. Alors, elle me scrute en silence, de la tête aux pieds, m'auscultant même le sexe, essayant sans doute de voir ce qui s'y passe… Ça dure de longues minutes. Je ne comprends absolument rien à ce qui m'arrive. Suspecte-t-elle quelque chose ? A-t-elle surpris mon père dans une attitude équivoque avec moi ? En tout cas, elle ne me pose pas de questions. Et la vie continue comme si de rien n'était. Ou presque.

Car, si je ne dis rien de mon calvaire à ma mère, mes actes remplacent mes mots. Je commence à abîmer la jolie carte postale qu'est notre vie de famille. Je me remets à faire pipi au lit, et, cela ne suffisant pas à attirer son attention, je vole de l'argent dans son porte-monnaie. De temps en temps, puis souvent. Pas de réaction. Alors, je vais directement taper dans la caisse du magasin : j'empoche une jolie pièce de cinq francs, et je file acheter une mallette de bricolage que j'offre à mon cousin. Là, tout de même, la famille réagit :

« Comment, cinq francs ? Mais voyons, Isabelle, il ne faut pas faire ça, l'argent, ça se gagne difficilement. Va jouer maintenant. »

Fin de l'histoire. Alors, tant qu'à prendre la place de ma mère sans que personne s'en aperçoive, je vais le faire à fond. Il y a, près du lit de mes parents, un placard plein de l'odeur de maman et de ses tenues. Y reposent, bien pliés, ses chemisiers à petits boutons dorés, ses belles blouses de coton, et dans la penderie les robes décolletées qui vont si bien à sa taille mince. Je sais que ce n'est pas bien, vraiment pas bien, mais je tends tout de même la main vers ses déguisements colorés. Il faut que je le fasse. Il faut que je boutonne son long corsage sur mon torse de gamine. Il faut que j'enfile ses escarpins vernis, trop grands pour mes pieds menus. Sa jupe courte dégobille sur mes chevilles, j'accroche donc le revers à l'aide d'une pince à cheveux afin de ne pas trébucher. Cela ne me plaît pas, mais une force me pousse. Sur la tablette de la commode s'étalent mille et une petites boîtes parfumées. J'attrape le poudrier et étale prestement son contenu sur mon visage. Va pour le blush sur les joues et le rouge à lèvres. Je suis prête, je sors attifée de la sorte. J'ai peur de ce que je fais, j'ai honte de mon accoutrement, mais c'est comme un défi que je me lance à moi-même. Il faut que l'on me voie ainsi et cela ne rate pas. Des voisins me croisent habillée comme l'as de pique, maquillée comme un camion volé. Je vois leurs yeux réprobateurs se poser sur moi et j'ai terriblement honte. Sans doute, quelque part, j'ai envie qu'ils racontent l'anecdote à qui veut l'entendre. Mais personne ne veut l'entendre, ou alors les voisins discrets gardent bien au chaud cette péripétie. Nul ne vient m'en parler. Le scandale n'ayant pas lieu, je passe donc à la vitesse supérieure.

À l'école, je deviens une teigneuse. Sans me fouler, je suis bonne élève, mais, question comportement, cela va de mal en pis. Et pour cause ! J'en subis assez à la maison, alors, dès que je ne suis plus sous la coupe de mon père, je me défoule, ne craignant rien ni personne. Et puis j'aime n'en faire qu'à ma tête. Livrée à moi-même par mes parents, j'ai appris l'indépendance, qui est devenue une seconde nature… La boss de l'école, donc, c'est moi. J'ai ma bande, une dizaine de garçons et de filles de mon âge que je mène par le bout du nez. Pendant l'interclasse, on se bastonne. J'organise les bagarres et j'y prends ma part, plutôt active ! Les institutrices me passent des savons de temps en temps, mais, pour la bonne élève que je suis, les remontrances ne durent jamais longtemps. À la cantine, je suis la chef de table, un prétexte en or pour imposer mes diktats. J'outrepasse allégrement mon rôle, interdisant à celui-ci de manger, ordonnant à celui-là de finir ses épinards qu'il déteste. Ma cousine s'en souvient encore : pour elle, je suis à cette époque un véritable tyran. Il faut dire que je suis à bonne école : l'air mauvais de mon paternel, je le reproduis, et ça marche. Avec moi, mes camarades filent doux. Au patronage, le jeudi, je me suis fait quelques copines que j'entraîne dans des raids d'un genre spécial. Nous nous glissons dans l'église quand le curé vaque à ses occupations, et nous pillons consciencieusement le tronc rempli de pièces. Les poches pleines, nous filons ensuite dépenser notre butin à la boulangerie du coin de la rue. Des Coca et de la réglisse à nous rendre malades ! Le curé ne nous a jamais pincées. Ni lui ni personne. Certains méfaits, décidément, passent facilement inaperçus…

Quand mon père commence avec moi, il me semble que ma mère est enceinte de ma sœur. Déjà peu maternelle, elle l'est encore moins à mesure que son ventre s'arrondit. Mais le pire est à venir. Le jour où ma sœur naît, mon père ouvre la porte pour m'annoncer la grande nouvelle. C'est le matin, je dors encore profondément, je grommelle et me rendors aussi sec. Qu'on me laisse profiter d'une matinée tranquille ! Je ne le sais pas encore, mais il ne m'en reste plus beaucoup…

Ma mère revient de l'hôpital avec un beau nourrisson brun et blanc. C'est Camille, mon petit bout de sœur chérie, qu'elle pose sur le lit devant moi. Je suis fascinée par ses cheveux tout fins et les petits plis de sa peau bien rose. Alors c'est ça, un bébé ? Ça a l'air fragile, c'est plus petit que ce que j'avais imaginé. Ma mère détache sa couche en tissu, épingle après épingle, en se lançant dans une courte explication :

« Alors, voilà le lange, tu le plies en forme de T et puis tu remets les épingles à nourrice sur les côtés en faisant bien attention à ne pas la piquer. Maintenant, je dois aller à la poissonnerie, alors tu termines. »

Tu termines… J'étais déjà la seconde épouse de mon père, je deviens à l'âge de six ans et quatre mois la mère de ma sœur. Je vais la promener, dans un vieux landau bleu que je pousse de toutes mes forces et qui est quasiment grand comme moi. Après la balade, la sieste : tant que ma sœur ne dort pas, je n'ai pas le droit de sortir jouer. Je reste donc à côté d'elle tant qu'elle chouine, priant de toutes mes forces pour que le sommeil l'assomme.

« Fais dodo, s'il te plaît, dors, allez, fais-moi plaisir… »

Je tente de l'hypnotiser, mais rien à faire ! Dès qu'elle s'arrête de pleurer, les yeux mi-clos, je me faufile hors de la chambre sur la pointe des pieds pour rejoindre mes copines qui m'attendent, en bas, pour une partie de saut à la corde ou une bagarre…

Je me glisse doucement sur la moquette, mais Camille doit avoir l'ouïe fine, et c'est reparti, elle hurle à s'en décrocher les poumons. Alors, la mort dans l'âme, je retourne auprès de son berceau, en lui chantonnant à l'oreille pour qu'elle se rendorme enfin… Elle est si mignonne, son petit pouce dans la bouche… Ma sœur, c'est mon amour et mon cauchemar. Change, promenade, biberon, change à nouveau, sieste et rebiberon : je suis clouée à la maison, la faute à ce bébé tout neuf. Ses cris me transpercent les tympans et ses besoins m'épuisent. Je n'ai ni l'âge ni l'envie d'être maman. Et puis je ne comprends pas : pourquoi est-ce à moi de m'occuper tant d'elle ? Pourquoi suis-je la mère de ma sœur, pourquoi ma mère ne m'aime-t-elle pas comme ma mère ? Et pourquoi mon père m'aime-t-il comme sa femme ? Je vois bien que chez les autres, mes camarades, le monde marche à l'endroit… Plus le temps passe, moins j'ai l'impression d'être normale.

Cette angoisse qui grouille au fond de mes tripes, je vais la retourner contre moi. C'est vers sept ou huit ans que je me mets à fumer. Je vole de l'argent à mes parents et, sans me cacher, je trottine jusqu'au tabac acheter mes cigarettes. Je pue le cendrier froid. Conséquence ou coïncidence, mes bronchites carabinées apparaissent à la même époque. Pour éviter les complications, on m'envoie donc en colo à la montagne prendre un bon bol d'air pur, pendant un mois.

C'est l'horreur. La nuit, il fait tellement froid que je claque des dents dans le pauvre duvet vert caca d'oie que mon père avait à l'armée. Sans m'en rendre compte, je file certaines nuits me blottir contre ma voisine de chambre, et l'on nous retrouve le matin collées toutes les deux. Verdict : somnambulisme ! Mais le problème est ailleurs : je voudrais que quelqu'un me réchauffe et apaise l'imbroglio terrorisant de mes pensées. Je me sens différente, bizarre : ce que je vis à la maison, je vois bien que cela ne tourne pas rond, et je n'ose le dire à personne.

« Les autres ne comprendraient pas. »

Cette phrase de mon père m'étouffe. Notre petit secret et tous les autres, ma sœur qui m'épuise, ma mère qui m'ignore, tout cela forme une boule puante qui reste coincée au fond de ma gorge et me fait sentir étrangère au reste des enfants. Moi qui, à l'école, mène mes troupes en star de la récré, je me découvre au milieu d'inconnus intimidée et sauvage. Je vois les autres s'amuser et je reste dans mon coin, incapable de me faire des copains. Je suis à côté de tout. Alors, une après-midi, je décide de m'en aller. Puisque personne ne se soucie de moi, je quitte vaillamment cette colonie et grimpe sur les hauteurs. Je m'installe sur un rocher, la tête dans mes mains, et j'attends. Que l'on me cherche, que l'on me retrouve. Y aura-t-il quelqu'un pour s'inquiéter de mon absence ? La réponse est oui. Au bout de quelques heures, je commence à voir l'agitation qui s'empare des moniteurs. De mon nid d'aigle, j'aperçois les petites fourmis qui tourbillonnent à la recherche d'Isabelle. Ils finissent par me trouver et leur soulagement me fait un plaisir secret : je rejoins alors gentiment les autres gamins pour le dîner.

Ce sera la première fugue de ma vie, et ce ne sera pas la dernière. Les vols, la clope, les bagarres, le travestissement et les pipis au lit… Sans en avoir conscience, j'envoie des signaux de détresse que personne ne perçoit. À la maison, ma mère est débordée. Non seulement elle doit tenir le magasin, mais mon père est revenu un jour toqué d'une nouvelle lubie. Elle s'appelle Martine, une demoiselle jolie comme un cœur dont il s'est entiché. Martine habite une chambre du château où, parfois, mes parents vont faire du cheval. C'est comme cela que mon père la croise, la courtise et, beau parleur comme il est, finit par l'emballer. Mais au lieu de s'en tenir à un banal adultère, M. Renaud Aubry a d'autres ambitions. Il n'est pas n'importe qui, lui, il est convaincu de mériter le meilleur. Deux femmes pour s'occuper de lui ne seront pas de trop. Alors, quand ma mère surprend, un beau matin, son mari et Martine en pleine partie de jambes en l'air, mon père lui annonce tout de go qu'il faudra qu'elle s'en remette, et que Martine va venir vivre avec eux. Que cela lui plaise ou non. Quel autre choix a-t-elle ? Ma mère a deux fillettes à nourrir, et, si elle perd son mari, elle perd son revenu avec, puisque le magasin qu'elle tient est celui de mon père. Bref, Marie est coincée. Et puis, peut-être espère-t-elle secrètement qu'elle aura moins souvent son époux sur le dos s'il s'amuse avec Martine. Quoi qu'il en soit, je me retrouve un beau jour avec deux mamans sous le même toit.

Je ne m'en plains pas, bien au contraire. Martine m'offre sur un plateau tout ce que ma mère ne me donne pas : du temps, de l'affection, des câlins. Toutes les deux, on discute de longs moments, on se chatouille et parfois, le matin, elle me fait de superbes chignons qui rendent mes copines de classe vertes de jalousie. Le week-end, d'habitude, je rase les murs : mes parents se retrouvent au même endroit au même moment et, pour un rien, la conversation s'enflamme, ils se disputent. C'est sans doute à cette époque que naît ma haine tenace des dimanches. Mais depuis que Martine vit chez nous, ce jour maudit file comme l'éclair. À nous les pique-niques en forêt, les balades à cheval ! Parfois, on branche la radio et nous voilà parties toutes les deux dans une séance de charleston endiablée ! Pendant cette drôle de période, ma mère semble faire contre mauvaise fortune bon cœur. Quand elle travaille au magasin, elle peut compter sur Martine pour s'occuper des mioches : cela l'arrange sans doute, et moi, j'en suis ravie. Aux yeux du monde, des clientes, de l'entourage, elle sauve la face et ment comme une arracheuse de dents : Martine est une employée qu'on héberge, sans plus. En privé, l'épouse et la maîtresse s'entendent correctement. Suffisamment en tout cas pour coucher ensemble, avec mon père, à toute heure du jour et de la nuit…

Un soir, les deux minettes se mettent en tête d'aller danser et de profiter de la vie en laissant comme d'habitude les gosses seules à la maison. Mais Renaud, seul maître en ces lieux, ne veut rien savoir. Ce soir, il préférerait rester casanier, avec son harem. Le ton monte, ces dames ne se dégonflent pas, elles finissent par sortir, laissant mon père en plan. C'est en pleine nuit, vers 4 heures du matin, que j'ai été réveillée par des hurlements d'une intense violence. Mon père avait attendu ses femmes une bonne partie de la nuit et bouilli dans son jus. Fureur ! Enragé à leur retour, il leur courait après dans toute la maison pour leur apprendre à s'amuser sans lui. Je me suis terrée au fond de mon lit, attendant que l'orage se calme. En vain. Aux cris ont succédé les coups, puis les coups de feu. J'ai fini par me rendormir après avoir tremblé jusqu'à l'aube… Le lendemain, à l'heure du petit déjeuner, j'ai surpris les survivantes, ma mère et Martine, une scie à métaux à la main, occupées à scier en trois morceaux le fusil de chasse de mon cher papa. Ma mère avait le visage tellement tuméfié qu'elle n'a pu décemment aller travailler au magasin. Soucieuse du qu'en-dira-t-on, Marie préfère garder secrets les divers aléas de sa vie conjugale.

Je ne me souviens pas que mon père, durant l'épisode Martine, ait tenté de me tripoter. Peut-être l'a-t-il fait, peut-être pas. En tout cas, cette période-là reste dans ma vie comme une parenthèse enchantée. Malheureusement, elle prend vite fin. Ma mère, soumise mais pas idiote, en a rapidement assez de son mari sadique, violent et bigame. Au bout de quelques mois, donc, elle fait établir un constat d'adultère, et un jour que nous sommes partis en pique-nique près de la rivière de l'Odet, Martine vient m'annoncer son départ.

« Plus tard, lorsque tu seras grande, tu comprendras », me dit-elle.

J'ai pleuré ce jour-là toutes les larmes de mon corps. Je l'aimais, Martine, et puis j'allais de nouveau me retrouver seule avec mes parents... À la merci de mon père. Du moins le pensais-je, car il s'est finalement installé avec sa Martine, abandonnant sa femme, ses gosses et son magasin, qui affichait à l'époque huit cent mille francs de dettes. Un matin, ma mère lui emboîta le pas, fuyant sans doute les créanciers et l'humiliation publique de son cocufiage et de son abandon. Je suis alors en CM1. Maman vient me chercher en voiture, nos valises dans le coffre. En une minute, je perds ainsi ma maison, mon école et mes amis.

C'est à Brest que tout le monde s'installe : ma mère dans un quartier calme, mon père et Martine à côté du port. Ils y gèrent un bar, le QG des dockers. L'ambiance convient parfaitement à mon paternel, qui peut assouvir là-bas sa soif de baston. La bière aidant, toutes les soirées finissent en beuveries avec coups et blessures, voire pire si affinités. Un soir particulièrement animé, mon père tire ainsi une balle de pistolet lacrymogène entre les deux yeux d'un client. Je ne sais pas si ce type est devenu aveugle ou s'il s'en est sorti. Une chose est sûre : mon père n'a jamais été inquiété pour ce crime. Il s'est carapaté dans la nuit pour Paris et s'y est installé. Exit Brest, Martine et le bar à dockers… Après ce rocambolesque épisode, mes parents finissent par se rabibocher, et mon cauchemar recommence. Moi qui avais ressenti un immense soulagement à la pensée que plus jamais mes géniteurs ne se retrouveraient ensemble, dans la même pièce, à s'insulter et à s'envoyer la vaisselle à la figure, je tombe de haut à l'annonce de leurs retrouvailles. Pire : mon père n'a pas changé d'un iota. Dirigiste et colérique, il continue également de s'intéresser de très près à sa fille numéro un, moi. Quand il tourne autour de ma petite personne, je me mets en mode silence, rase-mottes. Je fais en sorte de ne pas le fâcher ni l'intéresser. Ça marche très moyennement.

Je dois avoir neuf ans, et nous sommes en vacances sur la côte espagnole. Il fait chaud, et je suis sur la plage avec lui. Je le vois à ses tentatives pour se coller à moi, il va vouloir me toucher. Mais qu'il me laisse tranquille ! Alors, je me jette dans les vagues pour l'éviter, mais il me suit, se moque de moi, tente de me faire revenir vers lui. Je nage aussi vite que je peux, essoufflée mais déterminée, avec mon père sur les talons. Il ne se calmera donc jamais ? Une colère énorme, inconnue, monte en moi. Pourquoi m'embête-t-il comme cela ? Est-ce que j'ai mérité ça ? J'en ai assez de ses caresses à tout bout de champ ! Je vais nager des kilomètres, me noyer s'il le faut, mais, cette fois-ci, il ne me tripotera pas.

Même si je crève de trouille, les digues qu'il avait patiemment construites ont lâché, alors la haine sort de moi facilement :

« Si tu continues, je raconte tout à maman. »

Voilà ce que je lui hurle, rouge de hargne, en nageant droit vers le large. Même si cela lui fait du mal, même si cela tue notre famille, comme il me l'a promis, je suis prête à tout balancer. Je suis prête à tout, plutôt qu'il recommence.

À la réflexion, j'ai dû ce jour-là lui faire la peur de sa vie, et mes mots m'ont offert le plus fabuleux des répits. Mon père s'est-il vu, en un clin d'œil, rejeté par sa femme et menottes aux poignets ? Sans doute. Je me souviens encore de son visage déconfit et de la rapidité avec laquelle il a rebroussé chemin pour nager jusqu'à la plage. Grâce à cette fureur venue de je ne sais où, il m'a laissée tranquille, du moins pendant quelque temps. Le souvenir de ses attouchements vicieux s'est niché dans un coin de ma mémoire, bien enfoui, sagement rangé, l'amour que j'avais pour mon papa a pris le dessus et je me suis empressée de tout oublier.

Sucy-en-Brie, Alfortville… Je change de ville, d'appartement et d'école au gré des déménagements de mes parents. Les finances ne sont pas au beau fixe, et toute la famille se retrouve bientôt entassée dans un studio. Les relations ne tardent pas à se dégrader entre mes parents. Un beau jour, je les surprends dans la cuisine en train de s'écharper. Les coups pleuvent, ma mère saisit un couteau… Mon père claque la porte, rien ne va plus. Papa et maman finissent par se séparer, pour de bon cette fois-ci. Tandis que mon père va s'installer à Fontenay-sous-Bois, ma sœur, ma mère et moi emménageons à Maisons-Alfort. Et ma vie devient un véritable enfer.

Ma mère, le jour, est démonstratrice dans un magasin d'électroménager. Et le soir, elle file souvent je ne sais où, voir son petit ami de l'époque sans doute. Du coup, j'ai ma sœur sur les bras du matin au soir et du soir au matin. J'adore Camille, oui, ses sourires m'enchantent, ses mimiques me font rire, mais quelle charge elle fait peser sur mes épaules ! Je vais la chercher à l'école et lui fais faire ses devoirs, je la lave, la nourris, je fais les courses. Certains soirs, ma mère me laisse cinquante francs sur la table de la cuisine et une petite note :

« Pour manger. Je reviens après-demain. »

Ces mots-là me désespèrent. Ma mère me manque, et je n'en peux plus de jouer la femme de ménage et la baby-sitter. Ma sœur, mon bijou chéri, finit par me sortir par les yeux. Et puis je joue à la maman sans avoir jamais eu de modèle fiable. Alors, ma Camille en prend pour son grade. Des fois elle m'énerve tant que je lui colle de grandes claques dans la figure. Il faut dire que je ne vais pas très bien moi-même : la solitude me pèse. Je n'ai plus goût à rien, peu de copines dans ma nouvelle école, aucun adulte pour veiller sur moi, et à neuf ans, cet inceste que j'occulte a déjà commencé son travail de sape. Je vois bien que je ne suis plus comme avant, que je deviens tout doucement une petite femme. Mon corps me dégoûte. Il est trop gros, trop grand, trop tout. Alors, après l'école, je laisse ma sœur de trois ans seule dans l'appartement et je m'en vais faire le tour du pâté de maisons en courant à perdre haleine, histoire de perdre quelques calories. Tandis qu'elle dîne, je me contente d'une banane ou d'une pomme. Je fais mes premiers pas dans le cercle des anorexiques.

Pour mon père, en revanche, cela va plutôt bien.

Il a refait sa vie avec une dénommée Monique, et vit avec elle et ses deux garçons à Fontenay-sous-

Bois. Il a son droit de visite, je le vois donc de temps en temps. Aujourd'hui encore, je suis fascinée de constater à quel point la petite fille que je suis à l'époque occulte les chapitres les plus noirs de notre histoire commune. À neuf ou dix ans, j'ai zappé ses caresses dégueulasses. Je sais désormais que ce tour de passe-passe que me joue ma mémoire porte un nom : le déni. L'inceste, c'est l'incroyable, l'inconcevable, l'impossible devenu réalité. C'est papa chéri qui vous viole un soir, et vous chouchoute le lendemain. Se suicider ou oublier : l'enfant massacré n'a pas d'autre alternative. Moi, je vais donc coller l'inceste sous le tapis et advienne que pourra ! Mon corps se déglingue, mon moral flanche, mais je survis tout de même grâce à la négation du crime que j'ai subi. Entre l'horreur et moi j'ai dressé un mur. Ce trou noir me protège : l'ombre est toujours là, mais je la tiens à distance. Même si mon père me fait toujours peur, je trouve son nouveau foyer moins désagréable que le mien. Dans son appartement, il y a de la vie, des jouets et deux camarades qui m'apprivoisent progressivement : Romain et Jérôme, les enfants de Monique. Ils sont un peu plus âgés que moi, et tous les trois, nous nous lançons dans de longues parties de cartes, nous faisons nos devoirs côte à côte. Chez mon père, donc, cela ressemble à une famille. Pas comme chez ma mère, où je suis la bonne à tout faire. À Monique, je confie ma solitude, et le poids qu'est ma sœur pour moi. J'imagine qu'elle est touchée par la gamine paumée que je suis, car elle finit par proposer à mon père de m'accueillir chez eux. Lui accepte, bien évidemment. Sa fifille chérie à sa botte, il deviendra le patriarche d'une famille recomposée, voire plus si affinités.

Ce nouveau cocon, l'appartement de mon père et de sa compagne, me fait envie. Je crois que je m'y sentirais bien, dans cette petite tribu. Mais ma mère ne l'entend pas de cette oreille. Elle a pour moi d'autres projets : puisque j'en ai assez d'être seule avec ma sœur, elle me propose une alternative :

« Une année en pension, Isabelle, je pense que cela te ferait du bien, tu aurais des amies, des adultes pour t'encadrer… »

Hors de question. Je veux qu'on prenne soin de moi, je veux une vraie famille, moi, pas qu'on me colle en prison ! Je m'imagine déjà propulsée dans un nouveau bahut, avec des pions partout, sans mes copines de classe… C'est l'horreur. Le jour où maman vient me chercher pour m'emmener au pensionnat, je fugue et trouve refuge au commissariat. Ma mère m'y rejoint, et le juge appelé par les policiers confirme que c'est elle qui décide de ma vie. Direction la pension, donc. Arrivée à la grille de l'établissement, et profitant de ce que ma mère a le dos tourné, je prends mes jambes à mon cou ; il faut me récupérer de force avant que je ne disparaisse dans la nature. Devant mon entêtement, ma mère et le juge finissent par céder : une enquête sociale est ordonnée et mon père obtient ma garde. Je viens d'entrer en sixième, et je boucle mes valises afin de m'installer chez lui et sa nouvelle compagne.

Sans m'en rendre compte le moins du monde, je me jette à nouveau dans la gueule du loup.

4

Retour chez papa

Une vraie belle robe, des collants assortis, plus des chaussures ! Voilà la jolie tenue que Monique m'offre pour fêter mon entrée au collège. J'en suis ravie, cette femme est gentille avec moi. C'est une mère, une vraie : elle a déjà deux garçons et m'accueille comme sa belle-fille. Elle m'emmène même m'inscrire à la gym, afin que je ne sois pas désœuvrée après l'école. Grâce à elle, je fais la grande découverte de ma jeunesse : les agrès. De ce sport, j'adore tout : sentir mon corps dépasser ses limites, le moelleux des tapis de sol et jusqu'au justaucorps turquoise qu'on nous fait porter. Après le cours, je rentre à la maison à pied, sereine et heureuse. Ça ne dure pas. Dans notre appartement tristounet, perché en haut d'une tour HLM, on mange à heures fixes, on fait ses devoirs avant d'aller se coucher. C'est normal, quoi. Je devrais me couler dans ce nouveau moule familial, mais je n'y arrive guère. Alors même que j'entre dans la préadolescence, on me demande de respecter des horaires, d'être polie, et de laisser quelqu'un s'occuper de mes affaires. Bref, de redevenir la petite fille que je n'ai jamais été. De plus, le temps de l'enfance est définitivement révolu pour moi ! L'indifférence de ma mère m'a rendue indépendante, et le vice de mon père m'a rendue sauvage. À l'âge de onze ans, je suis donc têtue, autonome, instable, déprimée. En deux mots, mal élevée, et pour cause : je n'ai jusqu'à présent pas été éduquée du tout. Monique, sans le savoir, en fait les frais. Elle croit avoir accueilli sous son toit une fillette perdue qu'il faut reprendre en main et à laquelle un peu de discipline ne fera pas de mal. Elle a parfaitement raison, sauf que mon cas est plus complexe qu'elle ne se l'imagine. Son autorité, légitime, m'apparaît comme un insupportable dressage. De plus, ses petites attentions, ses cadeaux, ses câlins me laissent perplexe. Est-ce du toc ? C'est tellement nouveau pour moi… Afin de tester son affection, je repousse les limites de sa patience. Elle me demande d'aller me doucher ? Je refuse tout net et arrête de me laver pendant plusieurs jours. Mettre la table ? Pas question. Elle dit blanc, je réponds noir, et ainsi de suite au quotidien. Quand, de temps en temps, nous allons passer le week-end au vert dans un camping, je m'ennuie royalement. La chlorophylle me laisse de marbre et je ne le cache pas. Lassitude, dégoût de mon corps, anxiété : plus je grandis, plus mes sentiments se font despotiques, me submergeant au moment où je m'y attends le moins. Une après-midi, nous jouons aux cartes avec Jérôme, le cadet de Monique, et, pour une bête histoire de tricherie, je rentre dans une épouvantable colère, manquant de passer mon pauvre camarade par la fenêtre de notre quinzième étage. Ce genre de péripéties rend Monique folle, et je crée entre elle et son nouvel amoureux des conflits incessants. Si mon père avait fait front aux côtés de sa chérie, je serais sans doute rentrée dans le rang, soulagée de pouvoir enfin me reposer sur des adultes… Mais voilà, mon père est mon père, aimant souffler le chaud et le froid. Un jour, il m'intime d'obéir, alors que, le lendemain et les jours suivants, il prend ma défense contre Monique. Excédée, ma belle-mère finit donc par prendre ses deux garçons sous le bras et par claquer la porte en me lançant :

« Tu vas être contente maintenant, je m'en vais. »

Elle se trompe. Son départ ne me fait plaisir en aucune façon, bien au contraire. Il scelle le retour de mes tourments.

Je suis en cinquième lorsque je me retrouve en tête à tête avec mon père. De temps en temps, je vois ma mère et, tous les quinze jours, j'entreprends le périple Fontenay-sous-Bois – Maisons-Alfort, trois heures aller-retour, afin d'aller chercher ma sœur pour qu'elle passe le week-end avec notre père. Le reste du temps, c'est juste lui et moi. Les fins de mois sont ardues à boucler, et mon père me ressert alors en boucle le même argument :

« C'est la faute de ta mère. »

Son travail de sape commence. Quand on manque d'argent, donc, c'est à cause de Marie, qui exige sa pension alimentaire. Mon père m'exhibe sous le nez les papiers qui prouvent que son ex-femme lui inflige de féroces retenues sur salaire. Du matin au soir, il déblatère sur son dos devant moi :

« Si on ne peut pas partir en vacances, tu n'as qu'à t'en plaindre à ta mère. »

« Ta mère ne pense qu'à me nuire et à s'envoyer en l'air. »

« Elle me prend tout, sans penser une seconde à toi, Isabelle. »

Doucement, ce ronronnement haineux s'incruste dans mon cerveau. Mon père divise pour mieux régner, et cela fonctionne : je commence à développer à l'encontre de ma mère une rancune tenace. Et puis un jour, sentant qu'il touche au but, mon père passe à la vitesse supérieure :

« Ta mère m'a dit que tu n'étais pas de moi. »

Lorsque Marie vient me chercher quelque temps plus tard pour que l'on passe la journée ensemble, je refuse de la suivre. Elle a un droit de visite, mais je m'en moque ! C'est sa faute si mon père souffre, si nous mangeons des pâtes à partir du 15 du mois. Si en plus c'est une traînée… Je lui balance tout cela tandis qu'elle m'attend sur le pas de la porte, son manteau en lapin sur le dos.

« Isabelle, calme-toi enfin, allez, viens… »

Elle insiste pour que je l'accompagne, tente de me prendre par la main, alors je file dans la cuisine chercher une bouteille d'huile que je lui jette à la figure, en lui crachant que je ne veux plus jamais entendre parler d'elle. Marie bat en retraite, sans un mot, digne et glacée, sa fourrure maculée de graisse. Le juge prendra acte de mon refus de voir ma mère. Elle ne reviendra plus me chercher. De ce jour, nous ne nous fréquenterons plus du tout, pas une visite, pas un coup de fil. J'ai tellement de haine contre ma mère que j'en suis satisfaite. La voir ne me manque pas : il faut dire qu'elle m'a tant délaissée par le passé que je m'y suis faite. La laisser tomber à mon tour a comme un goût de revanche…

Mon père a réussi son coup : à douze ans, je me retrouve plus isolée que jamais.

Comme jadis, papa me traîne partout avec lui. Faire les courses, chez ses amis, en tournée pour ses dépannages… Il ne me vient même pas à l'idée de lui tenir tête. Il me fait peur, et puis il m'aime tant ! Je suis, dit-il, sa chérie préférée, son Isabeau, la chair de sa chair… Monique partie, mon père se retrouve privé de compagnie, et je redeviens aussi sa fille à tout faire. Je lui prépare ses repas, je fais le ménage, je monte même son nouveau lit en sa compagnie : un large plumard bleu marine, avec encadrement et tables de nuit assorties, qu'il a acheté en kit chez Conforama.

Le lit de mon enfer.

C'est dans ce lit qu'il me demande de le rejoindre, un soir. Je suis dans ma chambre en train de bouquiner lorsque j'entends sa voix venue de l'autre côté du mur :

« Isa, arrive tout de suite ! »

Je dépose à regret la biographie d'Édith Piaf en prenant bien soin de ne pas perdre ma page, et je rejoins la chambre de mon père. Il est allongé. Il m'attend.

« Ma fille, il est temps de te dépuceler. »

Je ne comprends pas ce qu'il vient d'articuler. Ses mots volettent dans la pièce sans arriver jusqu'à mon cerveau. Papa me demande de me déshabiller et de le rejoindre. Je suis tétanisée.

« Isabelle, tu viens, maintenant ! »

Je m'assois près de lui, trop près, là où je ne devrais pas être. Si près que je vois tous les pores de sa peau, que je sens son haleine chargée de cigarettes blondes. Il passe la main sous mon T-shirt, caresse mes cheveux puis ses lèvres glissent sur ma joue et trouvent ma bouche.

« Ma petite chérie… »

Il enlève son slip, vient sur moi. C'est le black-out.

Je ne me souviens plus si j'ai eu mal, je ne me rappelle plus si j'ai pleuré. Je sais que je ne me suis pas débattue. Coupée en deux, mon corps d'un côté, ma tête de l'autre, j'ai laissé Renaud Aubry m'assassiner dans son grand lit bleu. J'ai obéi parce que j'étais sa fille et qu'il était mon père.

C'est en regardant le plafond que je suis morte ce jour-là.

Lorsque mon père en termine avec moi, il se lève et ouvre la porte de la salle de bains qui jouxte sa chambre. Je le vois disparaître, je suis abasourdie. J'aimerais me recroqueviller, mais je n'ose pas bouger. C'est le bruit de l'eau qui me sort de ma léthargie. Je veux retourner dans ma chambre, vite, me terrer sous mes draps à moi, dans mon lit à moi, mais dès que je mets le pied par terre, je m'écroule sur le sol, évanouie.

J'aurais tellement aimé ne jamais me réveiller… Malheureusement cela ne s'est pas passé comme ça. Quelques secondes plus tard, j'ai repris connaissance et suis repartie, flottante, dans ma chambre. Ce fut la dernière fois que j'y ai dormi. J'ai douze ans quand ma vie devient un épouvantable cauchemar dont je ne me réveillerai pas de sitôt. Pendant deux ans et deux mois, mon père ne s'arrête plus. Mon lit d'enfant ne m'est plus d'aucune utilité : la nuit, je dors avec mon père, puisqu'il le souhaite ainsi. Je suis à sa merci, toujours disponible pour ses envies, qui sont aussi fréquentes que diverses. Aux ordres de mon père, j'apprends à varier ses plaisirs. D'abord, à sucer son sexe. Cela me dégoûte à vomir. Je tourne la tête, je rechigne, mais mon père déteste mes mines d'effarouchée et mes grimaces de répulsion, il se met alors à bouder. Il prend son air mauvais et cesse de me parler. Il insiste, argumente. Puis ronchonne, se lève furieux, il m'en veut. Je ne suis plus son Isabeau, sa belle Isabelle. Quand il s'énerve, mon père me terrifie, son regard noir me transperce, la colère contracte tous les muscles de son visage, il serre les poings et halète comme un fou. Je préfère ne pas en arriver là. Quand je cède, mon père redevient aussitôt gentil avec moi. Son affection ne dépend que de moi, et c'est la seule qui me reste. Mes grands-parents vivent loin, je déteste ma mère, je ne la vois plus. Mon père m'aime mal, mais il m'aime. Alors, je ne lui refuse rien. Par peur, par amour, j'accepte tout, ses caresses et ses baisers profonds. À mesure que ma servitude s'installe, au fil de mes nuits d'horreur, le dégoût qu'il m'inspire se retourne doucement contre moi. C'est moi que je déteste de lui être soumise. Si mon père me désire comme ça, c'est que je dois bien l'affrioler. Mon enfer, c'est ma faute. Je suis complice de mon assassinat, et la peine que je veux m'infliger est à la hauteur de ce crime : je ne mérite plus de vivre. Aujourd'hui, je ne me souviens plus exactement quand je commence à vouloir mourir. Sûrement à cette époque, quand je me mets à faire tout ce que souhaite mon père sans plus ressentir de dégoût, de colère ou de haine. Bref, plus rien d'autre que la sourde envie d'en finir…

Une après-midi, je rends visite à une copine de classe qui habite également l'une des tours de la ZUP. Tandis qu'elle farfouille dans ses vinyles à la recherche d'un disque qu'il faut ab-so-lu-ment que j'écoute, je m'approche de la fenêtre, doucement. En bas, je vois des voitures, un terrain vague, de minuscules passants qui s'agitent sur les trottoirs. Si je me jetais dans le vide, tout de suite, ce serait fini. Ce serait bien. Sauterai-je, sauterai-je pas ? Qu'est-ce que j'ai à perdre ?

« Ça y est, je l'ai trouvé ! Isabelle, grouille, viens écouter ça. *Grease*, t'en as entendu parler ? C'est génial… »

John Travolta m'a sauvé la mise. Pour cette fois…

Ma camarade ne se rendra compte de rien. Car, hors de l'appartement, je reste muette. À mes copines, je ne dis pas un mot de ce qui m'arrive. Ni à ma mère que je ne fréquente plus, ni à mes grands-parents que je vois rarement, ni à personne. Même à

Augustine, ma douce mémé, je ne confesse rien, et pour cause : elle vit chez ma mère, donc pas question d'y mettre les pieds. Et puis l'inceste a élevé une muraille entre moi et les autres. Mon père m'a intimé l'ordre de fermer ma bouche, je lui obéis. Et, à bien y réfléchir, je ne sais même pas si j'aurais eu les mots pour raconter ce que je vivais à l'époque… Car je n'ai pas vraiment conscience que tout cela cloche. Pénible, oui, ma vie l'est, et comment ! Mais anormale, pas vraiment. Mon père a toujours été violent, dirigiste, salement affectueux. Et puis quand je suis en cours, avec une camarade, au sport, au moins je ne suis pas avec lui, alors, j'en profite. Je mets un couvercle sur ma misère, le temps d'une parenthèse. À l'école, je suis donc en pilotage automatique. Mais moi qui étais une flèche dans toutes les matières, je commence à souffrir : en maths, c'est la dégringolade. Ailleurs, ce n'est pas terrible, mais encore correct. La seule discipline où je continue de briller, c'est la gym. Monique envolée, je n'ai pas lâché les agrès. C'était un plaisir, cela devient une drogue, dure. Mon échappatoire n° 1.

Dans le gymnase, sur les tapis, je me défoule, loin de mon père. Protégée. Moi, ce qui m'intéresse, ce ne sont pas les compétitions, mais le dépassement de soi. Ce qui me plaît, c'est de maîtriser mon corps, de le faire plier sur la poutre, tourner et voler sur les barres asymétriques, quitte à ce qu'il craque et qu'il ait mal. Ma came, c'est la maîtrise, quand tout le reste de ma vie part en vrille. Et à la gym, je domine mon corps, il ne fait que ce que je veux. Quand on s'entraîne aux agrès, il faut ne pas craindre la souffrance et être résistant au mal. Si mes parents m'ont légué deux choses, ce sont bien celles-ci, cela tombe bien. À force de travail et de persévérance, on s'améliore, on peut tenir sa douleur à distance.

Cette leçon d'endurance, la gym me l'apprend. La gym, et Piaf.

La môme, c'est mon amour. Je dévore toutes les biographies qui sortent sur elle, tous les articles, tous les reportages. Je l'admire sans réserve, et, dans la foulée, je m'identifie à elle, sans en avoir vraiment conscience… Après tout, mon idole aussi a souffert : sa petite fille de deux ans, emportée par une méningite. Son amour pour Cerdan, déchiqueté en plein vol. Sa mère était alcoolique, incapable de s'occuper d'elle. Son père l'a placée, petite, dans une pension de famille avec des prostituées. Elle-même a failli devenir aveugle, avant de faire la manche avec son père dans la rue.

Elle, comme moi, sait ce que c'est de souffrir. Et puis voilà, sa voix sublime me donne la chair de poule.

Tous les jours de la semaine sont vides et sonnent creux… Bien pire que la semaine y a le dimanche prétentieux… Je hais les dimanches…. Dans la rue y a la foule, des millions de passants… Cette foule qui coule, d'un air indifférent…

C'est toute ma vie qu'elle chante. Édith Piaf me souffle à l'oreille qu'il faut que je tienne le coup. Elle me dit à moi, Isabelle Aubry, que l'être humain peut résister à tout. Si elle, la petite chanteuse des bas-fonds de Pigalle, a pu conquérir la France et les États-Unis, peut-être que moi aussi, je trouverai finalement une porte de sortie. J'écoute ses mots en boucle et cela m'aide à résister à l'attraction du vide. Il me faut bien un zeste de son courage pour tenir le coup…

Car, quand je rentre de l'école ou de la gym, ma journée n'est pas finie. À la maison, mon père ne lève plus le petit doigt, et me délègue toutes les tâches domestiques sans exception. Je tiens le budget, je fais les courses, la lessive, la cuisine, le ménage. L'une des chambres me sert désormais de buanderie : j'y lave et étends le linge après l'école. Chaque soir, quand mon père rentre, il m'annonce la couleur :

« Aujourd'hui, tu me feras… un gigot. Et j'ai bien envie d'une tarte à l'abricot pour le dessert. »

Une fois, j'ai le malheur d'éplucher les pommes de terre trop lentement à son goût. Mon père s'énerve alors, je tente d'accélérer, mais c'est trop tard.

« Mais ce n'est pas possible d'être aussi nulle, tu le fais exprès ou quoi ? »

En cinq minutes, il se met dans une fureur noire, et commence à tout casser dans la cuisine. Les assiettes volent, il jette les épluchures sur le sol d'un revers du bras.

« Dépêche-toi, mais dépêche-toi donc ! » me hurle-t-il à deux centimètres du visage.

De ce jour, je fais en sorte de cuisiner plus vite que l'éclair. Dès que Renaud m'indique le menu du soir, me voilà courant partout, enfilant mon manteau à la diable, filant à la supérette du coin acheter les ingrédients pour le festin du patron. Éplucher, préparer, laver, cuire : je prépare le dîner pour mon père et dresse la table. Pas dans la cuisine, non, Renaud Aubry préfère manger dans le séjour. Moi, je grignote à peine, sans appétit. Lui, l'estomac plein, soupire de contentement en me lâchant :

« Laisse, on débarrassera demain. »

Il m'offre alors une cigarette, les assiettes sales restent sur la table du salon et moi, je sais que quelques instants après, je serai dans son lit. Certains soirs, mon père s'arme d'un appareil photo et entreprend d'immortaliser les instants qu'il passe avec moi. Il faut alors que je joue au mannequin, allongée ou assise, mais toujours nue dans des poses dégueulasses.

Même plus tard, quand il a fini son affaire, je ne suis toujours pas tranquille. Pas question de dormir ! Persuadé d'être un esprit supérieur, il a régulièrement besoin d'un public pour étaler sa science. Et son seul auditoire, c'est moi. Alors, à n'importe quelle heure du jour mais surtout de la nuit, mon père me fait des conférences sur les sujets dont il se toque. Son chouchou, c'est Louis XI, dit l'« universelle araignée ». Renaud Aubry se lance dans d'interminables discours sur ce roi Machiavel, auteur d'une devise que mon père a faite sienne : « Diviser pour mieux régner. » Plus encore : Louis XI était sournois, cruel parfois, et mata son aristocratie avec force et ruse. Ce genre de qualités, mon père adore. Globalement, il admire les leaders, les teigneux, les roués. Je le soupçonne de se comparer secrètement à ces grands hommes… Lui aussi aime enfreindre la loi et nuire sans se faire pincer. Voler le fisc, violer sa fille, arnaquer ses clients… le petit dépanneur s'estime plus malin que tout le monde. Il voue par ailleurs un culte à Hitler, et connaît par cœur l'histoire de sa prise de pouvoir dans l'Allemagne de l'entre-deux-guerres. Quand il me réveille au milieu de la nuit pour que j'écoute son ode au nazi sans moufter, mon père tient absolument à me parler en allemand… Au panthéon de Renaud Aubry, on trouve aussi Napoléon. Et, bizarrement, Pascal, celui des *Pensées*. Snobisme suprême, mon électricien de père se trimballe toute la journée avec le bouquin du philosophe dans sa poche, m'obligeant à faire de même. Pour voir si j'ai bien lu et tout compris, il m'inflige des interros-surprises à 4 heures du matin, faisant au final les questions et les réponses. Ses logorrhées m'épuisent, je dors debout, je n'en peux plus… Je finis par m'écrouler dans le lit, désespérée à l'idée que tout ce cinéma va recommencer le lendemain.

Je suis fatiguée, épuisée, révulsée par cette existence que papa m'impose, pourtant je ne la mets absolument pas en question. Papa, je le respecte. Je l'admire aussi. Il est si intelligent, si cultivé ! Mais si effrayant, quand il s'énerve… Maintenant, c'est lui ma seule famille, je n'ai donc pas le choix. À vrai dire, il ne me vient même pas à l'idée que ma vie pourrait être différente. Avec lui, la soumission est devenue ma seconde nature. Mon angoisse monte donc dès que mon père rentre du travail. Devant la tour où nous vivons s'étalent un terrain vague et un parking que l'on voit de notre cuisine. Quand mes devoirs sont terminés, je me mets à la fenêtre en attendant que sa voiture arrive. Dès que je l'aperçois, mon cœur explose : je vis désormais dans une peur continuelle. Mon père, lui, est heureux. Très heureux. Il me saute dessus quand le cœur lui en dit, et s'est déniché une employée de maison gratuite et efficace : moi. Mais il s'avère que je peux lui être d'une plus grande utilité encore. Pour sa fille, il fomente d'ambitieux projets d'avenir :

« Quand tu auras dix-huit ans, Isabelle, je te mettrai sur le trottoir et je te ferai un gosse. »

Je suis prévenue. En attendant, c'est Noël et, comme mes grands-parents viennent passer quelques jours chez nous, papa me somme de reprendre ma place d'enfant : je réintègre ma chambre, où je retrouve avec bonheur mon petit lit, mes livres et mes cassettes. Mes grands-parents assistent au spectacle d'un père célibataire s'occupant du mieux qu'il le peut de sa petite Isabelle, ado plutôt farouche, toujours blottie dans son antre. Je joue mon rôle, profitant du répit qui m'est ainsi accordé, sans rien avouer à mes grands-parents. Je n'ai aucune intention de dire quoi que ce soit à qui que ce soit. Parce que personne ne me pose de questions et que mon père le veut ainsi. Combien de fois jadis m'a-t-il dit qu'il finirait en prison si je parlais ! Je me tais, également, parce que j'ai l'impression confuse que je mérite ce qui m'arrive. Puisque je ne le refuse pas, c'est que je le veux bien : quel droit aurais-je de m'en plaindre ? Et puis mon père m'aime comme cela, il faut que je m'y fasse. C'est sans doute parce qu'il est un papa hors pair, un papa d'exception. René et Valentine ne se douteront de rien. Jamais, même quand nous irons passer nos congés chez eux, dans mon Finistère chéri…

Ils sont là, donc, et je ne leur confesse rien de mon calvaire. Mon père est ravi. Si j'ai su garder le silence devant ces grands-parents que j'aime, il est libre de passer à la vitesse supérieure : l'heure de ma première partouze a sonné.

« On sort, lance, un soir, Renaud à ses parents. J'ai un truc urgent à régler avec un ami et j'emmène Isabelle, ça la changera. »

Mes grands-parents acceptent sans peine de garder la maison, et de passer gentiment leur soirée devant la télé. Mon père leur emprunte même leur voiture, plus jolie que notre antique deux-chevaux orange, et nous voilà partis. Direction : porte Dauphine. Le point de rendez-vous des échangistes parisiens.

Cette nuit-là, tandis que papy et mamie dormaient sur leurs deux oreilles à la maison, ce fut la première fois que je me suis retrouvée seule, nue, devant un inconnu. La première fois qu'un homme, autre que mon père, m'a collé son sexe dans la bouche, et ailleurs. La première fois que j'ai dû coucher avec une femme, son conjoint et mon père en même temps. Mon cerveau s'est mis en veille, en attendant que cela se termine. J'ai effacé aujourd'hui jusqu'aux noms et visages de cet homme et de sa femme. Il y en eut tellement d'autres…

Au fil des semaines, le rythme de nos sorties s'accélère. À la porte Dauphine, mon père est comme un gamin à Disneyland : tant de voitures, tant de corps à disposition ! Il faut dire que pour pas mal de tordus, mes treize ans sont un plus. Dès que le conducteur entr'aperçoit la gamine que je suis, il s'empresse d'engager la conversation. À ses côtés, madame opine du chef – mon père ayant un physique acceptable. Et c'est comme cela qu'Aubry peut, en m'échangeant, se taper un nombre incalculable de femmes, toutes différentes chaque soir… Il compte bien profiter longtemps de cette manne. Pour cela et pour son plaisir, il me traîne un samedi après-midi au centre commercial Rosny II. Là, il dégaine son chéquier sans larmoyer : rien n'est trop cher pour me transformer, moi, l'ado mal fagotée, en bourgeoise sexy. Le voilà qui m'achète des robes, du maquillage, et c'est dans une boutique de lingerie que nous finissons cette razzia. Les vendeuses s'attendrissent sans doute de ce mari attentionné qui vient avec sa fille, en dehors des dates habituelles de la Saint-Valentin ou de Noël, offrir des ribambelles de dessous affriolants à sa femme. Sauf que sa femme, c'est moi, la gamine en Pataugas et en jeans qui attend à la porte du magasin. Et qui se transforme, le soir venu, en professionnelle du sexe avec tout l'uniforme : bas noirs, porte-jarretelles et guêpière.

Parfois, l'affaire se passe dans le véhicule de mon père. D'autres fois, mon père ramène sa prise, mari et femme, à la maison. Ou alors nous allons chez eux… Et chez eux, ce n'est pas forcément la banlieue glauque ou les HLM. Au contraire. Nous les suivons en voiture jusqu'aux beaux quartiers de

Paris, dans des appartements somptueux, immenses. Je me souviens parfaitement de l'un de ces petits palais vicieux : un salon d'au moins cent mètres carrés, une salle de bains tapissée de miroirs, partout, du sol au plafond. La partouze n'est pas un sport de prolétaires. Médecins, avocats, experts-comptables... Je vois défiler entre mes jambes l'annuaire des professions libérales, auquel s'ajoutent quelques artistes, des fonctionnaires, et tous ceux qui ne prennent pas la peine de déballer leur CV avant de baisser leur caleçon. Aucun ne sait que je suis la fille de Renaud Aubry, puisqu'il me présente à eux comme sa compagne. Mon âge, mon allure juvénile pourraient pourtant les faire tiquer... Ils ne posent pas de questions. Pourquoi le feraient-ils, d'ailleurs ? Ces gens ne sont pas là pour faire du social, mais pour prendre leur pied. Moi, je suis leur instrument, point barre.

L'un des gars que mon père convie régulièrement à la maison est un photographe étranger, qui vient du nord de l'Europe. Avec lui, c'est l'enfer : il ne se contente pas de tirer son coup, il faut que cela dure, dure, dure... Je n'en peux plus, je prie intérieurement pour que Dieu, s'il m'écoute, me libère de cet artiste qui aime tant prendre son temps. Une nuit, je reste deux heures coincée dans sa chambre, pendant que mon père attend au salon avec son épouse. Quand je reviens parmi eux, après avoir vécu une torture, voilà que mon père me prend entre quatre yeux :

« Mais qu'est-ce que vous fichiez, enfin ? Ça ne va pas de rester si longtemps avec quelqu'un ! »

Mon père est jaloux. Un comble...

Ce photographe et sa femme, nous les revoyons souvent. Nous allons même dîner avec eux, et au cinéma. Comme par hasard, nous allons voir *La Luna*, l'histoire d'un inceste mère-fils. Mon père sait judicieusement choisir ses films. Parfois, il m'emmène aussi au Quartier latin, dans des cinémas spécialisés dans le porno. C'est illégal, je suis mineure, mais pourquoi papa se gênerait-il ? Personne en ces lieux ne s'offusque de voir un vieux de trente-cinq ans accompagné d'une adolescente s'installer tranquillement pour mater, sur grand écran, des bonnes sœurs s'envoyant en l'air dans leur couvent. Les cinéphiles de ce genre en ont vu d'autres… Cinéma, mais aussi restaurant, week-ends au camping naturiste… Mon père ne fait plus rien sans ses nouveaux amis, les échangistes. Plusieurs fois par semaine, il organise des soirées libertines. À force de sortir porte Dauphine, mon père connaît désormais beaucoup de monde, qu'il convie à ces parties fines et dont il note soigneusement les coordonnées dans un petit carnet. Il m'emmène également dans des boîtes de nuit d'un genre spécial, où les couples se retrouvent pour passer du bon temps à plusieurs. Dans l'un des night-clubs trône un lit immense, où l'on peut tenir à dix. Cela tombe bien, c'est le principe : tout le monde finit pêle-mêle, allégrement emboîté… À tout prendre, je m'arrange pour passer plus de temps avec les femmes qu'avec les hommes. C'est moins dégueulasse.

Les types, parfois, s'avèrent complètement tarés. Certains aiment la violence, d'autres, tellement bien dotés par mère Nature, me laissent tordue en deux, incapable de marcher pendant plusieurs jours et pleine d'hématomes… Mais je préfère encore ça que de coucher avec mon père. Ça, c'est la pire des horreurs, le dégoût absolu. J'ai envie de m'ouvrir les veines chaque fois tant cela m'oppresse. Je souffre moins avec des inconnus. Quand nous rencontrons un autre couple, Aubry part avec la minette et me laisse avec l'homme. Dans les partouzes, *idem*. Il saute sur tout ce qui porte un jupon et préfère toujours la nouveauté. Quand nous sortons, donc, je n'ai pas à subir ses assauts : il se consacre aux autres femmes. Comme nous rentrons à l'aube, le lendemain, il est fatigué, alors nos rapports sont moins fréquents. C'est moi qui, par conséquent, le pousse à aller partouzer quand lui ne m'y entraîne pas. Je ne réfléchis même pas : d'instinct, je choisis la porte Dauphine plutôt qu'une soirée à la maison. Comme un animal, je tente d'éviter ce qui me fait le plus mal. Et le pire cauchemar, c'est de coucher avec papa. Alors mieux vaut se taper dix mecs que lui tout seul.

Et quand je dis « dix mecs », ce n'est pas une image.

Le lendemain matin, je vais à l'école comme si de rien n'était. Dès que j'arrive en cours, la moitié de moi-même se met d'emblée en veilleuse, et je joue aussi bien que je le peux mon rôle de bonne élève et de bonne copine. C'est dur. Avec mes camarades, j'évite spontanément de parler de moi, préférant écouter leurs petites histoires. Ils me changent les idées, leurs mini-soucis… Je suis la confidente préférée, et même la rigolote de service. Oui, je me marre souvent, pour un rien ! Ça fait diversion et ça me défoule, aussi. Je suis tellement éreintée que mes crises de rire éclatent sans que je puisse les contrôler, et je dois lutter pour qu'elles ne finissent pas en flots de sanglots… Côté résultats scolaires, ce n'est pas terrible : non seulement mes notes chutent, mais je m'endors régulièrement sur les tables. La voix du professeur me berce et, doucement, je tombe dans un profond sommeil en plein milieu du cours d'anglais ou de l'interro d'histoire. Les enseignants finissent par s'inquiéter de la dégringolade d'Isabelle Aubry. Le professeur principal convoque donc mon paternel.

« Nous sommes inquiets pour votre fille, elle qui était bonne élève se disperse totalement et dort pendant les heures de classe. »

Mon père prend alors un air de circonstance, et souffle à son interlocuteur l'affreuse réalité :

« Ma fille Isabelle est malheureusement victime d'une terrible maladie, nécessitant un traitement lourd qui la fatigue énormément. »

Mon père digresse alors sur les symptômes d'une pathologie quelconque dont il a pioché le nom dans son journal, avant d'en venir à sa conclusion : il faut absolument me laisser dormir. Quand on est, comme je le suis, gravement affectée par un mal rare et pénible, qu'importe le cours de maths ? Le professeur, sincèrement atterré par l'horrible nouvelle, prend congé de mon père sans lui demander de fournir un certificat médical, mais en lui souhaitant beaucoup de courage pour ces moments difficiles.

Louis XI, je ne sais pas, mais Renaud Aubry est un malin.

Il me raconte le soir même cette anecdote, à ses yeux hilarante, et se trouve décidément supérieurement madré.

Pour être bien sûr que le corps enseignant lui fiche la paix, mon père se met tout de même en tête de faire remonter mes notes, et vite. En plus des nuits qu'il me fait vivre, du collège, de la gym et de la maison que je tiens à bout de bras, il exige désormais que je fasse des devoirs supplémentaires, des dissertations et des exercices de maths à n'en plus finir… Il me concocte un programme de révisions et vérifie que j'ai tout bien appris quand il rentre du travail. Cela n'arrange pas ma santé. À ce régime-là, mon organisme demande rapidement grâce. Mon père avait menti juste : je tombe véritablement malade.

Un soir, mon père m'entraîne chez l'une de ses connaissances. Menu immuable : partie carrée. Je suis exténuée. Depuis plusieurs jours déjà, j'ai des éblouissements et un mal de tête qui ne me quitte pas. Chaque pas qui me rapproche de cet appartement de malheur m'épuise, je tiens à peine sur mes jambes. À peine sortie de l'ascenseur, je m'écroule devant la porte du partouzeur en chef. Qui, comme par un fait exprès, s'avère être médecin, plus précisément interne en chirurgie. Il me prend par le torse, me traîne dans l'appartement et m'ausculte des pieds à la tête.

Dans un semi-brouillard mental, je l'entends qui me dit :

« Il faudrait que tu fasses des examens, je ne peux pas te dire ce que tu as, mais ce n'est pas normal. »

Après m'avoir consciencieusement examinée, l'interne me saute aussi consciencieusement, ainsi que la dizaine de personnes qui peuplent son salon.

Par la suite, mon père m'envoie tout de même faire des examens à l'hôpital. Prises de sang, électroencéphalogramme… je passe toute la batterie de tests. Diagnostic : anémie et surmenage.

Un autre problème se pose à mon père : lors des soirées qu'il m'inflige, aucun préservatif ne circule. C'est la fin des années 1970, ce n'est pas encore franchement la mode, et, n'ayant pas mes règles, je ne prends aucun moyen de contraception. Mais mon père, comme son idole Louis XI dit le Prudent, commence à s'inquiéter quand même. Il m'envoie chez une gynécologue afin de m'assurer qu'il n'y ait aucun risque que je tombe enceinte. La femme médecin acquiesce, et je repars de son cabinet au bout de dix minutes chrono. Cette dame ne m'ausculte même pas, ni ne me pose de questions. Elle fait son job vite et mal, c'est sûr, mais cette gynéco trop pressée m'aide tout de même. En me répondant que non, bien sûr, on ne peut pas tomber enceinte avant d'être pubère, elle agite soudainement mes neurones : mais alors, coucher avant d'avoir ses règles n'est pas prévu par la nature ? Dans ce cas-là, est-il vraiment logique d'avoir des rapports à mon âge ? Moi qui ne m'étais jamais interrogée sur la normalité de mon quotidien, je commence à cogiter sérieusement…

Mon père travaille à cette époque comme dépanneur dans une entreprise parisienne : c'est là qu'il rencontre Brigitte. Elle, c'est la standardiste de la boîte. Sympa, gentille, un peu paumée, sans trop de famille sur qui compter, pas beaucoup plus vieille que moi, la vingtaine : voilà une proie idéale pour mon père, qui, en lui citant Pascal, ne fait qu'une bouchée de cette jolie jeune fille. L'annonce de cette romance me ravit absolument. Enfin quelqu'un qui s'occupera de mon père, de la maison, et m'offrira un peu de repos ! Malheureusement, si Brigitte vient en effet vivre chez nous, mon père n'a aucune intention de me laisser tranquille. Le triolisme de l'époque de son mariage lui ayant laissé comme un goût de reviens-y, il décide de remettre le couvert. Au début, bien sûr, il n'annonce pas la couleur à cette demoiselle. Elle vient vivre sous notre toit, il lui déballe le grand jeu, gentil, drôle… Je retourne dormir dans ma chambre afin de ne pas effrayer la nouvelle venue. D'abord charmée, Brigitte tombe vite raide dingue de mon père. Il prend l'habitude de la tripoter devant moi, de l'embrasser langoureusement sous mes yeux. Doucement, il la prépare ; ils font désormais l'amour la porte grande ouverte. C'est un soir qu'il lui porte l'estocade.

J'ai le malheur de passer devant leur chambre au moment où ils sont au lit tous les deux, et j'entends mon père qui m'appelle :

« Viens, Isabelle… »

J'y vais. Je sais ce que j'ai à faire. Il m'a si bien conditionnée, depuis tellement longtemps, que je joue mon rôle à la perfection, comme un automate. Je sais ce qu'il attend de moi et ce que je risque si je ne le fais pas. Je sais que je n'ai pas le choix, que c'est ma vie maintenant d'être utilisée, prise, puis laissée comme morte sur le lit. Je sais qu'il faut que j'y passe, et qu'après seulement je pourrai dormir. Brigitte, elle aussi, sait qu'un père va coucher avec sa fille devant elle. Elle laisse faire. Elle se joint à nous. Nous dormirons dorénavant tous ensemble.

Dès que Brigitte emménage à la maison, mon père lève le pied sur les soirées échangistes et autres plaisirs parisiens. Nous restons dans notre petite banlieue, à trois. Ce sont les vices de mon père qui viennent désormais à nous. L'alcool est alors en libre service, et mon père décide un beau jour qu'il est temps pour moi d'être initiée aux plaisirs de la drogue. J'ai quatorze ans quand je commence à fumer de l'herbe régulièrement. Mais mon père est un homme qui aime repousser les limites de la perversion des autres. Un jour que ma sœur Camille passe le week-end avec nous, lui vient une idée tordue dont il a le secret.

« Brigitte, Isabelle, embrassez-vous. »

Nous sommes dans la deux-chevaux, Brigitte devant, Camille et moi derrière.

« Allez, les filles, sur la bouche, on se dépêche. »

Brigitte se retourne et me roule un patin sous les yeux de ma propre sœur, qui n'a pas huit ans à l'époque. Sourd alors en moi une sensation nouvelle : en plus d'une gêne atroce, c'est la peur qui me noue les tripes. Une crainte inconnue jusqu'à présent : celle que ma sœur y passe aussi. Qu'elle soit salie, comme moi. Ma Camille est en danger, mais je ne peux rien y faire, et cette impuissance me broie.

Je ressens un immense soulagement quand le dimanche s'achève et que je la vois repartir chez notre mère.

Brigitte est paumée, moi aussi, nous avons mon père en commun : nous devenons assez vite de bonnes amies. Avec elle, je prends l'habitude de partager mes malheurs. Je lui confie mes soucis, je me plains de mon père des heures durant… Et, surtout, je lui parle de Pierre. Lui, c'est le premier homme dont je tombe amoureuse. À cette époque, je n'ai jamais eu de petit copain. Mes seuls faits d'armes sont une boum où j'ai dansé en tout bien tout honneur, voilà tout.

Ce Pierre-là, je le rencontre durant l'été, en Bretagne ; il loue avec son épouse et leurs deux enfants une partie de la propriété de mes grands-parents. Il a quarante ans environ, et ce qui me fascine chez lui, c'est sa gentillesse. Il s'occupe à merveille de ses deux petits. Un soir, je me dirige vers la buanderie lorsque je l'entr'aperçois, assis dans la cuisine. Il n'a pas allumé la lumière, il est assis, les jambes croisées, sur une chaise dans la pénombre, profitant que ses enfants soient couchés, et la fumée de sa cigarette fait autour de lui un petit nuage gris. Bon père de famille, aimant comme moi les moments de solitude nicotinée… Je ne sais pas ce que l'association de ces deux qualités produit comme effet sur mon jeune cerveau, mais je fais une fixation immédiate sur ledit Pierre.

À l'époque, je suis convaincue d'être instantanément tombée amoureuse de lui. Aujourd'hui que j'y vois clair, je me rends compte à quel point le sexe, l'amour et l'affection étaient salement mélangés dans ma tête. Cherchant désespérément tendresse et protection, je jette mon dévolu sur ce papa idéal qui n'en demandait pas tant.

Pendant des semaines, donc, je ne cesse de penser à lui, qu'à lui. J'ai déniché son numéro de téléphone dans le bottin, et je l'appelle sans arrêt. Dès que j'entends sa voix, je lui raccroche au nez, angoissée à l'idée même d'articuler une parole. Alors, je me repose sur ma môme, Piaf : dès que Pierre décroche, il entend des couplets de *Milord* résonner à son oreille, j'imagine qu'il ne doit rien y comprendre. Encouragée par Brigitte qui ne perd pas une miette du feuilleton « Pierre », je me résous enfin à saisir mon courage à deux mains et à lui parler au téléphone. Je lui dis tout de go que je veux le voir, là, tout de suite, maintenant. Rendez-vous est pris dans un bistrot de la porte Maillot. Je meurs d'amour pour cet homme, et je vais à notre petit rendez-vous le cœur lourd, les mains moites et le rose aux joues, comme la gamine que je suis. Je veux lui dire combien je l'aime, à ce quadragénaire qui a fait chavirer mon cœur. Je veux lui susurrer des mots bleus et l'entendre me dire que c'est réciproque.

« Pourquoi voulais-tu me voir, Isabelle ?

— Parce que j'aimerais vraiment coucher avec toi. »

Voilà ce que Pierre entend de la bouche d'une môme de treize ans, ce jour-là, devant son café crème. Il est surpris, je ne comprends pas pourquoi. Pour moi, l'amour, ça passe par le sexe, ça ne peut passer que par là, il n'y a pas d'autres moyens, non ? Sinon, ce n'est pas l'amour. Sinon, c'est du toc. Sinon, pourquoi mon père coucherait-il avec moi ?

Pierre me prend au mot :

« D'accord, on va à l'hôtel tout de suite, mais dans ce cas-là, on ne se revoit jamais. Ou alors on se quitte comme ça, en amis. À toi de choisir.

— Va pour l'hôtel. »

Mais, en chemin, je comprends que Pierre m'a collée dans une impasse : si l'on fait l'amour, je ne verrai plus jamais cet homme que je chéris. Si l'on ne fait rien, cela veut clairement dire qu'il ne m'aime pas. Je suis perdante de toute manière. Alors, une infinie tristesse s'abat sur moi et je lâche à mi-voix :

« Raccompagne-moi au métro. »

Je ne sais pas si ce cher Pierre m'aurait finalement sauté dessus, une fois arrivés dans la chambre, ou s'il souhaitait simplement pousser dans ses retranchements la petite minette gonflée que je semblais être à l'époque. Tout ce dont je me souviens, c'est cet atroce désespoir qui s'empare de mon âme quand vient le moment fatal de quitter Pierre. Je le vois, de l'autre côté du quai, attendant sa rame pour repartir au travail. Et l'envie me prend soudain de me jeter sur les rails… Quand je rentre à la maison en reniflant, je raconte la fin de cette pathétique saga à ma chère Brigitte, qui me ramasse à la petite cuillère. Elle tiendra mon secret : mon père n'a jamais rien su de cet épisode et ma copine, pendant de longues semaines, tentera comme elle pourra de remonter mon moral, durablement incrusté au niveau des chaussettes… À cette époque, je peux compter sur elle, c'est une amie, une vraie. Malheureusement, mon père finit par avoir raison de cette jeune fille aussi mal dans ses baskets que moi. Après avoir goûté à nouveau aux joies du triolisme, il se met à passer ses nerfs sur cette demoiselle mal amoureuse. Brigitte se prend quelques vigoureuses raclées avant de boucler ses valises sans demander son reste.

Je me retrouve une fois encore seule avec mon père. Mais j'ai compris ce qui me faisait du bien : confier mes peines à quelqu'un.

C'est le début des ennuis pour Renaud Aubry.

5

Qui voudra voir ?

Voilà quatre ans que je suis arrivée chez mon père. Et deux qu'il m'utilise comme son joujou préféré. Ma vie, je l'accepte comme elle vient. Mon père, je le subis tel qu'il est. Mais plus ça va, plus je doute de la normalité de ma situation. Ce qui me tracasse le plus, c'est cette histoire de règles : a-t-on le droit d'avoir des rapports sexuels avant de les avoir ? C'est un soir que le côté bizarre de ma vie me saute franchement au visage.

Je suis debout à l'entrée de la salle de séjour, et à quelques pas de moi la télé est allumée. C'est un film qui passe sur TF1, un film romantique, et, à l'écran, les héros s'embrassent langoureusement. Avec moi, papa fait de même. Il m'attire près de lui et sa bouche se colle sur la mienne.

Eux, les personnages du film, ont trente ans. Ils sont amoureux. Ils ne sont pas de la même famille. Ils se câlinent, c'est logique.

Nous faisons la même chose qu'eux. Sauf que c'est mon père, que je suis sa fille, que je suis une gamine. Ce n'est pas pareil, j'ai même soudain la nette impression que c'est mal. Ces caresses m'étouffent depuis toujours, mais au dégoût se mêle désormais un sentiment nouveau : le rejet. La possibilité de rejeter mon père. Je ne suis peut-être pas obligée d'accepter ses baisers, puisqu'ils sont anormaux. Et puis j'ai quatorze ans maintenant, peut-il continuer à faire de moi ce qu'il veut, comme si j'étais un bébé, comme quand j'étais une enfant ? Il faudrait que je refuse… Mais comment faire ?

Doucement mais sûrement, une nouvelle obsession s'installe ainsi dans mon cerveau : échapper aux assauts de mon père. Je l'aime toujours, j'en ai toujours une peur affreuse, mais je sais aussi que, sans moi, sa vie sexuelle serait bien moins palpitante. Je suis celle qui lui permet de mettre d'autres femmes dans son lit. Ma marge de manœuvre existe donc, même si elle est des plus étroites. Du coup, les jours passant, je prends un peu d'assurance et essaie de limiter les dégâts :

« Je ne veux pas de ce mec-là, il est trop vieux, trouvons quelqu'un d'autre. »

Quand nous sortons porte Dauphine, j'essaie ainsi d'éviter de me retrouver au lit avec les gars qui ont l'air trop tordus ou dégueulasses. Je « tente », parce que, le plus souvent, je n'ai pas le choix. Quand mon père décide que vingt hommes me passeront dessus, c'est comme cela et puis c'est tout. Mais à d'autres moments, Renaud Aubry me laisse la bride sur le cou. Certains soirs, j'ai le droit de choisir le couple avec lequel je vais devoir m'accoupler, et souvent c'est même moi qui « négocie ». En clair : je demande à cet homme et à sa femme si l'on va chez eux ou chez nous, si leur appartement est loin, combien de personnes il y aura… Mon père préfère me voir ainsi, penchée à la fenêtre de la voiture en train de causer itinéraire, que renfrognée dans mon siège comme si j'attendais le bourreau. Car, quand j'ai l'air fatiguée ou malheureuse, il semblerait que je lui gâche son plaisir. Et moi, lorsque je négocie, j'ai moins l'impression de compter pour du beurre. Je suis encore un objet, certes, mais un objet qui parle.

Le jour aussi, je grignote comme je peux d'infimes espaces de liberté. Quand, à la maison, mon père tend la main pour me tripoter ou les lèvres pour m'embrasser, je me mets à dire non. J'invente n'importe quel prétexte : mal au cœur, mal au ventre, la cuisine à nettoyer, mes devoirs à terminer. Il déteste quand je lui refuse ses petits plaisirs. Alors, il me fait crouler sous les déclarations d'amour. Je suis sa chérie, son sang, son cœur, pourquoi veux-je absolument lui faire du mal ? Pourquoi lui refuser ce qui lui fait du bien ? Quand la méthode douce ne fonctionne pas, mon père change de tactique : il ne m'adresse plus la parole pendant des heures… Puis il devient nerveux, commence à tapoter la table basse, fume cigarette sur cigarette… La pression monte. Dans ces moments-là, la peur est plus forte que tout. Elle m'envahit, cette peur qu'il ne m'aime plus, cette peur qu'il me cogne, cette peur qu'il me tue. Je cède. Nous allons dans sa chambre.

Juste avant, je me raisonne : je l'ai déjà tant fait, alors, une fois de plus ou de moins… Pendant, je bloque mon cerveau. Surtout ne pas penser.

Quand il a fini, j'aimerais mourir pour ne pas avoir eu la force de lui résister.

Je me sens coupable de le décevoir si je dis non, et coupable encore de nos dégueulasseries si je lui cède. Puisque je suis si gentille, si mignonne, sa fille chérie, je suis coupable qu'il m'aime trop, qu'il m'aime mal. Vivre, c'est ma grande faute.

Mes seuls vrais moments de répit, je les vis dehors, à la gym et en classe, avec mes copines. Véronique, Valérie : voilà ma clique, mes inséparables avec lesquelles je fais les quatre cents coups. À l'âge de quatorze ans, je suis une jeune fille coupée en deux : une partie de moi est morte. L'autre ne rêve que de vivre, à fond. Autant je suis effacée et déprimée à la maison, autant je suis gaie en compagnie des filles de mon âge. Avec mes copines, je complote des heures, je cause musique, films, bouquins, vêtements. Parenthèses enchantées qui me font oublier, un temps, le dégoût de moi et l'envie d'en finir. Ils me lavent le cerveau, nos bavardages, j'en ai bien besoin…

Mon père sent bien que le vent tourne. Que je grandis. Que j'aime être entourée. Il me visse d'autant plus : pas question de sortir le soir sans lui, interdiction d'organiser des soirées pyjamas entre copines. Mon père est tellement froid à l'égard de mes amies lorsqu'elles ont le malheur de me rendre visite à l'appartement qu'elles cessent rapidement d'y mettre les pieds. Alors, c'est dehors que je me lâche. Au collège, je suis une chef de file : j'en ai la tchatche et le look – Pataugas et sac décoré d'une feuille de cannabis. Avec ma garde rapprochée, nous rigolons comme des andouilles de tout et de rien, comme si le prof n'existait pas. Nous jouons à faire du cheval sur les chaises en plein milieu du cours, bref, nous ne sommes pas spécialement des jeunes filles rangées. Je ne suis pas la chouchoute des enseignants, bien sûr, ils ne sont pas masos. Mais parmi les élèves je suis relativement populaire. La preuve ? Je suis désignée déléguée d'établissement. Avec moi, l'administration n'a pas de chance : obligée de faire profil bas à la maison, je suis d'autant plus indomptable en dehors. Un jour, à la cantine, voilà que le cuistot nous sert des cakes infects, que je juge aussitôt à moitié rassis. Branle-bas de combat ! Je descends dans la cour de récréation et, devant l'assemblée de mes pairs, j'improvise un forum au thème unique :

« Non mais, vous avez vu ce qu'on nous donne à bouffer ? »

Je suis outrée, j'argumente sans discontinuer, et propose à mes camarades la seule solution qui s'impose devant l'abominable scandale des cakes moisis : la grève ! Au bout d'une heure de discours enflammé, deux cents élèves furibards se massent derrière moi. J'ai réussi mon coup : tout le collège Jean-Macé débraye, et le chef d'établissement nous reçoit plus vite que l'éclair, promettant qu'on ne l'y reprendrait plus. Valoche, Véro et moi-même fêtons notre première victoire de syndicalistes au bistrot La Bergerie, notre QG. Dans ce troquet planté non loin du collège, nous avons nos habitudes : dès que la cloche sonne la fin des cours, nous nous y précipitons pour discuter sans fin et boire des coups. Mes copines y carburent à la caféine. Moi, au houblon.

Chez moi, l'alcool est devenu une habitude. Je bois, donc, avant l'école, pendant, après. Au bout de deux ou trois demis, je retourne en classe à moitié soûle, voire complètement. À mes heures perdues, je me mets également à voler des vêtements. J'enfourne les jolis jeans et les T-shirts à la dernière mode sous mon blouson, sans me soucier des vigiles ni des caméras. Un petit sourire innocent à la caissière et je prends la porte, le tour est joué, je revends ma précieuse marchandise à l'école pour m'acheter des cigarettes. Qu'ai-je à perdre ? Au fond, tout au fond de moi, j'ai bien envie de me faire prendre… J'ai envie que quelqu'un mette un terme à mon cauchemar. Je rêve de voir des policiers m'arrêter. Cela ne manque pas d'arriver.

C'est dans un magasin C&A que je me fais pincer en beauté. Les gorilles de la sécurité me cueillent à la sortie, les poches pleines de chemisiers encore étiquetés, et m'emmènent directement voir la police. Je n'ai pas peur, au contraire : je suis même contente. Je me retrouve au commissariat, pays de la loi et de la sécurité : ces jeunes hommes en uniforme ont le pouvoir immense de remettre mon monde à l'endroit par la force de leur verbe. S'ils le veulent, ils peuvent me demander pourquoi je tourne mal. S'ils s'entêtent, ils apprendront ce qui se passe d'immonde au quinzième étage d'une tour de la ZUP et, grâce à leur efficace entremise, mon père s'évanouira dans la nature et je serai enfin tranquille. Malheureusement, les forces de l'ordre décident d'avoir la main légère avec la jeune fille que je suis. Suite à mon larcin, j'ai droit à quelques remontrances… et c'est tout. Personne ne s'intéresse sérieusement à mon cas, et pour cause : des ados qui se rhabillent aux frais des grands magasins, ces flics de quartier doivent en voir défiler un paquet. Un policier téléphone à mon père, qui vient me récupérer quelques heures plus tard. À la sortie du commissariat, papa pose sa main sur mon épaule, me regarde droit dans les yeux et prononce ces mots :

« Ma fille, je suis fier de toi. »

Renaud Aubry est visiblement heureux que je fasse, comme lui, mes premiers pas dans le monde des délinquants. Il est ravi que je contourne les règles : son éducation a porté ses fruits. Les vigiles, eux aussi, semblent satisfaits de m'avoir pincée, et les policiers sont contents de m'avoir passé un savon et remise entre les mains de mon père. Tout ce petit monde se congratule d'avoir bien travaillé, et personne ne se demande pourquoi une gamine de quatorze ans se met brusquement à piquer dans les magasins. Nul ne creuse pour savoir ce que pourrait cacher ce délit trop banal, ni ne me pose la moindre question.

Voler ne me sert donc à rien, j'arrête mes filouteries sur-le-champ.

À cette époque, j'aurais tant aimé que quelqu'un se penche sur mon dossier ! Mais il ne faut pas trop compter dessus… Les policiers ne l'ont pas fait. Ni eux ni personne. En deux ans, les conquêtes de mon père et les couples échangistes ont défilé par dizaines sous notre toit, et aucun ne s'est soucié de voir en ces lieux une gamine coucher avec un vieux. Brigitte, témoin numéro un d'un inceste caractérisé, n'a jamais songé à prévenir les forces de l'ordre, et la suivante non plus. Après son départ, en effet, mon père ramène à l'appartement une nouvelle prise, nommée Sylvie. Celle-là est moins jeune, moins paumée, moins influençable que la précédente. Elle m'apprend à bien me maquiller, à m'habiller. Ensemble, nous faisons des essayages. Je l'aime bien, Sylvie. Mais, aux yeux de mon père, elle a l'immense inconvénient d'être relativement équilibrée et assez lucide. Alors quand un beau soir, profitant d'un apéritif sur le balcon, Renaud Aubry se met à me caresser la cuisse devant elle, le visage décomposé de Sylvie ne lui laisse aucun espoir : le triolisme est définitivement une époque révolue. Quelques jours après, la dame plie bagage, sans s'inquiéter le moins du monde qu'un papa tripote sa fille de quatorze ans sous ses yeux. Courage, fuyons ! C'est la devise de Sylvie. Après son départ, cela devient aussi la mienne…

Un jour où j'arrive au bout de mes forces, je décide de fuguer. Cette après-midi-là, je n'ai pas réussi à me couper en deux : toute la journée, la perspective de la nuit à venir m'a scié le moral et même les taquineries de mes copines n'ont pas pu me dérider. Imaginer que, ce soir encore, je vais devoir servir mon père, à la cuisine et au lit, est insurmontable. Alors après l'école, lorsque mes amies sont retournées chez leurs parents, je traîne dans la rue sans savoir que faire, mais avec une certitude : je ne mettrai plus les pieds dans cet appartement, mon père n'a qu'à se débrouiller sans moi. Et puis, soudain, l'illumination :

« Allô, Pierre, c'est Isabelle à l'appareil. »

Celui que je veux voir, celui qui va pouvoir me réconforter, c'est Pierre. Mon Milord, mon amoureux perdu… Je lui téléphone directement au travail, et je lui dis que je l'attendrai devant la porte de son entreprise. C'est en stop que je le rejoins, à l'autre bout de Paris. Nous grimpons dans sa voiture et je lui raconte ce qu'il m'arrive sans entrer dans les détails : le ras-le-bol de mon père, ma fugue… Il écoute, sans rien dire. C'est quand je passe au chapitre « romance » qu'il se met à réagir :

« Mais, Isabelle, arrête de me dire que tu veux coucher avec moi, nous en avons déjà parlé, ce n'est pas possible, restons amis, je suis marié tu sais… »

Mon Milord ne m'aimera-t-il donc jamais ? Pourquoi, pourquoi, pourquoi ? À bout de ressources, je lui sors alors mon va-tout :

« Si tu ne veux pas de moi toute seule, on peut faire quelque chose à trois, avec ta femme. »

Il me regarde et, au bout d'un long silence :

« Je vais en parler à mon épouse, rappelle-moi demain. »

Pierre me laisse donc au pied du RER, et va rejoindre son épouse, pensant peut-être que moi, la gamine fugueuse qui vient de lui proposer une partouze, va sagement rentrer chez son papa. Évidemment, telle n'est pas mon intention. De jeunes types vêtus de cuir font la manche à l'entrée de la gare. Je ne suis pas assise très loin d'eux et la conversation finit par s'engager. De fil en aiguille, je m'installe à leurs côtés et nous devisons tandis que leur casquette se remplit doucement de petites pièces jaunes. Eux, ce sont des toxicos, ils mendient comme cela tous les soirs, histoire de payer leur dose.

« Et toi, tu connais la drogue ? me demande l'un d'eux.

— Euh... juste l'herbe. »

Et voilà qu'il me demande si cela me tenterait d'essayer le shit ou l'héroïne. J'opte pour la seconde proposition. Deux des gars partent donc en direction de Paris faire les emplettes.

C'est étonnant, cette sensation qui m'habite lorsque je suis en fugue. Pas désagréable. L'impression de flotter entre deux mondes, de m'offrir une parenthèse hors du réel. L'heure n'existe plus, mon quotidien s'évanouit pour laisser place à une grande feuille blanche sur laquelle je peux écrire ce que je veux. Par la grâce d'un petit pas de côté, prendre le RER plutôt que de rentrer à la maison, je dévie des rails sordides auxquels mon père me condamne. Là, assise à côté de ces drogués que je ne connaissais pas cinq minutes avant, entre leurs chiens et leurs cannettes de bière, j'attends ma piqûre avec sérénité et je me sens protégée. Protégée de mon père. Je sais que là où je suis, il ne peut rien contre moi. Le temps de mon cauchemar s'arrête, pourvu que cela dure...

Cela ne dure pas.

Les deux garçons partis acheter l'héroïne ne reviennent pas. Je finis par passer une partie de la nuit couchée dans un parc, jusqu'à ce qu'un des bergers allemands me réveille en me léchant le visage. Beurk ! L'un des gars m'invite alors à attendre l'aube chez lui. Nous passons donc quelques heures ensemble à comparer les différentes drogues tout en écoutant des cassettes de hard rock. Moi, la musique d'ACDC et la came, je m'en fiche, tout comme de ce pauvre drogué qui vit encore chez sa mère ! Tout ce qui m'importe c'est d'avoir Pierre en ligne, vite, et qu'il me dise qu'il a envie de me voir.

J'attends une heure décente avant de m'emparer du téléphone pour connaître sa réponse. Partouze ou pas ? Sa femme est-elle d'accord ? Ce que j'entends me ravit :

« Écoute, nous ne sommes pas contre, viens à la maison, que nous en parlions tous ensemble. »

Fort bien, j'arrive. Mais, dès que je mets un pied dans le joli pavillon de Pierre et que je vois mon Milord entouré de bobonne et de leurs beaux enfants, le charme s'évanouit singulièrement. Et ce qui porte le coup de grâce à ma fixation, c'est la sonnerie de la porte d'entrée. Pierre se lève pour accueillir les nouveaux venus, et je vois ma mère entrer dans le salon, suivie de mon père. Catastrophe ! Pierre m'a trahie ! Ma fugue ne m'a servi à rien… Je suis mes parents la mort dans l'âme et retourne à la case départ : chez Renaud Aubry. Moralement, je suis laminée. Je cherche désespérément une issue de secours et je finis par la trouver : ma mère. J'annonce à mon père mon envie de retourner passer des moments chez elle et son nouveau mari. Après tout, si elle est venue me chercher suite à ma fugue, après deux ans de brouille, c'est bien que je dois compter pour elle. Elle ne m'a pas dit que je lui avais manqué, nos relations n'ont jamais atteint ce degré de chaleur humaine, mais, au moins, elle s'est déplacée pour moi. Quand je lui demande s'il est possible que je vienne la voir de temps en temps, elle accepte tout de suite :

« Bien sûr, Isabelle, on va s'organiser. »

Est-elle étonnée, heureuse, soulagée que je veuille la fréquenter à nouveau ? Aucune idée. Ses sentiments, ma mère les garde pour elle. Nous n'échangeons pas un mot sur le passé, mes fugues, la partouze que j'ai proposée à Pierre… Le silence efface tout, j'en ai l'habitude. Nos échanges se réduisent donc à quelques banalités domestiques :

« Elle te plaît cette jupe ? »

« Isabelle, tu m'aides à mettre la table, on mange des cannellonis ce soir… »

« Dis à ta sœur qu'elle se dépêche, s'il te plaît ! »

C'est ainsi depuis toujours, mais je m'en fiche. Ce qui m'importe avant tout, c'est de m'extraire des griffes de mon père : quand je suis avec maman, au moins je ne suis pas avec lui. Je ne tarde pas à subir les conséquences de cet évitement. Sans doute Renaud Aubry commence-t-il à angoisser que je ne confie quelque chose à son ex-femme. Il n'a aucun moyen de s'opposer à ce que je la voie mais me le fait payer au prix fort, à coups de poing dans la figure. À la moindre occasion, il se jette sur moi et m'inflige de mémorables raclées.

Un jour où je suis allée rendre visite à ma mère, je rentre dans notre tour avec la peur au ventre. Ma montre m'indique clairement que je vais déguster… J'ai une demi-heure de retard, et je devine, derrière la porte, mon père qui tourne en rond et marine dans son jus. J'ai plus que raison. À peine me voit-il entrer dans l'appartement qu'il se précipite sur moi et m'envoie une gigantesque claque en plein visage.

« Non mais, tu as vu l'heure ? Où t'étais ? »

Je ne peux pas répondre tellement il me frappe. Il m'attrape par les cheveux, me soulève et me cogne la tête contre les murs, avant de me jeter par terre et d'aller fumer une cigarette.

Un fou furieux. Je vis avec un fou furieux.

Il faut que je trouve une issue de secours, il faut que je me taille d'ici, sinon, je vais y laisser ma peau… Mon père peut me tuer : cette idée prend peu à peu toute la place et je commence à crever de trouille. Pire encore : depuis quelque temps, Renaud Aubry regarde ma sœur d'une drôle de façon quand elle vient passer le week-end avec nous. Dans mon esprit, cette impression qu'il pourrait la convoiter est de plus en plus nette. Je suis malade à l'idée qu'il tente de faire avec elle ce qu'il m'inflige. Il faudrait l'arrêter, mais comment ? J'en ai lourd, tellement lourd sur le cœur... J'ai besoin de dire ce qu'il m'arrive, de raconter à quelqu'un les coulisses dégueulasses de ma vie. Pas à ma maman, non. Même si je la revois régulièrement, je ne me sens pas encore en confiance auprès d'elle. Et puis comment pourrais-je lui balancer que son ex-mari me viole et me tabasse quand elle ne me parle que de shopping, de nourriture et des potins du voisinage ? Elle m'emmène dans les magasins, me refait une garde-robe... Cela ne suffit pas à déverrouiller mon cœur. Il faut que cela sorte, pourtant. Alors, je crache le morceau à mon binôme, ma meilleure copine, Véronique, un jour où nous sommes confortablement installées dans les toilettes du collège, assises par terre sur le carrelage, le paquet de Peter Stuyvesant à portée de main. Les W-C, c'est l'endroit idéal pour fumer sans se faire prendre, c'est donc aussi le salon où l'on se confie. Et, ce matin-là, je suis à bout. J'en ai marre de tout, de mon père et de la vie, marre qu'il me cogne, marre d'être scotchée à la maison, de ne pas pouvoir sortir seule, de briquer toute la maison, marre d'être l'esclave domestique et sexuelle d'un tyran qui se prend pour Dieu. Marre, marre, marre !

« Je suis crevée, dis-je à Véronique. Mon père m'a frappée l'autre jour, je te raconte pas... Et puis, tu sais, le soir, je sors avec lui... On va chez des gens pour coucher ensemble, tu vois ? On fait ça souvent, avec plein de mecs, et des filles aussi des fois, tous ensemble… Du coup, je suis épuisée… »

Véronique ne pipe pas mot. Elle me regarde fixement, en tentant de continuer à faire des ronds avec la fumée de sa cigarette. Je continue :

« Et je le fais avec mon père aussi… »

La sonnerie m'interrompt, c'est l'heure de retourner bûcher. Véronique jette sa clope dans la cuvette des toilettes, ramasse son sac et se tourne vers moi :

« La suite au prochain numéro, alors ! »

Voilà exactement comment elle conclut notre conversation. A-t-elle vraiment saisi ce que je lui confiais ce jour-là ? L'a-t-elle pris comme une bravade de ma part, une blague, un gros mensonge pour de rire ? Mon ton habituel, plutôt détaché, et mon caractère apparemment enjoué ont peut-être fait douter mon amie de la véracité de mes propos. Sans doute, aussi, lui fallait-il du temps pour digérer ce qu'elle venait d'entendre. En tout cas, à l'époque, la réaction de ma chère Véronique me refroidit. Décidément, ce que je vis chez mon père doit être tout à fait normal puisque ma copine ne saute pas au plafond en l'apprenant. J'étais déjà convaincue que c'était mon destin d'être si malheureuse, je suis encore plus fataliste après cette courte conversation dans les toilettes pour filles. Je cherche désespérément quelqu'un qui puisse m'écouter et soulager mes peines.

Heureusement, dans ma vie, il y a Françoise.

Françoise Abeille, c'est mon oasis de la tour. Elle vit, comme moi, au quinzième étage, et son appartement est une petite ruche dont la porte est toujours ouverte pour moi. Cette jeune femme, la trentaine, est ravissante, douce, chaleureuse, toujours bien mise, coiffée et parfumée d'une fragrance chic et chère qui m'enivre. Elle a le double de mon âge, mais qu'importe : Françoise m'aime. Mes petites histoires l'intéressent, mes blagues la font rire. Elle me pose mille questions sur mes journées, mon quotidien. À ses côtés, je me sens protégée. Sans doute suis-je sa cure de jouvence, à elle la mère de famille… Je passe beaucoup de temps chez elle, seule ou avec mes copines. Françoise Abeille est loin d'être une idiote : elle voit bien que je commence à angoisser dès que l'heure du retour de mon père approche. Elle sait, je le lui ai raconté, que Renaud Aubry me colle des devoirs supplémentaires à faire, qu'il m'impose le ménage, et que, si le repas n'est pas prêt quand il le souhaite, il me brise en mille morceaux. Ce gars bizarre qu'est mon père, Françoise commence à s'en méfier. Elle a accepté de venir lui arroser ses plantes quand nous sommes en vacances, mais ne comprend pas sa façon de m'éduquer. Elle le trouve trop sévère, farfelu, légèrement tyrannique. Et surtout, elle estime que sa fille, la petite minette renfermée que je suis, a de drôles d'interrogations :

« Dis, Françoise, on peut avoir des rapports quand on n'a pas encore ses règles ? »

Mme Abeille est interloquée. Il ne viendrait pas à l'idée de sa fille, qui a mon âge ou à peu près, de poser de telles questions.

« Écoute, ma grande, tu es un peu jeune pour avoir des rapports. Il faut attendre, et, quand tu tomberas amoureuse d'un garçon, cela se fera naturellement… »

Si elle savait ! Parfois, je soupire à fendre l'âme devant elle, en lui répétant que j'aimerais en finir. C'est trop dur, tout ce que je vis. Je me sens sale, tout le temps, et les caresses de mon père sont pires que ses coups. J'aimerais tant avoir la vie de mes amies ! Des parents qui prennent soin de moi, pas de ménage à faire, ni de caresses sordides à distribuer ! Des nuits complètes !

« Qu'est-ce qu'il y a qui ne va pas, Isabelle ? me demande Françoise quand elle me voit les yeux dans le vague et l'air sombre.

— Rien, j'en ai marre, j'en peux plus de cette vie, c'est tout… »

Et je m'en vais jouer dans sa chambre, avec son matelas d'eau qui fait un drôle de bruit quand je saute dessus…

Chez ses voisins de palier, Françoise devine que quelque chose ne tourne pas rond. Elle cogite, mais ne dit rien. Quand je la quitte pressée et stressée pour rejoindre mon appartement, briquer la cuisine et repasser le linge, elle m'embrasse avec chaleur en me souhaitant bon courage. Je ne sais pas si je suis Cendrillon, mais en tout cas j'ai trouvé ma bonne fée. Je lui confie tout, tout ce que j'ai le droit de lui dire. Pas mes virées porte Dauphine, bien sûr. Mais les aléas de ma petite vie. Le jour où j'ai mes règles, je m'empresse de le lui raconter, la fois où je foire l'interro de maths aussi…

Les vacances scolaires arrivent, et je dois quitter ma Françoise pour passer une petite semaine chez mes grands-parents. Chez eux, tout a changé. Ils ont laissé leur belle propriété pour s'installer en centre-ville, car ma grand-mère a besoin de soins médicaux importants. Elle se remet à peine d'un accident vasculaire qui la laisse partiellement amnésique et, surtout, incapable de réaliser les gestes simples du quotidien. Écrire ou marcher seule lui est désormais impossible. Ma grand-mère chérie a conscience de sa déchéance. Elle me confie un soir qu'elle préférerait mourir que de rester dans cet état. Je quitte la Bretagne cette année-là avec la certitude que je ne la reverrai pas. Quand je rentre à Fontenay, les yeux pleins de larmes et de mon Finistère, je profite que mon père soit parti au travail pour me précipiter chez Françoise. Il me tarde de la revoir et de lui confier mes chagrins. Mais dès qu'elle ouvre sa porte, je vois bien que ma voisine préférée m'accueille avec moins de gaieté que d'habitude. Elle me fait asseoir devant elle, et plante ses beaux yeux maquillés dans les miens :

« Isabelle, regarde-moi s'il te plaît. Isabelle, est-ce qu'il se passe quelque chose de bizarre avec ton père ? »

Je ne réponds rien. Elle continue :

« En allant arroser les plantes chez toi la semaine dernière, j'ai vu un tampon usagé sur la table de nuit, dans la chambre de ton père. Je pense que ce tampon est à toi et que tu dors avec ton père, ai-je raison, Isabelle ? »

Muette. Je suis coite comme une carpe. Je sens que si je dis la vérité, quelque chose va enfin se passer, et cela va être atroce. Je le vois à l'air grave de Françoise, à son insistance : elle ne me lâchera pas sans obtenir sa réponse. J'ai soudain extraordinairement peur. Affreusement peur.

« Isabelle, est-ce que ton père te fait des choses ? »

Elle veut que je lui réponde, il faut que je le lui dise maintenant. Ça doit sortir.

« Isabelle, est-ce que ton père couche avec toi ?

— Oui. »

C'est dit.

Et le monde ne s'écroule pas.

Et je ne meurs pas sur-le-champ.

En revanche, je vais mourir très bientôt. Quand mon père va savoir que j'ai avoué notre secret, il va me tuer de ses mains. Il sera fou de rage et m'étranglera dans la seconde. Ou bien il va me frapper si fort que je ne m'en relèverai pas. Dans tous les cas, ma fin approche, c'est une certitude absolue. Je supplie Françoise de ne rien dire. Elle insiste, il faut aller voir ma mère, ou la police, ou les deux ! Alors, j'argumente. Si cela se trouve, les flics n'enverront pas mon père en prison tout de suite, et je vais devoir passer la nuit avec lui, il en profitera pour me tuer. Ma mère, elle, si elle apprend ce qui m'arrive, me croira-t-elle seulement ? Et acceptera-t-elle de m'héberger ? Pas sûr… Décomposée, Françoise ne me promet rien. Lestée de mon secret, elle attend le soir pour en parler à son mari René, dont la première réaction est simple :

« Mais qu'est-ce que c'est que cette histoire à dormir debout ? »

Comme il n'en croit pas un traître mot, le week-end suivant, Françoise me traîne devant lui et me demande de raconter, à nouveau, ce qu'il se passe de l'autre côté du mur mitoyen. Je m'exécute, répondant laconiquement aux questions que ce brave homme me pose. Oui, je dors avec papa. Oui, je sors le soir rencontrer d'autres hommes. Pas envie de m'étaler… J'ai honte de ce que je raconte, j'ai l'impression que des énormités sortent de ma bouche, et je suis d'autant plus gênée qu'à mesure de mes réponses, René devient tout blanc. Il est estomaqué. Mais qu'est-ce qui leur tombe dessus ? Le temps de savoir ce qu'il leur faut faire, Françoise Abeille et son époux gardent le silence.

De ce jour, ma chère voisine m'entraîne dès qu'elle le peut hors des griffes de mon père. L'après-midi après les cours, le week-end, elle ne perd pas une occasion de m'inviter, chez elle pour le goûter, au bois de Vincennes pour une promenade avec ses enfants… Son appartement devient ma seconde maison. Je peux – enfin ! – parler de toute ma vie avec quelqu'un, quelqu'un qui m'écoute et tente d'adoucir ma peine. Quel soulagement ! Quel bonheur de pouvoir se confier ! Cela ne change rien à ma situation, mais au moins, je ne suis plus seule. C'est chez Françoise, aussi, que je trouve refuge avec Julien, mon tout premier petit copain. Je l'ai rencontré dans mon club de gym, où s'entraînent également les espoirs de l'équipe de France. Mon chéri fait partie des effectifs, et c'est donc l'un des rares hommes que je fréquente sans mon père. Il est tellement beau, fort, drôle, inaccessible ! Bref, j'en suis folle. Et puisque je l'aime tant, et pour qu'il m'aime aussi, je vais donc coucher avec. Je ne doute pas un instant de l'imparable logique de mes sentiments. Le sexe étant le seul moyen que je connaisse pour obtenir de la tendresse, je propose rapidement à Julien un rendez-vous galant… chez Françoise Abeille. À mon amie, je dis mourir d'envie d'organiser une petite fête avec quelques amis, Julien, Valérie, Véronique…

« Mais mon père ne veut pas, il est jaloux de tout le monde, il me visse, il veut me garder pour lui », lui dis-je, dépitée et furieuse.

Ma si gentille voisine compatit. Son voisin, ce salaud, séquestre sa gamine pour mieux la violer… Non seulement il la brise, mais encore il l'empêche d'avoir des divertissements de son âge ! Françoise me prête donc son appartement de bonne grâce, pensant que cette joyeuse après-midi entre amis fera le plus grand bien à mon moral défaillant. C'est raté. Ce jour-là, dans l'appartement de Françoise, je couche avec mon athlète, mon beau brun ténébreux, qui ne m'aime pas plus après nos ébats qu'il ne m'aimait avant. Je me retrouve donc plaquée et au bord du désespoir. Mme Abeille me requinque comme elle le peut, en mobilisant ses souvenirs de peines de cœur collégiennes. Cette amourette à sens unique est un lamentable échec. C'est aussi, pour moi, une éclatante victoire.

Julien, c'est mon premier pas vers la liberté. Mon premier acte de femme libre, même si je ne suis pas encore une femme, et que je vis toujours en prison. Ce type-là, aussi nul soit-il, je l'ai choisi moi-même et, avec lui, je suis allée jusqu'au bout parce que moi seule l'avais décidé ainsi. Personne ne m'a obligée à coucher avec. Personne ne me l'a imposé. C'est nouveau. Pour l'aimer, j'ai dû déjouer la vigilance de mon père, voler un moment d'intimité : quelque part, je m'émancipe. N'importe comment et à petits pas, mais tout de même, doucement, je prends mon indépendance. Mon père, sans doute, le devine. Est-ce dû au fait que ma mère soit revenue dans le paysage, et que je commence à avoir une vie sociale ? Il met subitement beaucoup d'énergie à se racheter une crédibilité. Exit le triolisme, les soirées échangistes et les virées libertines ! Il commence à chercher une femme bien sous tous rapports… dans les petites annonces. Aux veuves éplorées, aux célibataires sans enfants et à horloge biologique chatouilleuse, il se présente en papa idéal, responsable et célibataire. Moi, je suis priée d'être raccord avec sa nouvelle image, sage et polie, histoire de ne pas faire fuir le poisson. Pour n'éveiller aucun doute chez les aspirantes au bonheur conjugal, il me demande même de réintégrer ma chambre d'enfant. Je vois défiler ses nouvelles conquêtes, qu'il saute et plaque les unes après les autres. Mais, parfois, entre deux donzelles, son naturel revient au galop et il me remet dans son lit. Moins fréquents, ses assauts me sont encore plus pénibles, si cela est possible. Il y a l'odeur dégueulasse de son sexe, le contact immonde de sa peau sur la mienne, de ses lèvres sur mes seins.

Mais c'est autre chose qui me tue. Cette sensation d'être moins que rien, un outil, un objet, sans valeur, sans parole, sans droit, sans dignité, juste bonne à remplacer la poupée gonflable. Cette impression que c'est ma faute si mon père n'arrive pas à se retenir. Ce sentiment d'anormalité qui me griffe, après, quand il s'endort. Chaque fois, je me dis que ce sera la dernière, que mon père va bien finir par trouver chaussure à son pied et me laisser en paix. Je me convaincs qu'il ne recommencera jamais et il recommence. Chaque soir, je vis dans l'angoisse qu'il m'appelle. Mon existence n'est plus supportable.

Alors, un midi après l'école, je ne rentre pas chez papa. J'ai un autre plan : filer chez ma mère. Elle m'accueille désormais chaque mois chez elle, un week-end, parfois plus souvent. Cela se passe correctement. Entre nous il n'y a pas de clashs, et cela me fait plaisir de voir ma petite sœur, qui a bien grandi… Camille est devenue une ravissante petite fille, souriante et joyeuse. La différence d'âge entre nous, et les quelques années passées sans vivre ensemble, ont distendu nos relations, mais je suis contente de la retrouver. Quant au nouveau mari de ma mère, David, il me fiche la paix. Et puis, surtout, chez eux, je ne suis pas obligée de faire la cuisine ni le ménage, et mon père ne peut plus m'atteindre. Alors voilà, ce que je veux, c'est que maman me garde auprès d'elle, pour toujours.

« Je ne veux plus jamais retourner vivre chez mon père. »

Quand elle entend ces mots, ma mère ne réagit pas. Elle ne me demande pas pourquoi je veux subitement réintégrer son foyer. Elle sourit et me lâche d'un ton posé :

« D'accord, Isabelle, tu restes chez nous ce soir. Je vais y réfléchir… Va te reposer maintenant, tu es fatiguée. »

Je ne sais pas combien de temps dure ma sieste, mais, à mon réveil, ma mère m'annonce sa dernière trouvaille :

« D'un commun accord avec ton père, nous avons décidé de t'envoyer en pension jusqu'à ta majorité. »

Ma mère a envie de m'accueillir sous son toit, ça fait peur… Est-ce mon père qui l'a convaincue de m'envoyer loin, très loin, afin d'éviter que je ne me confie à elle ? Est-ce elle qui n'apprécie guère la perspective d'héberger sa fille fugueuse et rebelle, qui, jadis, faillit l'assommer avec une bouteille d'huile ? Aucune idée. Tout ce que je sais, c'est que mes parents tombent d'accord sur la nécessité de me serrer la vis. Ces derniers mois, j'ai quand même proposé une partouze à un père de famille, fugué avec des toxicos, volé dans les magasins… Pour mon père, il est facile de convaincre ma mère que je suis intenable et qu'il faut m'éloigner, et m'encadrer. Mon désir, c'était de m'incruster dans le nouveau foyer de maman, de m'y faire une petite place en sécurité. Ça me fait mal, cette façon de me repousser encore aux frontières de la famille. Mais, puisqu'on ne veut pas de moi, va pour la pension. Ce qui m'importe vraiment, c'est de ne plus être chez mon père. Je repars donc accompagnée de ma mère chez mon père afin de faire mes valises. Je plie bagage le cœur léger, soulagée de quitter une bonne fois pour toutes cet appartement de malheur. La porte se ferme. C'est fini, fini, fini… Je n'en reviens pas. Nous attendons l'ascenseur avec ma mère, quand s'ouvre la porte de Françoise Abeille. Je la vois, ma bonne amie, qui vient vers moi :

« Alors, mon Isabelle, où vas-tu comme ça, avec tous tes sacs ?

— Comme j'ai fugué, je dois partir en pension jusqu'à ma majorité…

— Ah bon ? Ah oui ? Bon, bon… À bientôt, ma puce. »

Ma Françoise me serre très fort contre elle, étrangement fort, salue ma mère et referme sa porte.

Elle me manquera.

L'après-midi, ma mère et mon beau-père s'absentent tous les deux, me laissant seule dans leur appartement. Je passe le temps à traîner, entre la télé et mes bouquins, et je somnole à moitié quand ma mère et David rentrent à la maison. Je le vois, lui, les yeux rougis, foncer directement dans sa chambre, tandis que ma mère s'approche de moi, la voix pleine de sanglots :

« Est-ce que c'est vrai ? Est-ce qu'il t'a fait ça ? Dis-moi s'il t'a fait ça… Est-ce que ton père t'a fait ça ou pas ? »

J'acquiesce.

Il suffisait de demander.

6

Coupable

Françoise Abeille a parlé.

Je ne sais si elle a attendu quelques semaines ou plusieurs mois après mon aveu pour se décider à raconter l'impensable à ma mère. L'important, c'est qu'elle ait fini par le dire. Quand elle m'a croisée, chargée de mes valises, une colère folle s'est emparée d'elle. Alors, j'allais être punie, expédiée en pension chez les sœurs, et mon père s'en sortirait sans être inquiété ? Pour pouvoir se regarder dans la glace, parce qu'elle savait, aussi, que j'étais désormais en sécurité chez ma mère, elle a tout balancé.

Ce jour-là, Françoise nous laisse rentrer à la maison, ma mère et moi, et puis elle décroche son téléphone et compose le numéro de ma mère :

« Si vous aimez votre fille, vous devriez venir me voir immédiatement. »

Elle dit ces mots-là, et puis attend que Marie et son époux franchissent le seuil de son appartement. Ma mère s'agace d'avoir été dérangée. Elle refuse de s'asseoir, n'enlève pas ses gants, ne veut pas du café qu'on lui propose. Elle ne comprend pas ce qu'elle fait dans cet appartement inconnu, avec ces gens inconnus qui se mêlent de la vie de sa fille. Et puis elle entend l'impossible.

« Non, mais vous êtes cinglée ou quoi ? »

Voilà comment ma mère accueille les accusations de Françoise.

« Non, madame, votre ex-mari abuse d'Isabelle, je le tiens de la bouche même de votre fille. »

Et Françoise Abeille de raconter ce qu'elle sait : Isabelle qui porte des dessous trop affriolants pour son âge, Isabelle qui dort dans la chambre de son papa, Isabelle qui participe à des soirées perverses... À l'instant même où elle entend ces propos, ma mère tombe à genoux, évanouie. Il faut la ranimer avec un linge humide, et la laisser reprendre des forces sur le canapé, avant qu'elle puisse, à nouveau, tenir sur ses jambes, prendre son sac à main et rentrer à Maisons-Alfort me retrouver.

Jusqu'à ce que mon père soit arrêté, Françoise Abeille n'est plus sortie de chez elle. Trop peur de se prendre un coup de carabine... Renaud Aubry n'était pas un tendre, elle était bien placée pour le savoir. Françoise a mis du temps à révéler mon drame à ma mère. Elle a eu peur, sans doute : peur de parler, peur de mon père, peur des ennuis qui pouvaient lui tomber dessus après cette révélation... mais elle a parlé tout de même. Elle n'a pas regardé ailleurs. Elle n'a pas fait semblant de ne pas entendre. Elle a tourné sept fois sa langue dans sa bouche, certes, mais elle ne l'a pas fermée. Elle m'a rendu justice.

Le jour où elle parle, elle change ma vie pour toujours, et remet mon destin entre les mains de ma mère.

C'est à Marie de jouer, à présent.

« C'est pas vrai, ma petite fille... Il t'a fait ça... »

Quand je retrouve ma mère après sa visite chez Françoise, elle est dévastée. Blême, elle fait les cent pas dans la cuisine, et de sa voix chahutée de sanglots elle répète ces mots :

« Il t'a fait ça, il t'a fait ça… »

Elle me prend même les mains, et la voir ainsi, si proche et bouleversée, me tétanise d'angoisse. Je ne suis pas habituée. Et puis le monde s'écroule sur la tête de ma mère, j'en suis responsable, cela m'écrase… J'ai envie de disparaître, mais c'est trop tard. Maintenant, dit ma mère, il n'y a plus un instant à perdre, il faut se rendre tout de suite au commissariat. Nous sommes en plein mois de décembre, et j'ai un béret en laine sous lequel j'ai remonté mes cheveux. Je fais peine à voir, épuisée et emmitouflée contre le givre. Mais c'est surtout dedans que j'ai froid. Je suis entendue par deux jeunes hommes sans uniforme. Ma mère m'explique que ces gens font partie de la police judiciaire. Je me fiche de connaître leur pedigree, l'important, c'est qu'ils soient gentils avec moi. Et ils le sont.

« Si je vous raconte, mon père va me tuer, dès qu'il va me revoir, il va me tuer… »

Les inspecteurs me rassurent. Je ne verrai plus Renaud Aubry, il sera arrêté dans les heures qui suivent. C'est vrai ? C'est bien vrai ? Les policiers sont formels. Alors, je leur explique. Les soirées échangistes, la porte Dauphine, les gars en file indienne boulevard des Maréchaux qui attendaient leur tour pour me passer dessus, les photos toute nue, les films pornos, ce qui se passait dans le grand lit bleu : je leur raconte tout, tout, tout. Même ce que mon père me faisait jadis, dans le bain, quand j'avais six ans. Pas une fois les policiers ne mettent ma parole en doute. De temps en temps, ils me posent des questions et notent soigneusement mes réponses. C'est incroyable, ils me croient. Et les voir m'écouter, me comprendre, s'intéresser à ce point à ce que je leur dis me tord les tripes. Les larmes sortent toutes seules, par flots, un océan de sanglots.

Pendant quatre heures, je parle et je pleure.

Après cette première audition, je n'ai jamais pu pleurer à nouveau.

Mon père est arrêté le surlendemain matin, alors qu'il s'apprête à venir me chercher chez ma mère pour m'accompagner en pension. Les policiers l'attendent en bas de l'immeuble et l'emmènent directement au commissariat. Moi, pendant ce temps-là, je dors.

De ce jour, c'est ma mère qui prend en charge la logistique de ma vie et de l'enquête en cours. Elle m'apprend qu'un juge d'instruction a été nommé, et que des saisies sont faites dans l'appartement de papa. Les policiers confisquent tout ce qui leur tombe sous la main : les répertoires dans lesquels mon père note les noms de ses amis échangistes, les dessous qu'il m'a achetés, le maquillage, les photos pornos de nous deux… Mon père est interrogé pendant de longues heures, et il avoue. Tout. En bloc. Le juge ne s'en satisfait pas : il ordonne des rafles à la porte Dauphine, histoire de retrouver les gens dont les noms sont inscrits noir sur blanc dans les carnets de mon père. Même les voisins, amis et parents de Bretagne sont interrogés lors d'une enquête de moralité dont mon père fait l'objet. Le juge travaille bien, ma mère semble contente.

Moi, je m'en moque éperdument.

Tout ce que je souhaite, c'est qu'on me fiche la paix. Je suis fatiguée. Le fait d'avoir parlé a pelé mes plaies à vif, et c'est seulement maintenant que je me rends compte de l'aberration immonde qu'a été ma vie jusqu'à présent. Comment ai-je pu accepter ça ? Libérée de mon père, je souffre plus encore qu'à ses côtés. Mon père en prison, ma mère dévastée, c'est ma faute. Je suis celle par qui le scandale arrive, et cela aussi me pèse à m'étouffer. J'aimerais tout oublier… Et puis je suis bazardée dans une nouvelle famille sans préavis. Comme si de rien n'était, je dois revoir ma sœur que je n'ai qu'épisodiquement fréquentée depuis quatre années, revivre avec ma mère que j'ai refusé de voir pendant deux ans, m'adapter à un beau-père que je ne connais ni d'Ève ni d'Adam. Tout cela avec les images qui me poursuivent.

Je revois mon père debout, près du bar de cette boîte de nuit, pendant que cinq hommes me déshabillent.

Je chasse la partouze de mon esprit, et j'essaie de faire semblant de vivre. Je mange un morceau avec ma mère, je vais prendre ma douche… Mon père est toujours là, dans un coin de mon cerveau, il prend son bain avec moi. Il me lave et laisse courir ses doigts sur mon corps…

Stop. Je regarde la télé, je joue un peu avec ma sœur. Vient l'heure de l'extinction des feux.

Au bout du lit, mon père est assis, nu. Il veut que je le caresse avant de prendre une photo…

Ces images-là ne me quittent jamais. De l'extérieur, j'ai l'air normal. Mais dedans, je suis dévastée. J'ai vécu une guerre, et me revoici au milieu de gens qui n'ont connu que la paix. Parmi eux, je me sens complètement à côté de la plaque. En fait, je survis, sans réussir à me sentir bien où que ce soit. D'autant que David, le nouveau mari de ma mère, entreprend de refaire mon éducation de A à Z. Mon père m'a rendue noctambule, accro à la nicotine ? Du coup, à quatorze ans, je fume comme un pompier et, la nuit, je n'arrive pas à dormir : habituée à vivre quand les autres dorment, j'enquille les insomnies et me relève pour cloper… Mon beau-père, horrifié par l'immense gâchis de ma petite personne, veut bien évidemment me faire repartir sur des bases saines. Son objectif est simple : mon cauchemar étant maintenant terminé, il faut que je devienne une adolescente sans vices aux horaires standards. Il ne vient à l'idée de personne que j'ai besoin d'une aide psychologique pour effectuer cette mue que tout le monde me réclame. Non, il faut que je me transforme en « quelqu'un de bien » par l'opération du Saint-Esprit !

« Tu es dans une vraie famille, désormais, Isabelle, il faut faire des efforts, t'adapter, reprendre un rythme normal… Et arrêter de fumer, c'est mauvais pour ta santé. À ton âge, on ne se maquille pas pour aller à l'école. »

Je me souviens encore des sermons dont David me rebat les oreilles… Il tente ainsi d'être un gentil papa pour moi. Quant à ma mère, elle doit considérer que le mieux est que j'oublie toute cette sombre histoire. Elle ne m'en reparle donc plus jamais. Pas un mot. Le résultat de leur stratégie me broie : je souffre comme un chien, et ma douleur semble invisible à tous. J'étais hier un objet pour mon père, je le suis encore après qu'on l'a arrêté. Je reste un objet que chacun s'efforce de faire entrer dans le moule d'une existence normale. Pire : mon incapacité à m'adapter pose problème à tout le monde. Je n'arrive pas à respecter les horaires, à dormir la nuit, à étudier le jour. Non seulement j'ai déçu mon père en l'envoyant en prison, mais j'ai l'impression de décevoir ma mère et son mari en étant ce que je suis, en étant ce qu'il a fait de moi. Chacun de mes gestes semble incongru, déplacé, et j'ai bientôt l'impression d'être jugée partout et toujours. Je suis une erreur ambulante. J'aimerais tant me blottir contre quelqu'un qui m'aime telle que je suis… Las ! Je n'ai plus personne vers qui me tourner. Pour m'offrir un cadre tout neuf, ma mère et son David m'ont retirée du collège Jean-Macé et inscrite dans un nouvel établissement près de leur appartement. J'y entre, en troisième, à la rentrée de janvier, et je ne m'y sens absolument pas à ma place. Déjà, je ne connais personne, en revanche, tous les profs me connaissent : l'équipe enseignante est parfaitement au courant de mon affaire, maman les a prévenus pour qu'ils ne s'offusquent pas que je manque les cours, en raison de la procédure judiciaire. Je suis donc l'élève violée par son père – ça me pose là. Question camaraderie, c'est l'horreur : dans cette école où je débarque en pleine année scolaire, je me sens affreusement seule. Il faut que je me refasse des copines, comme si j'en avais la force ! Du jour au lendemain, j'ai perdu les dernières balises qui éclairaient ma vie : Valérie, Véronique, mes copines de cœur, et surtout ma tendre Françoise.

Penser à elle me brise le cœur.

Alors je fugue pour la rejoindre. Je pars à pied de Maisons-Alfort pour atteindre Fontenay-sous-Bois, dix kilomètres plus loin. J'ai à peine le temps de frapper à la porte de Françoise que ma mère et mon beau-père me récupèrent. De ce jour, leur position est claire : je dois tourner la page. On m'interdit donc formellement de revoir mes anciens amis.

« Ces gens te ramènent à ton passé, Isabelle, ce n'est pas bon pour toi. Maintenant, tu as une nouvelle vie, il faut que tu te construises de nouveaux repères. »

En fait de repères, je n'en ai plus du tout. Alors même que j'aspire ardemment au repos, il me faut réaliser l'exploit de m'adapter à un tout autre univers. Pire : à moi qui rêve d'oublier le passé, on impose de le faire ressurgir. C'est la procédure judiciaire qui veut cela.

Pendant des mois, en effet, l'instruction bat son plein, et ma vie est rythmée par les rendez-vous officiels. D'abord, il me faut rencontrer mon avocate. C'est maman qui l'a choisie, en concertation avec David. Pour faire payer son ex-mari, elle n'a pas lésiné : elle a jeté son dévolu sur un ténor du barreau. Ma mère me présente cette femme comme une star, qui s'est battue pour devenir avocate dans un monde d'hommes. Elle est efficace, spécialisée dans les dossiers de viols et d'incestes, elle coûte vingt-cinq mille francs mais qu'importe ? C'est l'avocate qu'il nous faut.

Rendez-vous est donc pris avec la vedette du barreau, qui nous reçoit brièvement, avant de nous coller, ma mère et moi, entre les mains de sa collaboratrice. C'est cette jeune femme qui va s'occuper de notre cas. Exit sa patronne, que je ne reverrai plus jamais. Mais je m'en fiche. Tout ce qui m'intéresse, c'est de me débarrasser de ces obligations au plus vite. Elles me tuent, ces convocations. Chez la juge, je me rends comme à l'abattoir. Plusieurs jours avant, je commence à angoisser. Ma mère finit par ne plus me prévenir que la veille du rendez-vous, pour m'éviter le stress. Ces auditions rejoignent donc la liste des sujets à éviter. Maman, en effet, me parle extrêmement peu du procès et de ce que mon père m'a fait. Peut-être pense-t-elle qu'en discuter me fait du mal, et puis dans la famille personne n'est enclin à causer sentiments. Les questions personnelles, les conversations qui fâchent restent taboues. Moi-même, je ne conçois pas que vider mon sac puisse m'aider. D'abord, ma mère n'a jamais été une confidente, et puis je raconte déjà tellement ma vie, contrainte et forcée, aux hommes de loi et aux experts ! Je n'ai qu'une envie : me taire et oublier. D'ailleurs, les nuits précédant mes auditions chez le juge, je ne ferme pas l'œil. Le lendemain, je suis d'une nervosité effroyable.

Déjà, il faut que je me grime en parfaite petite jeune fille de bonne famille. Avec soin, ma mère choisit les vêtements élégants que je devrai porter. Pas question de me maquiller ni de me vêtir comme d'habitude, en jean, pull et gros godillots. Au naturel, il semblerait que je ne sois pas assez bien. Je ne ressemble pas assez à une victime, sans doute. Ce déguisement de demoiselle chic que l'on me fait porter, c'est comme une claque reçue en pleine figure. Comme si l'on me disait : « Fais bien semblant d'être innocente. » Mais je le suis, innocente ! Une fois, mon avocate m'ordonne même de me recoiffer ; ma coupe asymétrique – à la mode à l'époque – lui semble trop excentrique.

« Mon Dieu, Isabelle, on ne peut pas vous laisser entrer comme ça chez madame le juge, il faut trouver une solution, une barrette pour attacher vos cheveux… »

Je ne comprends pas sa réaction, ou plutôt je la comprends trop bien : si je dois me recoiffer, c'est pour éviter que le doute ne s'immisce. Pour empêcher la juge de nourrir un inavouable soupçon : et si c'était moi qui avais perverti mon papa ? Et si c'était moi qui l'avais entraîné dans toutes ces aventures ? Le fait est : j'ai passé deux ans à me faire violer et, pourtant, je dois prouver que je suis bien la victime. Il faut donc que j'en aie les signes extérieurs, que je donne l'image que la société attend de moi, celle de la gentille petite fille qu'on a traînée malgré elle dans les partouzes… Mais que croient-ils, toutes ces bonnes gens de la loi et du droit ? Que mon père m'a présentée aux échangistes sans maquillage, avec des cheveux sagement tirés en chignon ? Au contraire, j'étais maquillée comme une voiture volée, sapée comme une traînée, couverte de dentelles et de bas résille. J'en garde les traces, évidemment. Je suis devenue ce que mon père a fait de moi, c'est logique, mais là encore, je suis en tort. Ces dommages-là, il faut les cacher sous l'image d'Épinal de l'innocente victime. Ce que je suis, ce que je ressens, tout le monde s'en moque. Encore une fois, je n'existe pas.

Une fois déguisée, j'ai le droit d'entrer chez la juge. Elle m'inflige alors d'infinis interrogatoires dont je sors laminée. Il lui faut apprendre avec qui j'ai eu des rapports sexuels, quand, où, dans quelles positions, combien de temps et comment j'étais habillée ce jour-là. Elle a faim de détails, et moi je n'en peux plus de ressasser ces immondices. J'ai tout fait pour les enfouir au plus profond de ma mémoire, et voilà que cette dame exige que je lui dresse un agenda exhaustif des coucheries de mes deux dernières années. Avec mon père, ça va encore : je sais resituer dans le temps quand il a recommencé à m'utiliser. Mais, à l'époque des partouzes, cela devient complexe. Est-ce que je sais, moi, ce que je subissais comme saloperies durant la nuit du 12 au 13 juillet 1979, et avec qui ? Quand je me tapais quinze types en une seule soirée, il ne me venait pas à l'esprit de noter leurs coordonnées ! Mon père, si. Alors, un jour, madame le juge consacre l'après-midi entière à éplucher devant mes yeux les carnets sur lesquels il consignait les membres de son réseau. Elle les décortique à voix haute, ces deux petits cahiers, nom par nom, et je dois lui dire si je connais ces personnes, où je les ai rencontrées et ce que je me rappelle d'elles. La plupart sont sans doute des hommes avec qui j'ai couché, mais je connais rarement leur état civil. Parfois, même leur prénom m'échappe. Michel Dupont ? Inconnu au bataillon. Patrick Durand ? Ah oui, c'était peut-être le type du bel appartement plein de dorures, chez qui mon père me traînait de temps en temps… À l'énoncé de la majorité des noms, je sèche. Rien à déclarer. La juge insiste :

« Robert Dupuis ? Robert Dupuis, vous l'avez déjà croisé ?

— Je ne sais pas… »

J'ai honte de ne pas m'en souvenir. J'ai peur que la juge, du coup, ne me croie pas. Consciencieuse, elle glisse de faux noms dans la liste de mes supposés amants. Je m'en rends compte, et cela me bloque encore plus. Quand elle me remet en question, j'ai envie de la planter là et de partir en claquant la porte…

« Au final, Isabelle, avec combien d'hommes avez-vous couché ? » me demande un beau jour la juge.

Ça, c'est le coup de grâce. À l'instant, je n'en sais rien, alors, je réfléchis. Les boîtes échangistes, les soirées chez nous et chez les autres, les vacances au camping naturiste, les mecs du boulevard des Maréchaux… Le résultat est énorme, tellement que je n'ose même pas l'avouer à madame le juge. Alors je me tais.

« Isabelle, c'est important, essayez de vous souvenir. »

La vérité, c'est que j'ai dû me taper à la louche cinq cents personnes. Des hommes, des femmes, des couples par dizaines chaque semaine, week-end compris. En un an de partouzes, des centaines d'inconnus me sont passés sur le corps, et je le sais pertinemment au moment où la juge accroche son regard dans le mien. Mais cinq cents, franchement, comment pourrait-elle avaler cela ? J'ai tellement envie qu'elle me croie que je lui balance un chiffre acceptable :

« Cinquante. »

La juge écrit : « Isabelle Aubry reconnaît avoir eu une cinquantaine de relations avec divers hommes lors de séances de couples échangistes. »

Pour vérifier mes dires, elle m'envoie directement chez Ceux Qui Savent. Les experts. C'est très important, les experts, dans un procès d'inceste. La parole d'une enfant ne suffit pas, ni les aveux du coupable, ni l'enquête minutieuse de la police, ni les preuves saisies au domicile du prévenu : il faut en sus que des pontes de l'Académie de médecine, du haut de leur chaire, séparent le vrai du faux. Il faut que je les fréquente, ces grands esprits, et d'abord les experts psychiatres. Je me rends donc, accompagnée de ma mère, dans un grand hôpital parisien, où je dois rencontrer des praticiens chargés de soupeser mon âme et ma crédibilité. Rendez-vous est pris au pavillon des fous. Des malades mentaux en tout genre, habillés de pyjamas clairs, gravitent autour de nous tandis que nous arpentons les couloirs de ce bâtiment. Ils nous frôlent, manquent de nous tomber dessus, et j'atteins avec soulagement la petite salle d'attente qu'une secrétaire referme à clé derrière nous. Derrière la porte grillagée, des patients se cognent la tête contre les murs et leurs cris résonnent jusqu'à nous. Où suis-je donc tombée ? J'ai chaud, je suis affreusement mal à l'aise. Les minutes passent et ma terreur augmente. Ma mère a beau me dire de me calmer et de m'asseoir, plus le temps s'écoule et plus mon angoisse monte. Doucement, elle se transforme en fureur. Mais pourquoi les médecins sont-ils tellement en retard ? Est-ce que j'ai fait quelque chose de mal pour qu'on me colle au milieu de tarés hurlants ? Est-ce que je mérite ça ? Et pourquoi personne ne vient me dire ce qui se passe ?

Au bout d'une heure, l'une des portes donnant sur notre salle d'attente s'ouvre, et je vois trois blouses blanches sagement assises à un bureau.

« Isabelle Aubry, c'est à vous. »

Les médecins étaient dans cette pièce depuis une heure et me faisaient poireauter. Exprès ! Non mais, pour qui se prennent-ils ? Je deviens enragée. J'entre dans leur bureau et aussitôt ils m'entourent. L'un devant, le deuxième derrière et le dernier à côté de moi. Je suis encerclée. Comme si j'allais leur sauter à la gorge… Suis-je donc une bête qu'on va marquer au fer rouge ? Le médecin face à moi commence à ânonner quelques mots :

« Vous êtes Isabelle Aubry, vous êtes née le 11 avril 1965. Isabelle, racontez-nous votre histoire maintenant. »

Là, j'explose. Que croient-ils, ces imbéciles ? Que c'est facile de raconter sa vie comme ça ? Que je vais ressasser ces horreurs avec joie ? Que je vais leur expliquer tout dans le détail, alors que je ne les connais même pas ? Et qu'est-ce que je fais là, d'abord, au milieu des malades mentaux ? Ils peuvent me le dire, peut-être ? Je me mets à hurler :

« Non, je ne vous raconterai pas mon histoire. Il y a des dossiers gros comme ça sur mon histoire, vous n'avez qu'à les lire ! J'en ai marre ! Ça fait une heure que vous me faites poireauter, vous m'emmerdez ! »

Ils notent tout, sans ciller. L'une des blouses blanches se lève alors, se penche vers moi et me souffle à l'oreille :

« Tendez vos mains, s'il vous plaît, Isabelle. »

Je m'exécute.

« Vous rongez vos ongles ?

— Oui. »

Il note encore. Puis prend ma tension, et c'est tout. Avec cet entretien qui dure en tout et pour tout dix minutes, les experts psychiatres réussissent l'exploit de pondre un rapport de cinq pages sur ma santé mentale et les conséquences de l'inceste sur ma petite personne. Malheureusement, leur topo est bourré de contradictions. À deux lignes d'intervalle, ils concluent que ce qui m'est arrivé n'aura pas d'incidence sur ma vie, mais que je suis tout de même gravement traumatisée, à tel point qu'il faut se demander si je vais m'en remettre un jour. M'est avis qu'ils n'y connaissent absolument rien. Mon avocate demande aussitôt une contre-expertise.

En attendant, on me remet entre les mains d'une autre famille d'experts : les gynécologues. Car enfin, si cela est vrai que j'ai couché avec des dizaines d'hommes, comme je l'affirme devant la juge, cela doit se voir. Direction l'avenue Foch, où se trouve le cabinet d'un homme, vieux, assez sec. Moins psychologue que lui, tu meurs.

« Avez-vous eu des relations sexuelles avec pénétration ? Avez-vous été sodomisée ? »

Je réponds. Il continue :

« Allongez-vous. »

En deux minutes et sans prononcer une parole, il me trifouille l'intérieur en me faisant tellement mal que je manque de crier. Quelques heures après, deux précautions valant mieux qu'une, j'ai droit à un second tour gratuit, un deuxième examen avec un autre expert. Encore un homme, décidément ! Celui-ci constate une hémorragie dans le vagin provoquée par son collègue du matin. Il semblerait que la douceur ne soit pas leur fort…

Quelque temps plus tard, mon avocate entreprend d'expliquer les résultats de mon expertise gynécologique à ma mère. Pour ce faire, elle n'attend pas que nous soyons toutes les trois assises dans son bureau, à l'abri des oreilles indiscrètes. Non. Pour analyser les secrets de mon vagin, elle choisit la salle des pas perdus du tribunal de Créteil. Comme ça, au débotté, alors que nous sortons du bureau de la juge, elle se met à gloser à haute voix sur la qualité de mon hymen. J'espère qu'elle va s'arrêter, mais pas du tout : rodée comme une rotative d'imprimerie, mon avocate se met à évoquer le dossier en détail. Sa main décrit de vastes mouvements dans l'air.

« Alors, vous voyez, là, il y a le vagin, là, la membrane qui ferme l'orifice et le sépare de la vulve, bref, les experts affirment que vu sa forme, il ne peut y avoir aucun doute là-dessus, Isabelle n'est plus vierge. »

Dans mon for intérieur, je me dis qu'il n'était pas nécessaire de m'imposer deux expertises gynécologiques pour apprendre une si étonnante nouvelle, mais bon. Elle continue :

« De petits lambeaux de peau subsistent malgré tout, ici et là, autour de… »

Les termes techniques roulent dans la bouche de ma jeune avocate, et résonnent dans le hall du tribunal. Tout le monde profite d'une visite guidée de mon vagin. Et moi, je suis plantée là, pot de fleurs vivant dont personne ne se soucie. Ma mère et mon avocate ont complètement oublié que j'étais présente, ou, plus exactement, elles s'en fichent complètement. Elles n'imaginent pas que leurs propos peuvent me mettre mal à l'aise, elles ne pensent même pas à ma gêne de voir ainsi étalés les secrets de ma beauté intérieure. Hier avec mon père, aujourd'hui avec ma mère, je suis une fille publique.

Je ne suis plus vierge, soit. Mais un autre point tracasse la juge qui s'occupe de mon dossier. Comment est-ce possible que tous les hommes qui ont abusé de moi ne se soient pas rendu compte de mon âge ? Elle ordonne donc des recherches médicales appuyées, saisit mon carnet de santé afin de savoir à quoi je ressemblais entre douze et quatorze ans et, je ne sais pourquoi, décide soudainement qu'il faut faire de moi des photos en pied. C'est à la brigade des mineurs que je dois donc me rendre afin qu'un photographe assermenté me tire le portrait. L'artiste de la police n'est pas plus fin psychologue que l'expert en gynécologie. Il me fait poser, debout, dos au mur, et me remet entre les mains une petite affichette sur laquelle sont inscrits mon nom et mon numéro de dossier. Comme dans les films. Sauf que, d'habitude, ceux qui portent l'ardoise sont les délinquants, les criminels, les affreux malfrats. Là, c'est moi qui suis collée au mur, le flash en pleine figure.

C'est moi la coupable.

C'est d'ailleurs la défense de mon père. Il a tout avoué, les abus, les coucheries, les partouzes, mais martèle à qui veut l'entendre que la fautive est Isabelle Aubry. C'est moi qui l'ai aguiché, c'est moi qui l'ai séduit, dit-il. La preuve ? C'est moi qui voulais sortir porte Dauphine pour rencontrer d'autres hommes. Je ne voulais que fuir ses assauts, préférant mille fois me taper un inconnu que mon propre géniteur, mais qu'importe ! Les avocats de mon père s'appuient sur ce fait sorti du contexte pour monter un argumentaire qui tient en quelques mots : Renaud Aubry est innocent, il n'a fait que répondre aux désirs pervers d'une gamine à l'œdipe déréglé.

« Étiez-vous consentante ? »

Je suis assise face à la juge, dans son bureau, un matin de printemps, quand elle me pose cette question que je ne comprends pas.

« Isabelle, reprend-elle, quand votre père voulait coucher avec vous, est-ce que vous avez refusé, est-ce que vous vous êtes débattue ? Est-ce que vous avez dit non ?

— Non. »

Comment peut-on, à douze ans, refuser de faire ce que papa ordonne ? Non, mon père ne m'a pas explicitement menacée, il ne m'a pas rouée de coups pour que j'accepte de le rejoindre dans son lit. C'était mon père, un père que j'aime très fort et que je crains. Il m'a suffisamment conditionnée pour que je me plie à tous ses désirs pervers. Quand je rechignais, il boudait, s'énervait. Ses caresses me dégoûtaient, elles m'ont tuée, mais il n'a jamais eu besoin de me frapper pour me contraindre à coucher avec lui ; je savais qu'il pouvait me battre, cela me suffisait à dire oui à tout. Or, dans le code pénal, un viol est un acte sexuel commis avec « violence, menaces, contrainte ou surprise ». Aux termes de la loi, je n'ai donc pas été violée. Aux termes de la loi, j'étais « consentante ». Quand mon avocate m'explique cela, la colère bouillonne si fort dans mes veines que j'ai envie de tout casser. Mes mains tremblent encore quand mon avocate me porte le coup de grâce : les attouchements que mon père m'a infligés lorsque j'avais entre six et neuf ans ne pourront pas être jugés. Ils sont « prescrits », me dit-elle. Qu'est-ce que ça veut dire, ça ?

« Tu n'avais que trois ans après les faits pour porter plainte, Isabelle, m'annonce mon avocate. Il aurait donc fallu que tu ailles voir la police quand tu avais douze ans. Maintenant, c'est trop tard. »

Circulez, y a rien à voir.

Ainsi va la justice française.

Chaque jour qui me rapproche du procès m'enfonce un peu plus dans des sables mouvants. Les experts qui se fichent de mon histoire, les gynécos qui me font mal… J'ai le sentiment d'être moins que rien. Pire : au fil des rendez-vous judiciaires, j'ai de plus en plus l'impression d'être l'accusée. Avec ses interrogatoires sans fin, ses photos en pied, ses expertises et ses mises en doute continuelles, voilà que la justice me confirme ce que je pense : je suis coupable. Coupable de n'avoir pas refusé ce que mon père m'imposait. Coupable de l'avoir laissé faire. Je n'ai pas dit non, alors quoi ? Je suis la criminelle. Et je vais être punie : quand mon père sortira de prison, je suis convaincue qu'il va me tuer pour l'avoir dénoncé. Je n'ai plus que quelque temps à vivre, et je ne peux même pas m'appuyer sur mes amies : Françoise, Valérie, Véronique, terminé ! Ces repères chaleureux, on m'en a privée. Julien, mon chéri, m'a oubliée depuis longtemps. Je crève de solitude et de chagrin. Je suis déjà au bord du gouffre quand mon avocate m'annonce que je vais devoir subir une contre-expertise psychiatrique. Encore ? Retour chez les dingos ? Mais combien d'experts vais-je devoir consulter avant qu'on me fiche la paix ? Ne me croira-t-on jamais ? Que faut-il de plus à la juge pour se faire son opinion ? Elle a déjà des aveux complets et circonstanciés… Je n'en peux plus. Je suis à bout. Dégoûtée, épuisée. Je n'ai plus d'énergie, plus envie de parler, de manger, plus envie de rien. Je n'ai qu'une seule idée fixe : me débarrasser de ma souffrance. En finir avec cette procédure qui m'épuise. Me séparer de ce corps, le mien, qui me répugne. Ne plus jamais devoir raconter, et raconter encore, ces années d'enfer que je voudrais tant oublier. Mais comment faire ? Je peux difficilement refuser une contre-expertise, mon avocate serait furax. Fuguer ? Ma mère me surveille comme le lait sur le feu… Mon cauchemar ne s'arrêtera donc jamais… Je suis assise en cours d'allemand, face à la prof la plus unanimement détestée du collège, quand me vient une idée brillantissime. La solution à tous mes ennuis : je vais me supprimer.

Et ça sera la fin de mes tourments.

C'est simple, finalement. Une fois qu'on a l'idée en tête, il suffit de la mettre à exécution, et la douleur va s'en aller comme par magie. Je bous d'impatience que le cours se termine afin que j'aille au plus vite extraire de moi cette souffrance qui m'épuise. Dès que la cloche sonne, je me précipite hors du collège et vite, vite, direction l'appartement ! La journée de classe n'est pas finie, mais je m'en fiche royalement, à la maison l'armoire à pharmacie m'attend. Je la vide consciencieusement, puis je pille les tables de nuit et j'avale tout ce qui me paraît efficace pour mourir : les pilules colorées, les ampoules translucides, les granules, les gélules, les cachets, et hop ! deux grands verres d'eau et on n'en parle plus. Je m'endors paisible et contente.

« Ça y est, c'est fini. »

Ce sont les derniers mots qui se forment dans mon esprit avant que la brume ne s'y installe confortablement. Je m'endors pour toujours. Du moins, c'est ce que je crois. Car, malheureusement, les médicaments familiaux n'ont rien de très costaud : ma mère me réveille pour dîner et je me dirige vers la salle à manger dans un très profond brouillard, mais bien vivante. Je suis vraiment trop nulle, même pas fichue de réussir mon suicide. Il me semble que j'ai du coton plein la tête, et une seule idée claire : crever, vite. Je vis, donc je souffre, et je ne peux plus le supporter. Trop dur de s'imaginer le procès à venir, d'aller à la barre, mon père dans son box, trop dur de revivre tout ça, trop dur de n'être pas crue… J'en pleurerais d'être revenue dans le monde des vivants. Mais tout espoir n'est pas perdu. Tandis que David sert généreusement la famille en salade et en steaks, j'avise à l'autre bout du salon la fenêtre de notre appartement, perché au neuvième étage. Alors, je me lève, je marche jusqu'au balcon, j'ouvre la fenêtre, je passe une jambe, je me tiens à la rambarde, et je m'apprête à passer ma seconde jambe dans le vide quand mon beau-père me rattrape et me colle deux gigantesques baffes.

Mais laissez-moi, laissez-moi donc crever ! J'en ai tellement envie ! Pourquoi David m'empêche-t-il de faire la seule chose qui me soulagerait ? Qu'est-ce que ça peut lui fiche, que je meure ? Son intervention me rend littéralement folle de rage. La boule de fureur et de chagrin qui macérait en moi depuis de longs mois explose, je court-circuite : des hurlements sortent de ma gorge, et, tandis que David et maman tentent de me ceinturer, je me débats comme s'ils voulaient m'égorger. Je les frappe, mais c'est surtout à moi que j'en veux. Je veux mourir, qu'ils me laissent mourir ! Je me donne des claques, je me griffe à m'arracher le corps, je sens la peau de mon cou rouler sous mes doigts, et sous mes ongles mon sang gicler. Je me jette sur les fourchettes pour me faire mal, sur les chaises pour m'éborgner, je me cogne la tête contre le mur jusqu'à ce que David me plaque au sol, en attendant que le médecin, appelé d'urgence, arrive et m'administre une bonne dose de Valium. Le calmant me détend à peine, mais permet à ma mère de me transporter fissa à l'hôpital le plus proche. Je suis entre la conscience et l'inconscience quand je suis admise aux urgences, puis emmenée dans une grande chambre toute blanche. Dès que l'infirmière a le dos tourné, je me mets à déchirer tout ce qui me tombe sous la main. J'arrache avec les dents le drap et les oreillers, je jette le tout en hurlant qu'on me foute la paix, en insultant tout le personnel. On me fait de nouveau une piqûre.

Black-out.

Quand je reprends mes esprits, je suis dans l'ascenseur de notre immeuble, en pyjama, et j'entends maman parler à David.

« … à la pharmacie acheter les médicaments… »

Avant qu'elle ait fini sa phrase, je décoche une claque à son mari, pour lui apprendre à m'empêcher de mourir. Dès qu'on arrive dans l'appartement, je file dans la salle de bains, remplis la baignoire d'eau et tente comme je peux de m'y noyer. Je plonge la tête dans l'eau et retiens ma respiration à plusieurs reprises. Je bois la tasse, je n'arrive pas à tenir… C'est dur de mourir. Ma mère entre brusquement et décide de m'attacher au lit avec des foulards pour éviter que je ne me mutile. Je m'endors comme une masse. Quand je me réveille, je suis toujours entravée au lit à barreaux, ma mère est partie au travail et doit déjà être en train de faire la promotion de ses aspirateurs et de ses mixeurs – elle est démonstratrice en électroménager. C'est donc David qui est à mes côtés. Je gigote comme une perdue, je tente d'attraper le lourd cendrier de cristal qui est là, à quelques centimètres de moi, posé sur la table de chevet. Je veux me frapper avec, mais je n'arrive pas à l'atteindre, je remue, je me cabre pour l'attraper, alors David pose sa main sur ma tête, doucement, doucement, il caresse mes cheveux.

« Ma petite chérie, ma toute petite douceur, calme-toi, je suis là, je t'aime… »

Il m'aime. Ses mains s'attardent sur mon cou, mes épaules. Ses mots doux m'apaisent. C'est agréable, ces murmures dans mon oreille. C'est bon, ces gentillesses, cette mélodie calme et rassurante qui me réconforte, moi qui ai si peur, moi qui ai si mal. Pour une fois, quelqu'un prend mon malheur dans ses mains et tente de le bâillonner. Et puis les caresses se font plus insistantes, elles effleurent mes seins, mes hanches. Je ne dis rien. Je flotte dans une semi-inconscience, shootée aux médicaments. David se déshabille là, sur ce lit, alors que je suis encore attachée. J'en ai besoin, de cette tendresse, je me laisse aller à cet homme qui semble si bien intentionné… Je ne ressens rien, ni dégoût ni plaisir. C'est un homme, il m'aime, il me veut du bien donc il me pénètre, je ne lui résiste pas : ma vie reprend son cours normal.

Ma mère rentre tranquillement du travail le soir venu et ne note rien d'anormal. Je ne lui dis rien, puisqu'il n'y a rien à dire. J'ai de nouveau un secret avec un homme, c'est tout, c'est la routine pour moi.

Après mon épisode suicidaire, mon avocate lui conseille tout de même de m'envoyer chez un psy, histoire de prouver à madame le juge que je suis bel et bien cassée.

« Tu vas aller voir une psy, Isabelle », me dit-elle quelque temps après. Et elle me donne en détail l'itinéraire pour me rendre au cabinet de ce médecin.

Pourquoi ? Je ne sais pas. Je comprends vaguement que c'est bon pour mon dossier. J'y vais donc. Seule, puisque ma mère travaille. J'attends dans le couloir jusqu'à ce qu'une grosse dame me fasse entrer. Son bureau est à trois mètres de moi, et je dois tendre l'oreille pour l'entendre. Elle me pose plein de questions, très indiscrètes. Et moi, je n'ose pas lui répondre, car je ne sais pas qui est cette bonne femme. Est-elle payée par la juge, va-t-elle répéter tout ce que je lui dis à quelqu'un, est-ce que mes propos peuvent être utilisés pour l'instruction ? Cette personne ne prend pas le soin de me dire qui elle est, pourquoi je viens la voir, ce qu'elle est susceptible de m'apporter, quel est le cadre de son intervention et si elle va garder mes confidences secrètes. Du coup, je ne sais absolument pas ce que je fais là et je me tais. Une demi-heure sans parler, c'est très long. Elle essaie de me tirer les vers du nez, sans succès. Au bout de quelques séances, j'en ai plus qu'assez d'écouter les mouches voler. Je me lance :

« Je peux savoir si je suis obligée de venir ici ? »

La psy me regarde et répond d'une voix douce : « Non. »

Alors, je me lève et salue la grosse dame. Je ne suis jamais retournée la voir. Pas une seconde je n'ai envisagé que nos tête-à-tête pouvaient me réconforter. Je n'étais pas habituée à ce que l'on s'intéresse à moi gratuitement, à ce que l'on m'écoute, rien que pour me faire du bien. Je n'ai pas compris que cette femme pouvait m'aider. Ni elle ni personne n'a jugé bon de me l'expliquer. Lui parler m'aurait peut-être soulagé, pourtant…

À cette époque, à l'aube du procès, j'alterne des périodes de gavage et de régime sec. Je ne mange plus pendant trois jours, avant d'aller dévaliser le frigo et de me faire vomir discrètement dans les toilettes. Au lycée, je survis : les heures de cours filent sans que j'arrive à m'y accrocher. J'ai quelques copines, dont les conversations me distraient à peine, je n'y prête pas véritablement attention. Complètement à côté de la plaque. Je suis devenue un fantôme, une enveloppe sans substance, dont les pulsions ont pris le pouvoir. L'envie de me bâfrer, de me faire mal, l'appel de la nicotine… voilà ce qui me domine. Je fume quotidiennement mes deux paquets de cigarettes, et, quand cela me prend, je passe des soirées entières à me griffer le cou. Je n'arrive pas à m'arrêter, il faut que je sente ces sillons se creuser dans ma peau. Quand je souffre, au moins, je sais que je vis. Mon père n'est plus là pour me torturer, c'est donc moi qui prends le relais.

« Isabelle, aimez-vous votre papa ? » me demande-t-on lors de la contre-expertise psychiatrique.

Bien sûr que j'aime mon père, quelle question ! Je l'aime plus que tout, même. Je l'aime parce que c'est mon père, parce qu'il m'aime aussi, parce qu'il connaît beaucoup de choses, l'histoire et l'allemand, la philosophie et les arts. Il est intelligent. Ses caresses, c'est sa façon à lui de me dire sa tendresse. Je l'aime, mais je n'en pouvais plus de cette vie qu'il m'imposait, alors il a fallu que cela cesse. J'aime mon père, mais je le déteste en même temps, et je l'ai envoyé en prison, et je ferai tout pour qu'il y reste. Parce que, quand il sortira, il se vengera de ce que je l'ai balancé : il me frappera à mort, il me tuera de ses mains... Cette épouvantable angoisse de le revoir, la culpabilité d'avoir collé mon père au trou, la pensée qu'il me hait maintenant... tout cela me crame à l'intérieur. C'est dans cet état de stress total que la juge me convoque pour une confrontation.

J'apprends que l'objectif de ce rendez-vous n'est pas de réunir Renaud Aubry et sa fille, moi, mais de nous confronter tous deux à un troisième larron. Dans le bureau de la juge, un quadragénaire partiellement chauve est également assis, et sa tête me dit quelque chose. Vaguement. J'ai dû le croiser dans ma vie, mais où ? Mystère ! La juge me recadre : ce type est censé être l'homme avec qui j'ai couché lors de ma toute première partouze. Deux ans auparavant. Ça me revient... L'odeur sucrée du parfum de sa femme, la moquette moche, le sofa sur lequel ce type m'a caressée, mon père qui nous y rejoint avec la blonde... Ça y est, je me souviens.

Mais quelque chose me retient de confirmer à la juge que ce type, en effet, a bien couché avec moi quand j'avais treize ans. Je comprends très vite que mon père a très très envie que ce gars plonge avec lui. Sans doute se sentira-t-il ainsi moins seul, ou pourra-t-il partager sa responsabilité. Bref, j'ai l'impression nette que si cet homme est reconnu coupable, mon père le sera moins. Et moi, je ne veux pas qu'il sorte de prison, j'ai trop peur de lui. Il faut que je mente. Je vais blanchir le chauve. Je jure devant madame le juge et sa greffière qu'il ne s'est rien passé avec lui, que ce pauvre type n'a pas pu avoir de rapports sexuels avec moi. Je lis sur le visage de mon père une affreuse déception, mêlée de colère. À l'autre bout du bureau, il se penche et plante ses yeux fixement dans les miens. Son regard me terrifie. Maline, la juge s'en rend compte, et intervient promptement :

« Aubry, reculez-vous, je vous interdis de regarder votre fille. »

Je n'ai pas l'habitude de voir mon papa obéir à des ordres, et se faire rabattre le caquet aussi vertement. J'en tire une certaine satisfaction et je prie intérieurement pour que mon petit mensonge alourdisse sa peine. Pourvu qu'il se prenne trente ans de taule ! C'est ce que j'espère, et personne ne me détrompe, au contraire. Ma mère est sur la même longueur d'onde.

« Il va se prendre le maximum, le dossier est tellement lourd qu'il va être obligé de plaider la folie », conclut-elle un jour en raccrochant le téléphone après une conversation avec notre avocate.

Bref, c'est du tout cuit. Enfin, c'est ce que nous croyons. Notre avocate n'en est pas si sûre.

D'abord, j'ai envoyé bouler les premiers experts psychiatres. La seconde psy *idem*, je n'ai plus voulu mettre les pieds dans son cabinet. Et puis j'ai l'air d'aller trop bien. Il faudrait que je pleure, que je renifle, que le crime que j'ai subi se lise en lettres de sang sur mon visage. Et moi, je ne fais que cloper, les yeux dans le vide. Cassée en mille morceaux dedans, je ne laisse rien paraître au-dehors. Mon père m'a conditionnée comme cela. J'ai appris il y a bien longtemps déjà à subir en pensant à autre chose. Je suis « détachée », remarque mon avocate, même si elle précise bien à madame le juge que, chez moi, la souffrance « se couvre de masques ». Mais il y a dans mon dossier un problème plus épineux que mon comportement : à mon père, je n'ai jamais dit non. Et ça, c'est le point noir de mon affaire. Son talon d'Achille. En France, m'explique mon avocate, les violences sexuelles sont jugées soit au tribunal correctionnel, pour les délits les moins graves, soit aux assises, pour les plus graves, devant un jury populaire. Bizarrement, mon avocate me déconseille de traîner mon père aux assises. Elle préfère la correctionnelle. Je ne comprends pas pourquoi. Mon géniteur s'est bien rendu coupable d'un vrai crime, non ? Les coucheries, les partouzes, il a tout avoué ou je rêve ?

« Oui, Isabelle, mais aux assises, ton père sera jugé pour viol devant un jury populaire. Or tu as dit à madame le juge que ton père ne t'avait ni menacée ni violentée pour que tu couches avec lui. Les jurés, qui ne sont pas des pros, peuvent penser que tu étais consentante, donc qu'il n'y a pas eu viol… »

Je comprends. Je comprends que malgré l'enquête, les aveux de mon père et toutes les expertises que j'ai subies, il y a encore des débiles pour croire que j'ai vraiment voulu coucher avec mon père. Ce que je pige également, c'est que le code pénal se contrefiche des gens comme moi. Un viol, aux yeux de la loi, c'est quand la victime est tabassée ou braquée au couteau. La pression psychologique, ça n'existe pas ! Comme je n'ai pas dit non, il faudrait, aux assises, que mon avocate travaille un peu plus dur sur mon dossier que s'il était jugé en correctionnelle. Il existe néanmoins une probabilité que mon père s'en tire avec une peine légère, voire pas de peine du tout : ce risque est faible étant donné les aveux de l'accusé, mais, tout de même, cela nuirait à la réputation de ce cabinet, spécialisé dans le viol et l'inceste. Et puis, aux assises, mon avocate ne peut pas plaider. C'est sa patronne et elle seule qui devra défendre l'affaire. Si mon cas est jugé vite fait mal fait en correctionnelle, cela arrange tout le monde, finalement. Et qu'importe si on brade le crime que j'ai subi. Qu'importe si j'ai été abusée pendant deux années, l'important aujourd'hui est que ce procès ait lieu sans gêner personne.

« Rends-toi compte, Isabelle, si tu vas aux assises et que le jury se retourne contre toi, ton père pourrait ressortir libre… » insiste mon avocate.

Libre ? Il ne fallait pas en dire plus pour me convaincre. J'opte donc pour la correctionnelle, terrorisée à l'idée que mon père puisse échapper à la prison, et venir d'ici quelques semaines me demander des comptes. Dans sa cellule, il a dû sauter de joie en apprenant ma décision. Si, aux assises, il pouvait prendre jusqu'à vingt ans de prison, en correctionnelle, il n'en risque plus que dix. Il ne sera pas jugé comme un criminel, mais comme un petit délinquant, accusé de simples « attentats à la pudeur » et non de « viol ». Lui qui a saccagé ma vie, il passera à la barre entre un écraseur de chien et un voleur de poule. Mais tout ce qui m'importe, à moi, c'est que Renaud Aubry reste en cellule. Je fais un magnifique cadeau à mon père, sans avoir conscience que c'est mon calvaire que je minimise.

Le jour de son procès, la salle d'audience est pleine à craquer de robes noires. Des avocats par dizaines s'intéressent à cette enquête, qui a mobilisé la brigade des mineurs, des mœurs, la police judiciaire. Le huis clos est requis, tous sont contraints de s'en aller. Mon père entre donc dans une salle presque vide, seulement occupée par le procureur, les trois juges professionnels et nous, les parties civiles. Amaigri, Renaud Aubry joue son rôle de papa penaud à la perfection. Avec son pantalon jaune en velours élimé et son pull informe, sans cravate et la tête baissée, il a l'air piteux qui sied à une victime. Moi, je tremble comme une feuille. J'ai si peur que je supplie mon avocate de ne pas être appelée à la barre.

À l'énoncé des chefs d'accusation, mes oreilles bourdonnent tellement que je ne capte pas ce que le juge articule. On demande à mon père ce qu'il a à déclarer, puis le procureur général fait son réquisitoire, suivi par mon avocate. Je n'entends rien. C'est cette barre qui m'obsède, pourvu que l'on ne me demande pas de parler, pourvu qu'on me laisse tranquille… Je me fais du mouron pour rien : nul n'a l'intention de me demander quoi que ce soit. C'est au tour de l'avocat principal de mon père de déballer son speech. Cela dure, dure, dure. Il fait de petits gestes avec ses mains, son visage est grave et de sa bouche aux commissures tombantes semblent sortir des vérités premières. La seule chose que je comprends, c'est que ce grand monsieur me met tout sur le dos. C'est moi qui ai aguiché Renaud Aubry, c'est moi qui l'ai provoqué, c'est moi qui avais envie de lui, c'est moi qui souhaitais sortir porte Dauphine, c'est moi, moi, moi. Moi et mes pulsions déviantes. Moi et mon œdipe tourmenté. Moi et mon besoin d'amour mal placé. Et lui, mon père si gentil et si faible, n'a fait que répondre à mon désir. Il n'y est pour rien, ou si peu.

Toutes ces phrases creuses et fausses, tous ces lâches mensonges, c'est beaucoup plus que je ne peux en supporter. Quelle mascarade ! Et mon père avec son air de chien battu ! Si les juges savaient ! Je me lève et je claque la porte de la salle d'audience. Dans la salle des pas perdus, j'attends la fin du jugement en fumant cigarette sur cigarette. Un quart d'heure après, mon avocate arrive, suivie de ma mère.

« Six ans. Et vingt-cinq mille francs de dommages et intérêts. »

J'ai quinze ans, mon père m'a violée pendant deux ans, jetée en pâture à des dizaines d'hommes chaque semaine, traînée dans des partouzes, et il ne s'est pas pris la peine maximale. À peine plus de la moitié.

Pire que tout, Renaud Aubry s'en sort avec des circonstances atténuantes.

7

L'enfer après l'enfer

Mon enfance est passée dans deux machines à broyer. Mon père fut la première. La justice, la seconde.

Pour m'avoir infligé deux années de cauchemar, Renaud Aubry est donc condamné à six ans de détention. Aucun autre homme avec qui j'ai couché n'est inquiété, sauf l'interne en médecine, le partouzeur chez qui je me suis évanouie : lui récolte deux ans de taule, au motif qu'il ne pouvait ignorer mon âge. J'avais quatorze ans et pas encore mes règles quand il m'a examinée, puis sautée. Nul carabin gavé de cours de gynécologie ne peut ignorer qu'une demoiselle est mineure quand il l'ausculte de si près. Deux ans d'emprisonnement pour ce gars avec qui j'ai couché une fois dans ma vie au milieu de dix autres échangistes, et seulement quatre années de plus pour mon père… Les règles de proportionnalité qu'applique cette justice m'échappent complètement. Et en plus, mon père s'en sort avec des circonstances atténuantes, alors que le fait qu'il soit mon père, justement, est censé aggraver son cas… un comble. Quelles excuses la justice lui a-t-elle trouvées ? Mystère ! Les juges n'ont pas besoin de motiver ni d'expliquer leur décision. Ma mère, mon avocate et moi en sommes réduites à des conjectures : nous supposons qu'ils ont dû se laisser convaincre par la judicieuse défense de mon papa, et croire que je l'avais provoqué. Moi, allumer mon propre père ! L'émoustiller exprès ! Ces gens de loi n'ont jamais dû coucher avec leurs parents, sinon ils sauraient que cela n'a rien de très excitant…

« C'est ça, une gamine aguicheuse ? » soupire ma mère en feuilletant l'album photo de mon enfance.

On m'y voit timide et sauvage, petite demoiselle de dix ans à l'air triste sous sa grosse frange…

L'affaire close, maman semble en colère. Elle ne m'en parle pas, mais je la surprends parfois, dans les semaines qui suivent le procès, à pester au téléphone avec mon avocate. La voir ainsi me réconforte un peu : je me sens moins seule… mais, à dire vrai, je ne partage pas sa hargne : je suis surtout soulagée. Plus jamais je n'aurai à parler à un juge, à un expert ! Enfin ! Je suis éreintée. Pendant ces longs mois de procédure, il m'a fallu ressasser mon cauchemar, nager dans cette boue, avec, toujours, l'impression d'être la coupable… Alors, maintenant, je veux poser un couvercle sur mon histoire, et vivre, vite, puisqu'il ne me reste que six ans devant moi avant que mon père ne sorte et ne se venge de sa dénonciation. Dès qu'il sera libéré, j'en suis sûre, il va finir le boulot et m'achever, moi qui suis déjà une morte vivante. Au lendemain du procès, donc, j'anesthésie le passé. Au placard, ma mémoire qui agite ses tentacules vicieux sous mon crâne ! Ma souffrance, je l'emprisonne dans un coin. Dès que je pense à ce qui m'est arrivé, j'ai mal, alors j'étouffe souvenirs et sentiments sous des sensations plus fortes encore. Pour avoir l'impression d'exister, il me faut désormais vivre à fond. Je deviens boulimique. Parfois, je suis prise d'épouvantables fringales, alors je bâfre tout ce qui tombe à ma portée pour me faire vomir aussitôt après. Après avoir été tant vissée par mon père, j'ai faim de liberté aussi, et d'oubli. Mes souffrances ont toujours été solubles dans le sport, alors je noie le procès et mes souvenirs glauques dans l'activité physique. Et pas qu'un peu. Je fais plusieurs heures de gym par semaine, plus de la danse, du vélo, du karaté et de la course – une heure chaque jour minimum. Et il n'y a pas que dans le sport que je me défoule. Mon père m'imposait jadis mes horaires, mon emploi du temps et l'usage qu'il faisait de mon corps ? Ces dernières limites ayant sauté, ma vie devient un grand n'importe quoi.

Un été, ma mère m'envoie en colo dans le Morvan et, en un clin d'œil, je deviens la bête noire des moniteurs. Dès le premier jour, je pars me laver au fond du camping et ne reviens pas. Mes camarades de chambre et moi-même avons croisé de gentils garçons prompts à dévier notre chemin des douches. En moins de temps qu'il n'en faut pour lâcher notre shampooing, nous sommes à la terrasse d'un café, à ingurgiter pastis sur porto. Le premier jour de la colo, je tombe dans un coma éthylique profond. Le directeur est à deux doigts de me renvoyer chez ma mère. Il y renonce, dommage pour lui, car c'est l'enfer que je lui fais vivre pendant quinze jours. Je fume du cannabis, je fais le mur, je collectionne les cuites.

Et, surtout, je couche avec le prof de planche à voile.

« Dis donc, tu en sais des choses pour ton âge ! »

Voilà le genre de compliments intimes que me sert ce jeune homme qui, du haut de ses dix-huit ans, est épaté par mon savoir-faire sexuel. J'ai trois ans de moins que lui, certes, mais déjà une sacrée expérience en la matière. Les fanfreluches, les jeux de vilains, les caresses coquines, les gémissements poussés au bon moment, tout ce qui rend un homme heureux, je connais ça par cœur. Mon père m'a bien éduquée, alors je maîtrise la partition, mais cette mélodie que je simule ne me fait absolument ni chaud ni froid. Je m'arrange pour qu'elle s'arrête le plus vite possible. Car ce qui m'intéresse dans toutes ces simagrées, c'est l'après. La tendresse. J'ai besoin d'affection, je la prends où je la trouve : au lit.

Ma romance estivale avec le mignon prof de voile ne plaît pas au directeur de la colonie de vacances. Ni à mon beau-père, d'ailleurs, qui, dès que je rentre à la maison, entreprend de lester de plomb ma cervelle de moineau. Je me coltine des sermons à n'en plus finir. Gonflé, le David ! Il me parle principes, éducation, éthique, devoirs, alors qu'il me saute dessus dès que sa femme a le dos tourné. Une fois même, c'est dans le lit conjugal qu'ont lieu nos ébats, ma mère dormant à nos côtés. Elle n'entend rien, ne voit rien, ne sent rien. Et moi, je crève qu'elle ne réagisse pas. Sans en avoir conscience, je meurs du silence qui règne autour de ma douleur. Me confier à ma mère, cela ne m'est jamais arrivé : jadis, elle était trop pressée, trop occupée, trop peu intéressée par ma vie. Aujourd'hui, c'est *idem* : je garde mes soucis pour moi. Et elle ne me tend pas de perche. De l'inceste, il n'est jamais question. Pendant la procédure, déjà, le sujet était évité comme la peste. Celle-ci terminée, c'est la chape de plomb qui s'abat. Ma grand-mère Augustine vit avec nous, mais elle est âgée maintenant, et malade. On la laisse donc tranquille avec ces histoires glauques. Elle s'est déjà cogné deux cancers plus un infarctus, et répète parfois, à voix basse, qu'elle préférerait mourir… Je la regarde et j'aimerais tant me lover dans ses bras ! Mais je m'en empêche. Les câlins chastes, je n'ose plus en donner ni en réclamer, je ne sais plus faire, et puis l'enfance pour moi est finie depuis longtemps. Alors, avec ma grand-mère préférée, nous discutons peu maintenant. Elle est épuisée et moi, ne pouvant ni ne voulant parler de mon drame, je ne parle plus de rien. Le grand tabou, l'inceste, a creusé un fossé de fausse indifférence entre moi et les autres. Par gêne et pour sauver la face, le silence règne. Même ma sœur, qui a neuf ans, n'est pas au courant de ce qui m'est arrivé. Elle ne voit plus son père, personne ne lui explique pourquoi. Chez nous, on ne pose pas de questions.

« Dans la vie, il faut être lisse comme un caillou. »

Ça, c'est la philosophie de ma mère. Qu'importe si un déluge d'ennuis nous tombe sur la tête, il faut la garder haute, et hors de l'eau. Quand Renaud Aubry lui a ramené sa maîtresse à la maison, elle est restée de marbre devant le monde entier. Elle a caché les coups qu'il lui infligeait et maquillé sa peine devant la clientèle, les voisins, la famille. Quand il s'est enfui avec la minette, maman a bouclé ses valises et quitté la ville. Avec l'inceste, elle fait de même. Pour rester digne, sauver sa réputation, étouffer le qu'en-dira-t-on, elle continue à vivre comme si de rien n'était. Cette indifférence me gifle. Je ferais tout pour que ma mère me parle, qu'elle apaise la tristesse et la haine qui bouillonnent en moi ! Qu'elle m'aime, mieux, plus tendrement. Qu'elle me parle de moi. Ça ne vient pas, et moins ça vient, plus j'explose. Mal aimée, je deviens mal aimable. Je suis agressive, butée, mal dans mes baskets. Ma mère éponge les dégâts, avant de repartir au travail. Là où je suis, son cœur n'est pas.

Alors, comme d'habitude, je laisse mon corps parler à ma place. À force de coucher avec son mari, je finis par tomber enceinte de lui. C'est ma mère qui remarque la première mes nausées du matin. Moi, je n'ai absolument rien senti, et pour cause : je soigne mon apparence, mais ce qui se passe à l'intérieur de ma personne est un ennemi qui ne m'intéresse pas. Maman m'emmène voir une assistante sociale, passage obligé pour avoir accès à l'IVG. D'une voix monocorde, je débite devant ces deux femmes le mensonge que David m'a soufflé : un petit copain fictif, responsable de cette grossesse non désirée. L'assistante sociale ne cherche pas à en savoir plus. Je sors de la clinique le jour de mes seize ans et, après mon avortement, maman repart vendre ses aspirateurs.

Aujourd'hui comme hier, ma mère fait son job de mère : elle me loge, me nourrit, m'habille de tenues chères, m'offre le coiffeur et paie le médecin. Elle me veut jolie, sage, bien mise et bien élevée. Et moi, avec mes frasques, je m'escrime à ruiner son joli tableau. Elle s'en désespère.

« Tu es provocante, tout de même », me dit-elle un jour, en me regardant marcher dans la rue.

Ses mots me font un mal épouvantable.

« Ton problème, Isabelle, c'est que tu es amorale. »

Voilà ce que me sort mon beau-père, un jour où nous nous disputons. Lui et moi, c'est fini. Dès que j'en ai eu la force, je l'ai envoyé paître. Mon père en prison, je me sens moins en danger, son côté protecteur ne fonctionne plus avec moi, au contraire. Ma liberté, mon autonomie, j'y prends goût : plus question de me coltiner un vieux dictatorial et vicelard, j'ai déjà eu ma dose avec Renaud Aubry. David ne me touche plus, donc, mais m'interdit de sortir le soir, abhorre les lettres enflammées que j'envoie à mon moniteur de voile… Furieux, il m'interdit de lui écrire, lit mon journal intime, me boucle dans ma chambre, et moi, je ne supporte pas ses intrusions et cet enfermement. Alors je crie, je tempête, nos échanges s'enveniment, les insultes pleuvent. Pour lui, je suis une délurée. Il en a bien profité mais me le reproche aujourd'hui d'un ton méprisant.

Mon père a donc gagné. La justice déjà avait douté de mon innocence, ma propre mère et son nouveau mari en rajoutent une couche : je suis « provocante », « amorale », intenable ? Mais je suis ce que mon père a fait de moi ! Et cela encore n'est pas assez bien. Pensent-ils que j'ai mérité ce qui m'est arrivé ? Je ne sais pas. Mon grand-père, lui, en est convaincu.

Papy… Mon papy chéri qui jouait avec moi au croquet dans le parc, et qui m'apprenait à tourner le bois… Mon papy, qui n'a rien vu de l'enfer que vivait sa petite-fille, ne peut pas croire maintenant que son fils est un monstre. Devant l'évidence, son gamin condamné pour avoir abusé de moi et m'avoir traînée dans des partouzes, il bloque. Et réécrit l'histoire, pour ne pas penser que l'enfant né de ses entrailles est un pervers. Haro sur celle par qui le scandale arrive ! C'est donc moi qui prends.

Un jour où je retourne, la gorge nouée, dans l'appartement où j'ai vécu avec mon père pour y chercher mes dernières affaires, je tombe sur une lettre que mon grand-père a écrite à son fils Renaud, pensant sans doute que son courrier le suivait en prison. Je la déplie, cette petite feuille de papier fin recouverte de l'écriture torturée de papy, et ce que j'y lis m'écrase. Des mots giclent de l'enveloppe et me brûlent les yeux.

« Je suis outré de voir cette petite pute […]. »

La pute, c'est moi.

« […] l'emportera pas au paradis, cette petite salope qui t'a mis au cachot. »

La salope, c'est moi.

C'est mon père que la justice a puni, mais, aux yeux de ma propre famille, c'est moi la coupable. Coupable d'être trop légère, trop jolie, dévergondée, sans repères, paumée. Coupable aussi, aux yeux de mon grand-père, d'avoir ruiné un beau roman familial. Les policiers, pendant l'instruction, ont poussé leur enquête jusqu'à mon Finistère. Afin de savoir qui était vraiment Renaud Aubry, ils ont auditionné la terre entière, voisins, cousins, parents, ils ont fouillé les tiroirs et remué la boue pour finalement flanquer le cadet de la famille au trou pour six ans. À Pont-l'Abbé, huit mille habitants, ça a jasé. Ma grand-mère n'avait plus toute sa tête, elle n'a heureusement rien compris au scandale. Mais mon papy a dû ajouter une petite ligne à son brillant CV : lui, l'entrepreneur autodidacte, le notable, le grand propriétaire, est devenu en un clin d'œil le papa du pervers, le géniteur du taulard. Cette honte immense qui s'est abattue sur René Aubry, ex-président de l'Union des commerçants, alors même qu'il entamait le crépuscule de sa vie de labeur, est à ses yeux ma grande faute. Il absout son fils et charge sa petite-fille sans remords ni regrets, incapable qu'il est de me pardonner d'avoir sali sa réputation. De cette vérité dégueulasse, mon enfance bousillée par mon père, il ne s'est jamais remis.

Plus tard, après la mort de ma grand-mère, j'ai cru comprendre qu'il s'était suicidé.

« " La volonté du vrai, cette fameuse véracité dont tous les philosophes ont toujours parlé avec beaucoup de respect, que de problèmes elle nous a déjà posés ! "

Commentez cette phrase de Friedrich Nietzsche extraite de son essai *Par-delà le bien et le mal.* »

Jamais aucun sujet du bac n'aura mieux convenu à une candidate que celui-ci. À l'écrit de philosophie, je récolte donc un bon 15. Dans cette matière-là, ça va, je suis une flèche. Mais les années passées à dormir sur les tables du collège, je ne les ai jamais rattrapées. Le programme a filé sans Isabelle Aubry, occupée à jouer la bonniche de son père. Moi qui ai toujours aimé apprendre, lire, phosphorer, et Hugo, et Balzac, et Zola, je dois m'accrocher comme une perdue pour éviter l'échec scolaire auquel mes nuits partouzardes m'ont promise. Au lycée, je souffre. Surtout en maths. Mais je n'ai qu'une obsession : réussir mes études, décrocher mon bac et mon indépendance, afin de ne plus jamais dépendre d'un homme, qu'il soit père, beau-père ou mari ! Alors je me coltine des cours particuliers d'algèbre et d'allemand, mais, étant donné mon niveau lamentable en sciences, je suis quand même orientée en terminale technique « secrétariat ». Tant pis pour la filière éco, celle que je visais depuis si longtemps ! Je décroche le bac, mais m'étale aux concours de toutes les écoles de commerce. Sauf une, qui se targue d'un recrutement « à l'américaine ». Au menu de l'examen d'entrée : culture générale, motivation, personnalité, langues étrangères… Je me débrouille bien et décroche le sésame. Ouf ! *In extremis*, je peux continuer mes études, mais je devrai me contenter d'un « bac plus deux », moi qui rêvais d'un long cursus de journalisme ou d'une grande école militaire…

Tandis que je sue sang et eau pour limiter les dégâts scolaires, mon père, lui, passe tranquillement ses diplômes en prison. À Fresnes, il obtient une capacité en droit. Détenu modèle et affable, il donne même un coup de main au personnel afin de tenir la comptabilité de l'établissement pénitentiaire, qui le lui rend bien : mon père bénéficie d'une cellule individuelle et de remises de peine.

Moi, je bataille pour obtenir mon dû.

Mes dommages et intérêts, je les réclame à son notaire dès que la loi m'y autorise, à l'aube de mes dix-huit ans. L'homme de loi me répond par une belle lettre, qui soutient que mon père a déjà payé les vingt-cinq mille francs qui me reviennent, relevé bancaire à l'appui. La magouille est maline : mon père a bien versé une somme identique à ma mère, mais pour rembourser un emprunt que mes parents avaient jadis contracté ensemble… pas pour payer la dette qu'il a envers moi ! Le notaire est convaincant, et moi j'ai dix-huit ans, alors je me résigne. Cet argent, le prix de ma douleur, je n'en verrai jamais la couleur… L'arnaque rejoint l'inceste sous le tapis de mes sentiments.

C'est un soir, à peine deux ans plus tard, que la réalité me revient en pleine figure.

Le téléphone sonne à la maison et c'est moi qui décroche. Un homme roucoule dans le combiné, sa voix aux intonations bretonnantes réclame ma sœur Camille, et quand je lui demande de se présenter, l'inconnu au bout du fil hésite, et finit par lâcher :

« Je suis un ami, c'est personnel. »

Elle sonne drôlement, cette voix, il me semble la reconnaître… Le temps de reprendre mon souffle, et en un quart de seconde je sais. C'est mon père. Je raccroche immédiatement, mes jambes ne me portent plus, vite une chaise avant de tomber dans les pommes ! Je transpire, tout immobile que je suis. Pourquoi mon père peut-il téléphoner ? Est-il encore en prison ? Pourquoi veut-il parler à Camille ? Ma mère se précipite dans la chambre de ma sœur, et apprend de sa bouche que non seulement mon père est effectivement libre, mais qu'il lui a fait porter, quelques mois auparavant, une lettre énamourée. Depuis, il la revoit, en cachette de nous.

Je suis effondrée. Ma petite sœur ! Les nuages sordides s'amoncellent au-dessus de sa tête, et elle ne voit rien venir… Renaud Aubry va la manipuler, l'isoler, lui laver le cerveau comme il l'a fait avec moi. Si nous ne réagissons pas elle est fichue, il faut absolument la tirer de là. Ma mère se décide enfin à raconter à Camille le motif de l'incarcération de notre père. Inceste, partouzes… Ma sœur écoute la saga perverse de papa chéri et tombe des nues, promettant de ne plus le revoir. Les nuages s'éloignent, mais moi, je suis tout de même terrifiée.

Je ne pense qu'à ça, à cette épouvante qui revient hanter ma vie : mon père est sorti de prison. Je ne comprends pas, il avait encore deux ans à tirer ! Nous apprenons que, sa bonne conduite et ses diplômes en bandoulière, Renaud Aubry a été libéré bien plus tôt que prévu. Je découvre aussi qu'il a épousé une jeune femme qu'il avait rencontrée avant d'être incarcéré. Sa petite vie tranquille n'a donc été que très momentanément interrompue par la cabane. Il en ressort diplômé, marié, heureux. Et s'installe à huit cents mètres de chez moi, alors qu'il est toujours sous le coup d'une interdiction de séjour dans mon département de résidence.

Ce n'est pas possible, ce n'est pas légal, il doit certainement y avoir une erreur.

Depuis que je suis née, beaucoup d'êtres humains ont failli, m'ont fait mal, et mon père en premier. Mais la police l'a finalement arrêté, et la justice l'a enfermé à double tour. À vingt ans, malgré la mascarade qu'a été le procès Aubry, je crois encore un peu aux forces de l'ordre, en leur éthique. Si mon père emménage à deux pas de ma maison alors que cela lui a été formellement interdit, c'est donc qu'il l'a fait en cachette, hors la loi. Ou bien il y a un malentendu, un bug, un fonctionnaire aviné qui a mélangé les dossiers… Et la justice, rempart contre les vices du monde et des hommes, va mettre rapidement de l'ordre dans tout ce fatras. Pour connaître le fin mot de l'histoire, et surtout obliger mon père à déménager et à respecter ses obligations, je remue ciel et terre. D'abord, la police. Je me précipite au commissariat, mon jugement à la main. Fin de non-recevoir. Les deux plantons ne savent pas, ils n'ont pas le temps, me conseillent d'envoyer un courrier… bref. Aussitôt, je prends rendez-vous avec le procureur de la République, qui me reçoit en son bureau du tribunal de Créteil.

La réalité que j'y apprends me dégoûte : mon père a été déchu de son autorité parentale envers moi, mais non envers ma sœur, à laquelle il n'a rien fait, bien sûr ! Il est donc libre de la voir quand ça lui chante. De plus, il a entièrement le droit de venir s'installer à deux pas de chez moi. Arguant qu'il a trouvé du travail dans mon quartier – quel étonnant hasard ! –, il a aisément fait sauter son interdiction de séjour. Priorité à la réinsertion de l'ancien détenu ! La victime, elle, compte pour du beurre.

Renaud Aubry, donc, ne m'a pas payé mes dommages et intérêts ; il n'a pas purgé la totalité de sa peine ni ne respecte l'interdiction de séjour qui lui a été faite. Il bafoue mes droits, s'y essuie les pieds comme sur un paillasson, et tout cela avec l'aval des notaires, des matons, des juges, donc de la République. Le respect de la loi, ce dernier repère stable sur lequel je pouvais me construire, vient de s'écrouler. Si elle ne me respecte pas, pourquoi la respecterais-je ? J'ai la haine. La haine contre cette justice et contre mon père, qui se permet encore, sans scrupules, de piétiner ma vie. Il n'arrêtera donc jamais ? La colère, oui, c'est elle qui me dirige à cet instant, c'est elle qui va prendre toute la place entre mon père et moi. Puisque Renaud Aubry est dehors, qu'il peut à tout moment venir se venger de moi, et pervertir ma sœur comme il m'a salie, il faut agir. Tout de suite. L'empêcher de nuire encore. Cette fois-ci, je ne vais pas le laisser gagner. Je ne vais pas me laisser faire.

Je vais donc le tuer. C'est la seule option qui me reste, puisque police et justice bottent en touche.

L'idée de son assassinat fait doucement son chemin dans les replis de mon cerveau. Poison, étouffement, faux accident de voiture ? Je passe en revue les différents moyens possibles de supprimer mon paternel, sans en trouver un seul qui me semble à la fois sûr et efficace. Je n'ai pas pensé au tueur à gages. C'est pourtant cette solution qui, un beau jour, s'offre à moi sur un plateau.

Comme job d'appoint pour arrondir mes fins de mois, j'entre comme démonstratrice en électroménager dans un Conforama de banlieue. L'équipe est plutôt sympathique, mais j'ai du mal à me sentir bien. Les autres ne m'inspirent pas confiance, j'angoisse d'être au milieu de gens « normaux ». J'ai souvent l'impression d'être dans un autre monde, différente des autres. C'est irrationnel, mais il me semble que, si je n'y prends garde, le monde entier va lire dans mes pensées et deviner mon passé. Alors je donne le change. Dès que je suis en société, je plaque mon masque de clown et c'est parti pour une journée de faux-semblants ! Je suis jeune, jolie et plutôt efficace, et du directeur à l'homme de ménage, tout le monde m'apprécie. Même le maître-chien avec qui je discute certains soirs, à la fermeture du magasin. Un jour de désespoir, je finis par lui lâcher le morceau : mon père me gâche tellement la vie qu'il faudrait qu'il meure.

« Si tu veux, je sais comment le supprimer. »

Voilà la réponse inattendue que l'armoire à glace me fait, en caressant l'échine de son berger allemand. Renseignements pris, il semblerait que ce vigile bien intentionné connaisse quelqu'un dont le métier, c'est de tuer des gens. Pour cinquante mille francs, l'affaire pourrait être dans le sac. Une fois la somme amassée, je me rends au rendez-vous que le maître-chien exige afin de rencontrer le commanditaire de cette mission spéciale…

Après cette entrevue, je ne donne pas suite au meurtre de mon père. Tout se mélange trop fort dans ma tête : la haine et l'énormité effrayante de ce projet, l'envie de passer à l'acte et la trouille des conséquences. Qui me trouverait, à moi la jeune fille délurée, des circonstances atténuantes si je faisais zigouiller mon père ? La justice a déjà bien failli me tuer, elle pourrait m'achever cette fois-ci. Et puis enfreindre la loi, devenir criminelle, ce serait ressembler à mon père, faire comme lui, dissimuler, feindre, transgresser. Cet héritage-là, je n'en veux pas.

Je ne peux donc pas tuer Renaud Aubry. Je ne peux décidément rien contre lui. Il va vivre sa vie gentiment, impunément… Mon impuissance à lui faire payer son crime me lamine. Et ce qu'il m'a fait jadis m'assassine encore, des années après. C'est lui que je voulais supprimer, c'est pourtant moi qui meurs.

De violentes crises d'automutilation me saisissent au moindre coup de blues : je me mets à trembler et, dans l'instant, quelqu'un doit me tenir fermement les mains pour m'empêcher de me lacérer la peau. Souvent, c'est à Frédéric, mon amoureux de l'époque, que ce rôle revient. Les jours suivants, je porte des cols roulés au bureau pour que personne ne puisse remarquer les longues traînées rouges qui ornent mon cou. Après avoir été boulimique pendant des lustres, je retombe dans le giron de ma vieille amie, l'anorexie. Je mange un œuf par jour, une pomme, peu et n'importe quoi. Et surtout, j'angoisse. Le spleen s'abat sur moi à tout moment, et me voilà clouée dans mon lit, à écouter en boucle la même musique, Pink Floyd ou Supertramp, tout en me demandant comment en finir. Plus je vieillis et plus il se fait insistant, ce corbeau de la crainte, de la peur et du stress. Il est là, tout près, dans un coin. C'est l'inceste qui ne demande qu'à revenir me tuer. Ma vie ne tient donc qu'à un fil, et ce fil ne va pas tarder à rompre.

Un jour, ma mère s'envole pour des vacances ensoleillées avec son David. Une heure après leur départ, j'entends un bruit de chute dans les toilettes. Je m'y précipite et vois ma grand-mère, Augustine, tombée sur le carrelage. C'est dans la poitrine qu'elle a mal, elle halète. J'arrête de respirer à cet instant, et il me semble aujourd'hui que je n'ai jamais retrouvé mon souffle. Je la prends dans mes bras et la porte jusqu'à son lit. SOS Médecins, cardiologue, Samu, pompiers : j'appelle tous les services d'urgence possibles, et rameute les blouses blanches du quartier. Ils n'empêchent pas le cœur de mon Augustine de flancher. Elle fait un infarctus, le second de sa vie. Celui de trop.

Je mets deux jours à joindre ma mère par téléphone. Quand j'arrive enfin à la contacter, c'est trop tard, mémé est déjà morte. Son décès, je n'en ferai jamais le deuil. Dès que l'infirmière me téléphone pour m'annoncer la fin d'Augustine, le chagrin me terrasse, et la culpabilité avec. Je m'en veux affreusement que ma douce grand-mère soit partie sans que j'aie été là pour lui tenir la main. Qu'elle se soit éteinte la nuit, sans personne pour lui chuchoter de l'amour à l'oreille et adoucir son départ. J'ai honte de l'avoir abandonnée, ces derniers mois, seule dans sa chambre. Honte de n'avoir pas été plus souvent lui parler, d'avoir laissé le silence de notre famille prendre toute la place entre elle et moi. Honte d'avoir laissé ce lien qui nous unissait mourir à cause de l'inceste. Le jour de son décès, je retourne à l'hôpital pour la voir encore. Elle est là, sur son lit, son visage ridé de petite pomme bretonne figé par la mort. Maintenant, je peux glisser ma main dans la sienne, et ma tête dans les plis de son cou. Maintenant, j'ose lui faire ce câlin dont j'aurais tant eu besoin ces derniers mois, dont elle avait tant besoin sur ses vieux jours. Maintenant qu'il est trop tard, je verse des torrents de larmes sur le cadavre de mon Augustine, et j'ose enfin lui dire combien je l'aime et comme elle va me manquer. C'est la première fois depuis l'arrestation de mon père que je pleure ainsi, à me faire couler l'âme, à perdre haleine, à m'étouffer de sanglots. Je pleure sur elle, sur nous, et sur moi aussi, sur mon enfance saccagée dont le dernier souvenir heureux vient de s'envoler.

La personne que j'aimais le plus sur terre est partie. Maintenant, je suis vraiment seule.

Quand je rentre de l'hôpital, Frédéric entreprend de me consoler. Il attend quelques jours avant de m'annoncer qu'il déménage dans le sud de la France et qu'on ne pourra plus se voir. C'est la goutte d'eau dans laquelle je me noie.

Deux heures après, je fais une razzia sur les médicaments, gobe tout d'un trait et m'affale sur mon lit. Le temps d'écouter la fin de mon disque, et je me sens partir… jusqu'à ce que, dans les brumes de mon suicide, un sursaut me réveille. L'instinct de survie, c'est sans doute cela… Je me relève et j'arrive à alerter ma mère avant de perdre connaissance. À mon réveil, trois jours plus tard, ma mère n'est pas à mon chevet. Le premier visage que je vois en ouvrant les yeux n'est pas le sien. C'est celui d'une copine, que maman a convaincue de venir me rendre visite et de la remplacer tandis qu'elle est occupée au-dehors. Pour un appel au secours, c'est plutôt raté : non seulement ma mère ne répond pas présente, mais les infirmières qui me lavent l'estomac en profitent pour me passer un mémorable savon.

« Vous vous rendez compte du nombre de gamins décédés dans des accidents de la route qu'on nous amène ici chaque semaine ? Vous qui avez la chance de vivre, vous vous suicidez exprès ! À quoi pensez-vous ? »

Merci pour la leçon de morale. Mais pour moi, la « chance de vivre » est un concept un tantinet abstrait. Cela ne m'a pas particulièrement porté bonheur jusqu'à présent et, effectivement, j'aimerais bien en finir une bonne fois pour toutes avec cette existence cafardeuse que je traîne. Suicide, automutilation ou anorexie… Chez moi, tous les moyens sont bons pour arriver à mon objectif : ne pas grandir. Mourir, c'est bien. C'est l'oubli absolu de mes problèmes, et le meilleur moyen d'arrêter le temps. Car je vois bien qu'il me faudra bientôt devenir une femme et une épouse. Avant qu'il ne se carapate en province, Frédéric m'a offert une jolie bague, et présentée à ses parents. C'est d'ailleurs à cet instant que notre relation a commencé à péricliter, quand il s'est mis à dévider la liste de ses grands projets pour nous. « Nous » ! Mariage, maison, voyages… Quelle angoisse ! Parce que je l'ai déjà été trop tôt, et que cela m'a fait souffrir, la perspective de devenir adulte me révulse. J'ai été la femme de mon père et avant encore la mère de ma sœur. Si c'est cela, grandir, subir, se taire, être utilisée, salie, niée, alors je ne le veux pas. Et les hommes qui me veulent comme leur femme, je les jette comme des Kleenex.

Je choisis des gars avec qui rien n'est possible. Les déjà mariés, les toujours fuyants, les coureurs, les infidèles, les tordus. Ceux qui préfèrent leur liberté, ceux qui ne veulent pas rester dormir, ceux qui partent après l'amour, je leur ouvre grand mon cœur pour qu'ils le piétinent mieux. À eux, je m'accroche comme une folle. Ceux qui ne veulent pas de moi ont mes faveurs. Mon père par son vice, ma mère par son indifférence m'ont habituée à souffrir de l'amour que je leur portais. Sans en être consciente, je reproduis ce qu'ils m'ont appris. J'hérite de l'un et de l'autre cette tendance étonnante à me rendre malheureuse partout et toujours, ce réflexe inconscient de rejeter les êtres qui m'aiment et de m'attacher pile-poil à ceux qui vont me faire du mal.

Le charmant Frédéric, qui m'adore et m'offre les noces sur un plateau, je le décourage. À force de lui répondre « études » quand il me parle « bébé », il finit par se lasser de mes atermoiements, déménage et me plaque dans la foulée.

Gabriel, fils de très bonne famille, CV plaqué or, compte en banque bien dodu, me demande en mariage dans la voiture, tandis que je conduis. Il a à peine le temps de finir son laïus que j'enclenche le frein à main et lui demande de continuer son chemin à pied.

Karl, lui, va être l'élu de mon cœur. Un électron libre, fantasque, allergique à l'engagement, sans épouse puisqu'il l'a plaquée, deux enfants dont il ne s'occupe pas, sans maison, sans attaches. Parfois, il dort dans sa voiture. Je ne sais jamais où il est, s'il va venir me voir, ni quand, ni s'il m'aime. Je tombe raide dingue de cet homme impossible, puis enceinte. Quand il me dira : « Bon courage pour trouver un père », je filerai à la clinique avorter. Lui m'a fait souffrir mille morts.

Et puis il y aura tous les autres, tous ces hommes auxquels je ne sais pas résister. À l'école, puis au boulot, partout, je suis envahie, débordée par cette meute à laquelle je plais. Mon journal intime est noirci d'empressements masculins :

« Tous les mêmes ! »

« Encore un qui pense qu'à ça. »

« Il n'en veut qu'à mon cul. »

La plupart de ces garçons m'oppressent, me dégoûtent et me dépriment, mais je cède malgré tout à bon nombre d'entre eux. Même si leurs attentions m'étouffent, leur désir est plus fort que ma volonté. Jamais je ne me demande si j'ai envie d'eux ou non : il suffit qu'ils le souhaitent vraiment pour que je m'abandonne. Quelle importance ? Je couche comme je me mouche : sans y penser. Et puis, quand des hommes me désirent, j'existe. Habituée à ne vivre qu'à travers le regard de l'autre, je couche facilement, pour être aimée, pour avoir une relation humaine, pour faire plaisir, pour sentir que je compte, sans en tirer aucune jouissance, sinon celle de voir l'autre content. L'instant d'après, je retombe dans une écrasante solitude.

Mon père fut le premier homme à m'apprendre que l'amour physique ne se refuse pas, et qu'il faut en passer par là pour obtenir de l'attention. Avec lui, j'ai compris comment utiliser mon corps et le dissocier de mon âme, j'ai appris à m'oublier pour saisir, quand je le pouvais, des miettes de tendresse. Je continue à vivre comme Renaud Aubry m'a formatée. En fait, je me prostitue, selon un deal immuable et simple : sexe contre affection.

Il suffira d'un rien pour que ce penchant intime devienne mon métier officiel.

8

Ma vie en vrille

À l'âge de vingt et un ans, mon CV est d'une terrifiante banalité. J'ai décroché mon diplôme, je vis toujours chez maman, j'ai trouvé un job d'appoint qui me fournit de l'argent de poche, je fais de la danse, j'ai quelques amis et je m'entends bien avec ma sœur, ma petite Camille. Nous sortons parfois au café, au ciné… Officiellement, donc, je suis une jeune fille absolument normale. Sauf qu'en réalité, pas du tout. Il y a quelque chose en moi qui n'est pas moi, qui est sale, qui fait mal. J'ai un ennemi intérieur qu'il me faut museler : alors oui, je travaille, je sors, je vis, mais j'évite de penser. Ce que je veux, c'est m'oublier, empêcher cette angoisse qui m'habite de venir me gâcher la vie. Car elle est là, dedans, prête à surgir à tout instant. Pour la bâillonner, je fais diversion. Le soir, quand je sors avec des copines ou avec ma sœur, je l'éloigne en riant beaucoup, en parlant fort, en fumant trop : trois paquets de cigarettes quotidiens. Le jour, je m'active : sport, travail… Je me noie dans un agenda plein comme un œuf et, quand vient le soir, que le marchand de sable fait grève, il me reste la télé. Une nuit, vers 2 heures du matin, je suis en pleine séance de zapping quand ma mère et David rentrent du restaurant et me voient ainsi vautrée sur le canapé.

« Mais qu'est-ce que tu fais encore debout à cette heure-là ? s'énerve David. Tu devrais être au lit ! »

Il me parle comme si j'avais cinq ans. Sauf que j'en ai seize de plus, et que déjà, à l'âge de cinq ans, je faisais ce que je voulais, notamment regarder la télé, quand mes parents me laissaient seule dans l'appartement… Je suis grande, j'ai fini mes études, avec mes petits boulots je paie ma voiture, mon essence, mes fringues, je ne demande rien à David, si ce n'est le gîte et le couvert. Alors je lui conseille vertement de se mêler de ses affaires, ce qu'il prend assez mal.

« Tu feras ce que tu voudras quand tu seras chez toi. Pour l'instant, tu vis chez moi, et tu fais ce que je te dis, alors au lit ! Et si tu n'es pas contente, casse-toi. »

Il ne faut pas me le dire deux fois. Mais qu'est-ce qu'il croit ? J'ai connu pire dans ma vie que de me retrouver à la rue… Princière, je me lève, je monte dans ma chambre, saisis mon sac à main et, le temps d'attraper un oreiller, je file dormir dans ma R5. Ma mère, stoïque, ne prend pas part à la dispute. Les clashs, les cris, le grand déballage, ce n'est pas son truc. Mais, quelques jours plus tard, elle se pointe au bureau pour me parler :

« Isabelle, tu ne peux pas continuer à dormir n'importe où, enfin… Ça ne se fait pas, ce n'est pas une vie… Alors n'en parlons plus, fais la paix avec David et reviens vivre à la maison, tu veux ? »

Pas question. Devant mon entêtement, maman finit par me dénicher un HLM. Grand, pas cher, dans un immeuble crado en pleine zone, mais je m'en fiche, je n'y entre que pour dormir. Le reste du temps, je travaille. Car j'ai trouvé le meilleur moyen de m'empêcher de penser : trimer comme une bête. Pour mon premier vrai emploi, je rejoins donc le monde merveilleux de la grande distribution.

Là, je suis servie : le rayon auquel je suis affectée n'a pas eu de chef depuis deux ans, et il faut tout repenser, intégralement. Je bosse de 7 heures à 19 heures, quand ce n'est pas 23 heures, six jours sur sept. Les quatre employés de mon service ont presque tous le double de mon âge et, habitués à se gérer seuls, ils ne voient pas d'un bon œil l'arrivée du nouveau boss – moi, en l'occurrence – qui entreprend de changer leurs habitudes du haut de ses vingt et un ans. Bref, ils m'ont dans le pif. Je prends mon poste au département livres-disques-papeterie en pleine préparation de la rentrée des classes, et voilà qu'il me faut à toute vitesse commander des milliers de gommes, des dizaines de sortes de crayons, de cartables et de cahiers, pour un budget colossal qui se chiffre en centaines de milliers de francs. Comme bizutage, ça n'aurait pas pu tomber mieux : mes deux années d'études en commerce et gestion ne m'ont pas franchement formée aux subtilités de la négociation à l'œuvre dans les hypermarchés Continent. Je dois donc apprendre sur le tas. La tâche est ardue ? Tant mieux. Moi, j'ai toujours besoin d'être rassurée : à l'école déjà, j'avais du mal à croire que je pouvais briller en quelque matière que ce soit. Même quand je me récoltais des 17 en philo, je mettais cela sur le compte de ma bonne tête et de la gentillesse de la prof. À force de ne s'intéresser qu'à mes fesses, mon père a fini par me convaincre que j'étais bonne au lit, mais nulle part ailleurs. À l'âge adulte, *idem* : mon estime de moi-même est souvent raplapla. Alors, chaque défi que je remporte me met du baume au cœur. Si les clients affluent dans mon secteur, c'est que je vaux bien quelque chose ! Si je bats à plate couture le chef du rayon d'à côté, c'est que je ne suis pas si nulle ! Dans mon milieu professionnel, la compétition est reine, entre les magasins et entre les salariés ; cela me convient merveilleusement. Manquant de confiance en moi, je mesure donc ma valeur à l'aune du chiffre d'affaires. Et il grimpe, celui de mon rayon ! Plus 20 % en un an, ma direction est aux anges. Elle me repère fissa et me confie quelques responsabilités supplémentaires. Je suis reconnue, appréciée, j'y arrive… C'est grisant.

Et ce qui me grise encore davantage, c'est Dominique. Le gérant d'un mignon troquet tout près du magasin, où chaque matin, aux aurores, je bois mon remontant avant de commencer la journée. Du jour où je vois ce brun aux yeux clairs me servir mon premier café-crème, avec ses longues mains fines et le sourire aux lèvres, je commence à faire sur lui une fixation absolue. Il est jeune, joli, parfaitement marié ? Il est donc pour moi ! Tous les jours, il me salue avec douceur, s'enquérant de ma santé, de mon moral, de mon travail. Quels sont les disques qui marchent le mieux dans mon rayon ? Et le dernier Hallyday, je l'ai reçu ? Et les cahiers de texte, ça se vend bien ? Je m'interroge : soit Dominique a comme passion cachée la grande distribution, soit il a le béguin pour ma pomme. À le voir passer en revue les sujets de conversation les plus improbables pour s'attarder à ma table, je penche pour la seconde option et j'en frémis de plaisir. Notre petit manège dure plusieurs mois, jusqu'à ce que, n'y tenant plus, je lui propose une balade dans l'hypermarché d'en face auquel il s'intéresse tant. Une bonne occasion de lui faire découvrir les derniers CD qui cartonnent, non ? Dominique accepte bien volontiers : que ne ferait-il pas par amour de la musique !

Nous n'arriverons pas jusqu'au magasin. À notre retour, l'affaire est faite. Je suis la maîtresse de mon bistrotier préféré. Il n'en mène pas large, le jeune marié : peur que sa femme ne l'apprenne, peur qu'elle ne sente mon parfum sur lui… Il flippe mais ne peut se résoudre à ne plus me voir. De ses états d'âme, je cause à ma collègue et colocataire Émilie, qui en connaît un rayon en la matière. Elle aussi joue les secondes épouses depuis belle lurette puisque son amoureux s'avère être un bon père et un bon époux par ailleurs.

Nous sommes donc quatre jeunes gens libres, légers, infidèles. Pendant un an, nous allons nous amuser comme des fous.

Mes collègues ne m'intéressent pas ; je me sens différente d'eux, gênée au milieu de tous ces lambda qui parlent famille, enfants, crédit, et se demandent ce qu'ils feront à manger le soir… Mais, avec Dominique, je me sens bien. Notre aventure est interdite, risquée : c'est dans cette marge que je m'épanouis. La journée, je fais mon travail au mieux, en attendant l'heure de la fermeture : ma vraie vie, c'est la nuit qu'elle se déroule.

Un soir que nos hommes sont rentrés chez leurs femmes, nous nous retrouvons, ma colocataire et moi, dans un petit restaurant du centre de Paris. Dans cette cave enfumée, le repas est délicieux, un guitariste chauffe la salle et, le rosé aidant, voilà que la conversation roule sur la gaudriole. Thème choisi par Émilie : les fantasmes.

« Tu as déjà pensé à te prostituer ? » me demande-t-elle, l'air émoustillé.

J'ai même fait pire que cela jadis, mais mieux vaut ne rien dévoiler de mon passé, cela casserait l'ambiance… Apparemment, Émilie, elle, a déjà songé au sexe tarifé, et cela l'affriole. L'alcool aidant, elle se monte la tête :

« J'ai entendu dire qu'il suffit de se balader autour des grands hôtels, et de sympathiser avec les chauffeurs… Quand ils ont un client flambeur, ils t'appellent. C'est vachement facile, en fait. »

Facile… Elle ne sait pas de quoi elle parle, ma colocataire. Moi, je sais combien il en coûte de se faire passer dessus par des inconnus qu'on n'a pas choisis, de se sentir peloter par n'importe qui. Ce genre de saloperie, cela se paie au prix du dégoût, de l'angoisse, de l'enfer. Avec son petit fantasme de fausse bourgeoise, Émilie m'énerve. Elle croit que c'est si agréable de se faire sauter par le premier venu ? Si ça lui arrivait, elle ferait moins la maline. Alors je la rembarre :

« Ne dis pas des choses que tu serais incapable de faire. »

Piquée au vif, et passablement dopée par la bouteille, elle me jure ses grands dieux qu'évidemment si, si, bien sûr, elle en serait capable. Ah oui ? Elle ne sait pas sur qui elle est tombée.

« Chiche ! »

Et nous voilà parties vers l'un des hôtels parisiens les plus luxueux. Il fait beau, c'est l'été… Avec nos jeans et nos chemisettes, Émilie et moi ne ressemblons pas franchement à des poules de luxe. Qu'importe ! Aux chauffeurs que nous croisons à l'entrée du palace, nous lâchons de gros mensonges sur le ton détaché qu'il convient :

« Aujourd'hui, c'est notre jour de repos, mais si vous avez une opportunité, pourquoi pas… D'habitude, nous travaillons sur les Champs-Élysées… C'est là que nous allons boire un verre maintenant, alors vous saurez où nous trouver. »

Nous quittons nos nouveaux amis chauffeurs de grosses cylindrées et de gros comptes en banque, pour aller nous poser à la terrasse d'un café chic. À peine a-t-on eu le temps de vider nos verres qu'une rutilante Mercedes 500 vient s'arrêter à nos pieds. L'un des chauffeurs en descend, et nous glisse :

« J'ai un prince koweïtien qui veut une blonde tout de suite pour la nuit, il repart demain à New York. »

Sans réfléchir, je rétorque aussi sec :

« C'est nous deux ou rien.

— Vous vous débrouillerez avec lui. »

Nous retournons donc au palace rencontrer Sa Majesté. Le prince attend tranquillement sa promise dans le hall de l'hôtel. Il est tout mignon, jeune, à peine trente ans, habillé d'un costume seyant qui fleure bon le tissu chic. On aurait pu tomber sur pire. Malgré cela, Émilie se met à flipper : elle hésite, regrette, en plus elle a ses règles… Tous les moyens sont bons pour reculer devant l'obstacle. Elle se dégonfle comme une baudruche. J'en étais sûre ! Sauf qu'à moi, il ne faut pas la faire. Maintenant qu'elle s'est vantée, elle n'a plus le choix. Maintenant qu'elle a minimisé devant moi cet acte que j'ai si souvent subi, coucher avec le premier venu qui l'exige, elle va bien voir si c'est facile… J'agrippe fermement Émilie par le bras, et nous allons à marche forcée jusqu'au prince, qui voit alors débarquer sa blonde, Émilie, accompagnée d'une brune, moi, qui entreprend de négocier l'affaire en anglais. N'ayant aucune idée des tarifs en vigueur pour ce genre de service, je lui dis le premier chiffre qui me passe par la tête :

« Trois mille pour les deux. »

Ce n'est pas cher, notre prince n'en revient pas. Dans la langue de Shakespeare, il demande confirmation : pour ce prix-là, pourra-t-il faire ce qu'il veut, tout ce qu'il veut, autant de fois qu'il le veut ?

« *Yes, yes, no problem* », je réponds.

Banco. Nous nous dirigeons donc vers l'ascenseur, et Émilie qui traîne la patte derrière ! Bien fait pour elle. Je rigole intérieurement de la voir blême et stressée comme à l'oral du bac.

« C'est toi qui l'as voulu, alors on y va, tu ne vas pas te dégonfler maintenant », lui glissé-je à l'oreille.

Moi, cela ne me fait ni chaud ni froid de monter dans la chambre de ce type. Je sais ce que je vais devoir y faire, ce que je vais devoir dire, geindre, feindre. Je sais que, quand je le voudrai, je pourrai couper mon cerveau de mon corps et, quelques instants plus tard, une heure ou deux peut-être, cela sera fini. J'aurai montré à ma colocataire ce qu'il en coûte de cultiver des fantasmes aussi débiles.

Sauf que cela ne se passe pas du tout comme je l'avais prévu. Au lieu de débrancher mon cerveau et de faire ce que j'ai à faire en pensant à autre chose, je passe avec Émilie et notre prince un moment fort sympathique. Pas de plaisir sensuel, non, ça, je ne connais pas, mais deux heures de franche rigolade. D'abord tendue comme un string, mon amie finit par se relaxer, et nous nous relayons auprès du joli prince en discutant en français sans qu'il y comprenne rien, et en pensant à sa petite famille, qui dort tranquillement dans la suite royale d'à côté. Les moulures, les dorures, la chambre de 100 m^2 et la smala qui ronfle pendant que le *paterfamilias* s'envoie en l'air, quelle blague ! Émilie et moi câlinons le prince le sourire aux lèvres : Sa Majesté est aux anges, et il le montre. Son bonheur me fait plaisir, il me flatte, il me gratifie. Ce jeune homme est « *happy, very happy* », et c'est grâce à moi. Je vaux donc quelque chose, et auprès de lui je n'ai pas besoin de quémander de la reconnaissance : elle vient toute seule, la preuve de son contentement, en espèces sonnantes et trébuchantes. Non seulement il nous donne, à Émilie et moi, les trois mille francs promis, mais il retourne sa chambre de fond en comble pour trouver un complément. Les fonds de tiroir et les poches de ses costumes fouillés et vidés, voilà qu'il nous couvre d'argent : nous le quittons les poches pleines de pièces et de billets de toutes nationalités ! Plus de sept mille francs en tout.

La rigolade, la reconnaissance et l'argent ne suffisent pas à expliquer ce sentiment de satisfaction qui m'inonde une fois la porte de la chambre du prince refermée. Il y a autre chose, plus intime, plus vicieux, qui me fait me sentir bien, pour une fois.

J'ai vingt et un ans et je viens enfin d'enterrer la petite fille que j'étais.

Hier, je couchais avec des inconnus contrainte et forcée. Je subissais les déviances sexuelles de mon père parce qu'il le souhaitait ainsi, parce que je n'avais pas le choix. C'était le seul amour que je connaissais. J'étais soumise, dépendante, fragile, réduite à néant, et tout le monde en profitait, mon père le premier, puis des centaines d'autres hommes. Chacun jouissait de moi, tirait du plaisir de mon corps sans que j'aie mon mot à dire. Moi, dans l'histoire, tout le monde s'en fichait. J'étais le dindon de la farce. Le jour où je monte avec le prince, c'est le même roman qui semble recommencer : je couche avec un inconnu, certes. Sauf que, là, c'est moi le chef. C'est moi qui ai choisi d'avoir une relation sexuelle avec ce type, moi qui ai décidé de ce que je voulais lui faire, ou pas. Personne ne m'a rien imposé, ni n'a décidé pour moi, et ces billets de banque froissés que je sens dans ma poche me prouvent que cet homme s'est bel et bien soumis à mes conditions. Il lui a fallu payer pour m'avoir.

J'ai repris le contrôle.

Du moins, c'est ce que je crois. Ce qui m'a plu, outre cette impression confuse de prendre une revanche sur mon histoire, c'est d'avoir perverti ma colocataire, de l'avoir poussée jusqu'au lit de cet inconnu. Je fais avec elle ce que mon père a fait avec moi… C'est encore Renaud Aubry qui tire les ficelles de ma vie, mais je ne m'en rends pas compte. À cet instant, je ne réfléchis pas. Quand je quitte l'hôtel, je me contente de profiter de ce sentiment de maîtrise de moi et des autres, de cette impression rare et délicieuse qui apaise, pour une fois, mon angoisse. Si coucher ainsi me comble, me rend maîtresse de mon destin, et qu'en plus cela me rapporte, pourquoi m'arrêter ?

Un des chauffeurs nous a parlé d'un club privé situé dans le quartier des Champs-Élysées, qui cherche à recruter de jolies filles pour ses clients huppés. Je me présente donc, un beau soir après le travail, au C., avec Émilie. L'établissement est pour le moins familial : monsieur et madame tiennent la boutique, un joli restaurant-table d'hôtes qui n'accueille que des habitués, et leur fiston, au bar, passe également les disques quand ces messieurs-dames veulent se dégourdir les jambes sur la petite piste de danse. Quelques strip-teaseuses et quatre prostituées agrémentent la soirée. Chaque client doit commander une bouteille pour avoir le droit de lever une fille, les réjouissances se poursuivent à l'hôtel, et la dame en question touche mille cinq cents francs par client. Elle n'a le droit qu'à une seule passe par soirée, et doit être élégante et bien éduquée – on n'est pas au bordel, mais dans une bonne maison, chaleureuse et convenablement tenue.

Voilà ce que nous explique le patron, un sexagénaire cordial et souriant, en sifflant une coupe de champagne. Pierre-Ange est très, très content de notre candidature : les demoiselles qui travaillent chez lui ne sont plus de la première jeunesse, et cet arrivage de chair fraîche le réjouit absolument. Émilie et moi sommes donc embauchées sur-le-champ.

« Quand pouvez-vous commencer ?

— Quand vous voulez. »

Quelques jours plus tard, je débute ma carrière de prostituée de luxe. Je prends vite mes habitudes au C. Une fois par semaine, avant de m'y rendre, j'enfile ma tenue de combat : chaussures, bas, bijoux, tailleur au genou. Pas sexy, ce n'est pas le style de la maison, mais chic. Il faut que les clients puissent faire semblant de croire que je suis du même monde, et qu'ils m'obtiennent seulement par la grâce de leur charme lumineux. Eux, ce n'est pas n'importe qui. Il y a là du beau linge, de petits entrepreneurs, le président d'une compagnie aérienne et quelques politiques, des maires, deux ou trois députés. Ils boivent, dansent, fument, discutent, se détendent après une dure journée de labeur. Pierre-Ange, le boss, connaît tout le monde et fait les présentations quand il sent que l'un d'entre eux est en manque de compagnie :

« Viens que je te présente ma gazelle. Maurice, voici Isabelle, Isabelle, Maurice, asseyez-vous donc et buvez un verre à ma santé… »

Après, c'est à moi de jouer. Mon job de geisha est simple : valoriser ces messieurs, les divertir par mon bavardage, et plus si affinités. Si je vois que Maurice aime les voitures, je le branche sur la dernière Volkswagen. S'il apprécie la musique, j'enchaîne sur Schubert. J'alimente la conversation en levant mon verre à n'importe quelle occasion – sachant que chaque coupe me rapporte un peu plus d'argent. La plupart du temps, le bla-bla de ces hommes est inintéressant au possible et je m'ennuie à mourir, alors je fais en sorte d'entrer rapidement dans le vif du sujet :

« Qu'est-ce que tu fais après ? Tu m'invites chez toi ? »

Souvent, je n'ai même pas besoin de tendre ce genre de perche. Les habitués du C. savent que l'affaire va se terminer au lit, c'est pour cela qu'ils viennent. Je les suis quand ils sortent, et nous allons chez eux ou à l'hôtel. Du deux-étoiles au Ritz, tout dépend de leurs moyens. Certains, plus nombreux qu'on ne peut croire, ont simplement besoin d'un brin de conversation avant de dormir, ou alors ils ont trop bu pour passer aux câlins. Avec eux, il ne se passe rien. Les autres… cela varie. Dans le meilleur des cas, le type est propre et gentil, je ne sens rien, cela se termine vite, une douche et au revoir ! Au pire, cela dure des heures, je m'épuise à simuler un plaisir inconnu, et quand le type daigne enfin conclure, je me relève pleine du dégoût de lui et de moi. Qu'importe si l'appartement est somptueux, que l'hôtel est un palace, qu'importent le champagne, les draps de soie et la belle vue sur la tour Eiffel : je me sens sale comme dans un bouge. La prostitution de luxe est un avilissement planqué sous les paillettes. Tous ces clients, je les quitte sans regrets, la tête farcie d'un fatras de sensations. La satisfaction, ce soir encore, d'avoir été choisie par un homme. De l'avoir fait payer. Et puis, aussi, le sentiment d'un pénible devoir accompli. En grimpant dans ma voiture, je savoure cette solitude, la fin de cette soirée, enfin ! Un immense soulagement m'envahit alors que je tourne la clé de contact. Comme si quelqu'un m'avait forcée…

Personne, pourtant, ne m'oblige à me vendre ainsi, dans ce bar. Mais j'y vais quand même, d'abord une fois par semaine avec Émilie, et puis plus souvent, seule, quand ma colocataire décide de s'arrêter. C'est comme une spirale qui m'entraîne, comme une voix à l'intérieur de moi qui m'intimerait d'y aller. Cette voix, c'est celle de mon père. Quand j'étais enfant, il m'a entraînée partout où le sexe est roi ; des années plus tard, je continue de mettre mes pas dans les siens. Je lui obéis encore et, ce qu'il a fait avec moi, je l'impose désormais à d'autres.

À cette époque, je salis tout ce que je touche.

Dominique, il me faut le dégrader, amocher ce lien léger et doux qui nous unit. Un jour, je lui lance un défi :

« Serais-tu capable de coucher avec cette fille ? »

Je parle ainsi d'une des clientes de son troquet, hypercoincée et hypermariée. Le challenge excite Dominique, et moi je ne sais même pas pourquoi je le provoque ainsi. Je repousse mes limites, comme s'il fallait prouver que je pouvais aller loin, très loin. À qui veut l'entendre, je clame sans doute que le sexe est un jeu qui ne m'atteint pas, que coucher n'a aucune importance, aucun sens, aucune valeur. Les violences sexuelles que j'ai subies m'ont tant fait souffrir par le passé, lorsque j'étais gamine, que je veux peut-être me prouver, encore et encore, que mon cœur et mon corps sont morts, et que j'en fais désormais ce que je veux. Même pas mal.

« Si tu sautes celle-ci, je couche avec Untel. »

Et nous voilà partis dans une escalade, Dominique et moi, à séduire n'importe qui, en se racontant tout. C'est répétitif, un peu cruel, même pas vraiment excitant, plus très drôle. Mon gentil Dominique en vient à forniquer avec une autre fille dans mon propre lit, pendant mes congés. C'était un défi, il l'a relevé : mon amant se prend à ce jeu glauque et malsain que notre amourette est devenue par ma faute. Ayant fait le tour des challenges érotiques, nous stoppons notre aventure sans regrets et sans larmes.

Mon père ne m'a pas refilé que ses MST : il m'a aussi injecté cette capacité à dégueulasser les liens qui m'attachent aux autres. Presque dix ans après la fin de mon cauchemar, le microbe est toujours vivace. Alors j'embringue ma colocataire dans la prostitution de luxe, je pervertis ma sœur, mon amant, et chaque semaine je fais payer les hommes qui veulent coucher avec moi : chaque fois, inconsciemment, il me semble que je reprends le pouvoir sur mon enfance. Au fond, je crois réécrire mon histoire, mais je la subis encore : je continue de faire exactement ces saloperies que mon père m'a apprises quand j'étais son jouet. Comme lui, je manipule, je bousille. Comme il le faisait jadis, je consigne sur un agenda les hommes avec qui je couche : leur prénom, la date, le montant gagné. Mon père m'a brisée, et je finis le boulot : je m'autodétruis doucement mais sûrement, entraînant mes proches dans ma chute. Sans en avoir conscience, je m'enferme dans une prison dont j'ai moi-même la clé.

Vendre mon corps devient une drogue. Ma vie diurne reste la même : je vois ma mère de temps en temps, je vais au cinéma, faire du shopping… Au bureau, j'ai été promue et mutée : je suis devenue chef de secteur stagiaire, dans un magasin qui vient d'ouvrir et où je bosse treize heures par jour. Mais, plusieurs soirs par semaine, je passe une partie de la nuit au C. Quand je rentre chez moi, il est 4 heures du matin, et je dois être au magasin trois heures plus tard. Je dors aux feux rouges, j'arrive en retard au travail. Devoir ramper hors du lit dès que le réveil sonne, trimer dans mon rayon, subir la froideur de mes nouveaux collègues… Mon boulot officiel me motive de moins en moins. Et puis, plus les mois passent, moins le jour m'intéresse. Je la fuis, cette lumière dure de la matinée. J'ai l'impression qu'au soleil, tout le monde ne voit que mon passé, ma bizarrerie, mes vices et mes failles. Je préfère la nuit, plus légère, plus folle, et ses oiseaux tous un peu déjantés, tordus, cassés, frivoles. Quand la lune s'installe, je cache mieux mes plaies. Je peux plus aisément me perdre, et m'oublier.

Doucement, je décroche de la vraie vie.

Un jour, mon nouveau directeur adjoint me convoque pour un entretien d'évaluation. Je sais de source sûre qu'une augmentation de cinq cents francs est prévue pour moi. Sauf que le boss a changé d'avis. Il me félicite de mon travail, avant de froncer les sourcils pour mieux feindre la sévérité :

« Ce qui ne va pas chez vous, Isabelle, c'est votre manque de ponctualité. Il va falloir changer ça dans les plus brefs délais. »

Pour qui se prend-il, ce tocard ? N'a-t-il pas constaté que je ne comptais pas mes heures, et que mon département affichait un splendide chiffre d'affaires ?

« Il faudra donc désormais que vous arriviez en temps et en heure, avant vos employés… déblatère-t-il sur un ton définitif.

— Non. Mes équipes savent travailler sans moi. »

Ma réponse choque horriblement ce chefaillon qui rêvait de me remettre au pas. Manque de chance, il est tombé sur une coriace, allergique à l'autorité depuis des lustres. Celle de mon père m'a suffisamment pesé, alors, depuis, pas question de supporter qu'un homme m'impose sa volonté. Contre les diktats de mon beau-père, je me suis toujours rebellée. Les hommes qui voulaient décider de mon avenir, me marier et me cantonner à la maison, je les ai giclés vite fait. Ce n'est pas le petit sous-directeur d'hypermarché de banlieue qui va me dominer. Je l'envoie bouler, il se braque, et la feuille de paie que je reçois le mois suivant me confirme que je ne suis plus en odeur de sainteté : mon augmentation a été amputée de moitié.

Suite à ce désaveu, je tombe dans une déprime noire. Dans le seul domaine où je brillais – ma carrière –, me voilà critiquée, sanctionnée ! Mais pas question de m'adapter aux desiderata de mon supérieur imbécile. Lui obéir, c'est au-dessus de mes forces. Je m'entête donc, mais le cafard, doucement, prend possession de moi. J'ai l'impression d'être une loque, une moins-que-rien, que j'ai passé ma vie à me faire marcher dessus. Au suicide professionnel, j'ajoute la mort lente : je fume désormais quatre paquets de cigarettes par jour et me pointe presque tous les soirs au C. Là, au moins, je suis accueillie à bras ouverts, et mon patron comme mes clients ne mégotent pas sur mes récompenses. Autre avantage de ce petit club, il y est aisé de ne plus penser à rien. Une bouteille, un client, quelques danses, un homme à satisfaire sans penser à soi… Au C., je m'oublie, je me casse tous les soirs au champagne et aux passes, sans manger, sans dormir. Je me tue à petit feu et, pour ne jamais me retrouver seule, j'invite encore des hommes dans mon lit. Karl, Dominique et d'autres m'y rejoignent et assistent à ma dégringolade. Je me sens coincée dans un boyau obscur, sans perspectives, sans avenir, sans valeur. Je m'en veux d'exister, d'avoir laissé mon père me dévaster… Parfois, quand je suis en plein câlin avec un homme, un flash vient percuter mon cerveau : j'ai l'impression que ce garçon qui me fait l'amour, c'est mon père. Mon amant s'évanouit, et c'est l'odeur de Renaud que je sens subitement, ce sont ses mains sur mon corps. C'est l'épouvante qui recommence… Alors je me débats furieusement, et Karl, Dominique ou un autre se retrouve violemment propulsé contre le mur, décontenancé et abasourdi. Tapie au fond du lit, recroquevillée et transpirante, je reprends ensuite mes esprits, honteuse de ma réaction… J'aimerais tant faire taire mon père, et l'extraire une bonne fois pour toutes de mon cerveau ! Il me ronge encore de l'intérieur. Je me rends bien compte maintenant qu'il ne m'a jamais aimée. Il m'a manipulée, trahie, utilisée : ce vide qu'il a creusé en moi, ce terrible manque d'amour, personne n'arrive à le combler et il m'aspire. Régulièrement, de violentes crises d'automutilation me laissent le visage tuméfié et le cou lacéré, épuisée, à bout de souffle. Mon existence ne ressemble plus à rien. Et si j'en finissais ? Ou bien je fais un enfant.

Si je tombais enceinte, au moins, j'aurais une bonne raison de vivre.

Voilà ce qui me traverse l'esprit, un soir, comme une illumination. Le lendemain, je fais enlever mon stérilet. Maintenant, il me suffit d'attendre : le bébé ou la Camarde, je laisse le hasard choisir qui aura le dernier mot. L'enfant ne paraît pas, et la faucheuse prend une longueur d'avance : je me lacère le corps de plus en plus fréquemment, sans pouvoir me contrôler ni m'arrêter. Une nuit, je me déchiquette tellement fort que mon reflet dans le miroir m'horrifie. Défigurée, griffée de la racine des cheveux à la poitrine… Et je dois prendre mon poste dans quelques heures… Impossible d'aller bosser dans cet état, l'hypermarché devra attendre ! J'appelle un médecin qui me fournit illico un arrêt de travail, et me colle dans la main l'adresse d'un bon psy. La blouse blanche est formelle : ou je le consulte, ou je vais crever.

J'allume une cigarette et décroche mon téléphone. Sur mon agenda, je note : « 12 septembre, rendez-vous avec le Dr Petit, psychiatre. »

J'écrase mon mégot en soufflant une longue bouffée de nicotine.

Le 12 septembre…

Je ne le sais pas encore, mais, ce jour-là, je vais sauver ma peau.

9

La vie sauve

Le 12 septembre, je vais donc faire ausculter mon âme, qui en a bien besoin. C'est une petite maison des années 1930, toute de brique et de chlorophylle, qui m'accueille. Passé le portail, quelques marches mènent au cabinet du Dr Petit. Là, pas de sonnette, on y entre comme chez un ami, et la salle d'attente nous ouvre les bras. Je m'assois, tendue, dans un petit fauteuil posé face à un tableau africain, et je regarde : une malle, une plante verte, des magazines… Dans cette pièce lumineuse et calme, bizarrement, je me sens assez bien.

Un bruit de porte que l'on ouvre, c'est mon tour.

Le docteur est debout devant son bureau, absorbé par la contemplation d'une belle sculpture. Derrière lui, les bouquins habituels de psy, et un chevalet portant une toile, du figuratif, très coloré, vraiment émouvant. Dans ce cabinet, on peut fumer. Dans ce cabinet, il faut parler. C'est pour cela que je suis ici, mais j'appréhende de livrer ma parole à cet inconnu aux yeux bruns. Je lui cause donc du temps qu'il fait avec un sourire jusqu'aux oreilles. Faire diversion… Le point positif de l'affaire, c'est que ce type ne me plaît pas, mais alors pas du tout : il a quinze ans de plus que moi, et ne me fait pas le moindre effet. Moi qui ne vis qu'à travers le regard des hommes, je n'ai aucun risque d'entrer dans un jeu de séduction avec celui-là. Ouf ! Cela va me faciliter considérablement la tâche… Après dix minutes de bavardage météorologique, je me retrouve à court de banalités :

« Bon. De quoi dois-je vous parler maintenant ?

— De tout. »

Alors, puisqu'il faut me lancer et que le psy est tout ouïe, j'attaque :

« Sachez d'abord que j'ai eu des parents assez bohèmes… »

Voilà comment débute ma psychothérapie. Elle va durer quatre ans et me sauver la vie. Le soir de cette première séance, je ne me mutile pas. Je n'ai pas envie de mourir. Avant de partir pour le C., j'enfile mon tailleur en repensant au tableau chamarré que j'ai vu dans le cabinet du docteur. C'était très beau, cette toile.

Cette nuit-là, trois nouveaux venus entrent dans le club pour la première fois ; des amis joyeux et bavards qui m'invitent à leur table, et dont l'air enjoué me divertit. Nous commandons du champagne en devisant gaiement. Je suis assise à côté d'un charmant jeune homme baptisé François. Il travaille à l'Élysée – chargé d'études. Avec lui au moins, nul besoin d'étouffer mes bâillements : il est intéressant. Un client cultivé, c'est suffisamment rare pour que je m'en réjouisse…

« Mais tu es trop manichéenne ! » me lance-t-il alors que nous discutons de l'avenir de la presse en France en sifflant nos coupes.

Alors ça, c'est fort. Non seulement ce type écoute ce que je lui dis, mais en plus il s'intéresse à ma façon de penser ! Ici, c'est du jamais vu. Mais comme le C. reste le C., la conversation se clôt de la manière habituelle : François se lève et je le suis jusqu'à chez lui. Mais au lit, problème : le préservatif craque ! Je m'endors tout de même, épuisée, jusqu'au petit matin.

Lorsque je reprends ma voiture, le lendemain aux aurores, pour rentrer à la maison, je suis fatiguée. Et j'ai une certitude toute neuve, pas désagréable du tout : je suis enceinte.

Un mois plus tard, je vais faire une prise de sang qui me confirme ce que je sais déjà : test positif, début de grossesse entre le 11 et le 13 septembre. Dans ma tête, ça se complique immédiatement. Un bébé né d'une passe ? Pas possible. Impensable. Alors, en dépit du bon sens, je colle cette grossesse sur le dos de Karl, mon amant historique… Il est repassé chez moi quatre jours avant, le 8 septembre, et, même si l'échographie est ultra-fiable, qu'importe ! Cet enfant, mon subconscient refuse qu'il soit le fruit de la prostitution. Voici que mon cerveau me joue un tour de passe-passe dément : persuadée que c'est vrai, j'annonce à Karl que je suis de nouveau enceinte de ses œuvres. Pauvre Karl ! Je lui ai déjà fait le coup et, cette fois-ci, il n'y croit guère. Mais moi je m'en convaincs, et puis, au fond, je me fiche pas mal de savoir qui est le papa. La seule chose qui compte, c'est que maintenant je suis deux. Désormais, quelqu'un compte sur moi, quelqu'un qu'il va falloir aimer, protéger, et qui m'aimera en retour. Je suis en arrêt maladie, je n'ai pas de père pour cet enfant, mais cette petite crevette qui nage déjà dans mon ventre, c'est ma dernière raison de vivre, alors je la garde.

Et je tente de continuer ma vie comme si de rien n'était. Le soir, je vais me prostituer, le jour, je récupère. À l'hôpital, chez l'échographiste, chez la gynéco, aux cours de préparation à la naissance, je me rends seule et, malgré la poussée d'hormones, mon moral fluctue férocement. Le Dr Petit me ramasse chaque semaine à la petite cuillère. Il me comprend, lui. À ses côtés, je peux tout dire, sans être jugée, critiquée, utilisée, snobée. Ce regard sain qu'il pose sur moi, ce respect dont il me gratifie, ce temps qu'il m'offre, cette relation purement humaine que nous avons m'aident extraordinairement. Et j'en ai, des choses à lui raconter, à ce souriant thérapeute : non seulement je lui raconte l'inceste et tout ce qui me pourrit la vie, mais j'y ajoute le reste. Les dommages collatéraux de la grossesse. Depuis que je suis enceinte, en effet, c'est la totale. Je fais des cauchemars, de la rétention d'eau, j'ai des spasmes, des nausées, des vertiges, des idées noires et des suées épouvantables à la vue de mon corps qui se met à déborder de partout. Moi qui lui ai toujours imposé une discipline stricte – anorexie un jour, boulimie le lendemain –, je le vois avec horreur prendre son indépendance. Sans que je puisse l'en empêcher, il grossit, mute et, kilo après kilo, je deviens un Bibendum Michelin. Je dois me racheter des chaussures car les miennes sont devenues trop étroites, sans parler des vêtements ! Un matin, je suis obligée de filer ventre à terre chez un bijoutier pour faire scier toutes mes bagues, que je n'arrive plus à retirer… Cette grossesse, ces bourrelets, ces haut-le-cœur, je les vis au plus mal. Et puis tout me dégoûte : déjà anxieuse en société, je deviens carrément phobique de la foule et des autres. Même la nuit, je ne supporte plus la présence de qui que ce soit, et les hommes qui me tripotent se mettent à m'écœurer furieusement. Au sortir de leur chambre, il n'est pas rare que je vomisse dans le caniveau. À la maison non plus, l'ambiance n'est pas au beau fixe : ma colocataire ne se porte pas mieux que moi. Émilie voit sa petite routine bouleversée par l'arrivée prochaine de ce bébé imprévu. Elle et moi, nous nous étions promis de vivre légèrement, sans mec fixe ni contraintes. C'était notre deal, et voilà qu'elle se retrouve avec une primipare à domicile, qui réclame du silence pour dormir et des steaks-frites-ketchup à 4 heures du matin. Émilie boucle rapidement ses valises et je me retrouve seule dans mon appartement avec mes vingt-deux kilos de trop et mes angoisses. Que je déverse régulièrement dans l'oreille du docteur Bruno Petit. Mon moteur, à cette période, ma roue de secours, c'est lui et lui seul. Jusqu'à ce que ça arrive.

Ça : d'infimes bulles de champagne qui pétillent sous mon nombril, comme un petit poisson qui se baladerait entre mes côtes en me chatouillant les entrailles.

Ça : une présence discrète, comme un doux murmure à l'intérieur de moi.

C'est bien lui, mon chaton, mon joli cœur, qui frappe à la porte. Bébé bouge ! Je vois même son pied dessiner une colline sur mon ventre, un pied sublime, le pied de mon fils. Car je sais, au fond de moi, que ce sera un garçon, mon garçon à moi, mon roi de cœur, mon préféré.

Du jour où je sens mon enfant frémir à l'intérieur, j'entre corps et âme en phase couvade. Je ne veux plus sortir de chez moi, je veux écouter mon bébé barboter dans sa bulle et me consacrer corps et âme à lui. J'interromps du même coup la psy et la prostitution, je divise par quatre ma consommation de nicotine et je me calfeutre dans mon appartement, à regarder pousser mon ventre. Que va devenir mon existence avec ce nouveau-né ? J'angoisse et ma mère en rajoute une couche. Un jour où elle vient me voir, elle entreprend de m'apprendre la vie :

« Mais c'est une folie de garder ce gosse, tu n'as plus de boulot, pas de mari ! Tu ne vas pas l'élever toute seule, quand même ? Crois-en mon expérience, moi, j'en ai éduqué deux par mes propres moyens et je ne te le souhaite pas… »

Mais moi, je me le souhaite. C'est mon instinct qui a parlé. Sans cet enfant, je me serais suicidée. Là, je survis pour lui. Elle m'agace, ma mère, avec ses sermons…

« Faites-vous confiance, Isabelle, soyez fière de vos choix et de vous-même, n'essayez pas de faire plaisir à qui que ce soit à part à vous-même… »

Les mots du Dr Petit résonnent dans ma tête. Je rabroue ma mère aussi sec, et continue de chouchouter mon bébé à naître. Pour qu'il soit le plus heureux, j'ai tout prévu. D'abord, la littérature. À quatre mois de grossesse, je commande à la librairie le fameux livre de Laurence Pernoud, *J'attends un enfant*, puis suis à la lettre ce qu'elle préconise dans sa bible.

À cinq mois de grossesse, j'achète une tonne de bodys, de pyjamas, de langes, suffisamment pour des triplés, mais au moins je ne serai pas prise au dépourvu. Je les lave un par un au savon de Marseille et les regarde sécher sur l'étendoir pendant des heures. En priant pour que mon bout de chou s'accroche.

Vers six mois de grossesse, je décide une nuit de repeindre ma cuisine et la salle de bains moi-même. Il ne sera pas dit que chouchou verra le jour dans une maison aux murs écaillés. Mon Dieu, soyez miséricordieux, faites qu'il ne naisse pas mongolien.

Vers sept mois, j'ai un choc : je me rends compte que si j'accouche en région parisienne, mon fils ne sera pas vraiment breton. Sur son acte de naissance, pas question qu'on lise « Créteil » ! Alors je pars pour le Finistère m'installer chez ma mère, avec ma sœur. Comme ça, en plus, je ne serai pas seule pour l'accouchement, ce ne sera pas plus mal... Tout-Puissant qui êtes là-haut, permettez que mon bébé soit en bonne santé et qu'il ait tous ses doigts de pieds.

À huit mois de grossesse, j'exhume du grenier de maman le panier de marin de mon grand-père. C'est là que le mari d'Augustine rangeait ses vêtements de rechange sur le bateau, quand il prenait la mer. Je retape ce petit cocon d'osier, l'époussette, fais tailler un matelas et des draps sur mesure et le transforme en un merveilleux petit lit. Ce bébé n'a pas de père, mais des ancêtres pêcheurs, je suis donc persuadée qu'il se sentira protégé dans ce couffin aux parfums d'Atlantique.

Trois semaines avant le terme, je suis fin prête. Et grosse comme une vache. Le médecin qui m'examine me donne rendez-vous le samedi suivant pour accoucher. J'ai peur que mon bébé ne naisse anormal, qu'il ne s'étouffe avec son cordon. J'ai peur qu'une infirmière me le vole, ou qu'une sage-femme alcoolique l'échange par inadvertance avec un autre. J'ai peur de tout, mais je ne peux plus reculer : le moment est venu de rencontrer mon fils.

Je file à l'hôpital au bras de ma sœur, qui s'est proposée de m'accompagner. C'est agréable de ne pas être seule dans un moment comme cela. Elle est tout excitée, davantage que moi peut-être. Dans le rôle de coach prénatal, Camille est plus que parfaite : elle m'éponge le front, m'évente avec un magazine et me motive quand il faut. Ma sœur à mes côtés, je finis par extraire ce bébé, qui plante immédiatement ses yeux brillants dans les miens. À l'instant où je sens la chaleur de cette petite grenouille rose envelopper mon ventre, je sais. Je sais que je vais l'aimer plus fort que tout et que, tant qu'il aura besoin de moi, je n'aurai pas le droit de mourir.

Mon fils naît, je renais. J'ai vingt-quatre ans et mes vieux ennemis, boulimie, anorexie, automutilation, disparaissent aussitôt pour ne plus jamais revenir.

Cet enfant porte mon nom, et Morgan Aubry est tout bonnement magnifique – je ne dis pas ça parce que je suis sa mère. Je le pose contre mon sein et son nez s'écrase sur ma peau. Du lait ! Il devient fou de plaisir. Il tète, il dort, il pleure, il me regarde comme si nous étions seuls au monde, et c'est la plus grande émotion de ma vie. Il a faim ? Je l'allaite. Il a peur ? Je le rassure. Il a besoin d'un câlin, d'un bain, d'un bisou ? Je les lui donne. La nuit, je pose son panier à côté de mon lit : au moindre petit creux, je mets Morgan au sein, et nous nous réveillons tous deux, le matin venu, dans la même position au millimètre près, lovés l'un contre l'autre. Entre nous, il n'y a ni tricherie, ni manipulation, ni mensonge, ni perversité, ni arrière-pensées. Lui et moi tissons une relation pure, enfin ! Les premiers mois, cet amour vrai me fait oublier mes angoisses, ma peur du monde et des autres. Morgan et moi, ce n'est que du bonheur.

Ma mère s'avère être une bonne grand-mère. Elle vouvoie son loupiot comme toute mamie bretonne qui se respecte, comme mes grand-mères me vouvoyaient et comme je me mets à vouvoyer mon fils, sans m'en rendre compte.

« Alors, mon petit poussin, vous avez bien dormi ? »

Voilà trois fées, gagas, penchées sur le panier d'osier de mon garçon : ma mère, ma sœur et moi. Maman se rattrape, et je la vois avec bonheur s'occuper de Morgan. Qu'importe si je ne me souviens pas qu'elle ait fait de même pour moi : pour lui, elle se lève la nuit et lui donne son biberon quand je suis éreintée. Elle se met même aux fourneaux pour le plus grand bonheur de notre garçonnet. Pas question que son unique petit-fils mange des petits pots ! Elle lui mitonne des légumes frais, de copieuses assiettées qui le régalent et qu'elle lui donne à la becquée. Ça me nourrit, moi aussi, de constater cet amour dont elle n'est plus avare. J'en profite un peu, par procuration, et je me rapproche d'elle.

À ma mère, en ce temps-là, je raconte tout. Mes amis, mes amours, mes ennuis. Je tâche de combler ce fossé qui nous sépare, mais la brèche se rouvre, souvent. Nos conversations ne sont pas des échanges : ma mère me conseille sur tout et sur rien, mais n'écoute pas vraiment ce que je lui dis. Moi, ma vie, ma personnalité, ça ne la passionne guère. Ce qui l'intéresse, c'est l'extérieur des choses, mon apparence surtout. Suis-je bien vêtue, suffisamment mince, jolie ? Elle me scrute de la tête aux pieds quand elle me voit… Elle me rhabille aussi, avec des vêtements qu'elle aime, souvent les mêmes que ceux qu'elle porte. Elle ne me prend pas comme je suis : il faut que sur moi elle imprime sa patte. À ses yeux, j'ai toujours l'impression d'être en faute, mais ce sentiment fugace de n'être pas assez bien, je n'y prête guère attention. L'important, c'est ce nouveau bonheur que je ressens : je profite de cette Bretagne que j'aime, aux côtés de mon fils, de ma sœur Camille, de maman. C'est comme une vraie famille qui renaîtrait des cendres. Ne manque plus que mon père. Un soir, ma mère m'emmène sur ce terrain glissant, boueux et sale. En essuyant la vaisselle, elle m'annonce sur un ton détaché :

« J'ai revu ton père pour la liquidation de nos derniers biens en commun… Il a changé, tu sais. »

Non, je ne sais pas. Je ne veux pas savoir, je ne veux pas penser à lui, je ne veux pas qu'il revienne dans mes pensées ni dans ma vie. Il est déjà tellement présent… Maman insiste :

« Ce n'est vraiment plus le même homme. La prison l'a bien calmé, transformé même. »

Ah oui ? Eh bien, ça m'étonnerait !

« Peut-être devrais-tu le revoir, Isabelle. »

Le revoir, pour quoi faire ? Je l'abhorre, ce type, ce bourreau qui a salopé ma vie. Le revoir… Je balaie cette pensée, mais elle s'avère tenace. Au fil des jours, elle s'immisce, elle fait son trou. Le revoir… Pourquoi pas ? S'il a changé… L'espoir ne demandait qu'à refleurir en moi, et ma mère l'a réveillé : il existe une chance, même infime, que j'aie enfin un papa. Qui aimera mon fils comme il n'a pas su m'aimer, moi. Depuis que mon père s'est retrouvé en prison, j'ai été ballottée, je me suis cognée aux parois de la vie, avec une méchante solitude accrochée aux tripes. Là, une possibilité s'ouvre à moi, celle de retrouver un ancrage. Revoir mon père… Je pourrais peut-être l'entendre s'excuser, découvrir sa nouvelle personnalité, repartir de zéro avec lui. Et faire taire, enfin, cette colère, cette haine de lui qui me ronge. Oubliés, l'inceste et les partouzes, le gâchis de mon enfance ! Maintenant que je suis adulte, que le temps a passé, mon père et moi allons reconstruire notre lien sur des bases neuves, saines et claires. Et dans notre famille, le passé et l'horreur seront effacés pour toujours. C'est sans doute ce qu'escompte ma mère, quand elle me pousse ainsi dans les bras de Renaud Aubry. C'est aussi mon rêve, bien enfoui. Revivre, comme si de rien n'était.

Je me décide un jour de beau temps à aller rejoindre mon père où il vit, en Normandie. Il s'est installé dans une jolie maison avec sa femme numéro trois, une habitante du cru, Évelyne. Petite notable locale, du bien, de l'argent. Quelqu'un qui compte dans ce coin verdoyant où la réputation fait l'homme.

Il m'ouvre la porte et je suis comme tétanisée. Il m'embrasse et je reste raide comme un piquet. C'est lui, en effet, et ce n'est pas lui. Il a vieilli, un peu. Il n'a plus cette dégaine sèche, cette nervosité qui me faisait si peur. Il est posé, et si fier de me montrer ! Il présente au monde entier sa belle Isabelle, sa chouchoute, sa grande fille si jolie, si richement habillée, venue le voir au volant de sa belle voiture sportive ! Le clinquant, il aime toujours. Il reste prétentieux comme un coq.

« Ben, tu vis bien alors, confortablement… me lance-t-il alors que nous marchons côte à côte dans le village.

— C'est l'avantage de se prostituer.

— Ah oui ? Ah bon ? Oulala… Surtout, tu ne dis rien à Évelyne, hein ? »

Mon père se moque éperdument que je vende mon corps. Ce qui compte, encore et toujours, c'est lui. Lui et sa réputation, lui et sa nouvelle femme qui n'apprécierait guère ce parfum de scandale, lui et cette nouvelle vie bien sous tous rapports qu'il se construit. À son épouse, bien sûr, il n'a rien avoué de son passé ni de ses frasques. Tout cela ne me convainc pas de la mue de mon père en homme vertueux. Mais je vais m'obstiner. Peut-être, au fond, se sent-il coupable, peut-être regrette-t-il ce qu'il m'a fait subir ? Il va sans doute finir par me demander pardon, par se comporter en père… Je veux y croire. Je paie pour voir. Pour voir si ma mère a raison, si Renaud Aubry a vraiment changé, si cet homme nouveau pourra m'aimer. Alors je suis sur mes gardes, certes, mais je lui laisse une chance. Je me laisse une chance, aussi, d'avoir un père. À la fin de la journée, je l'embrasse, et je ne dis pas non quand il me propose de revenir lui rendre visite.

Sur le chemin du retour, je sens ma gorge se rétrécir, un peu, et puis franchement. J'étouffe au point de couper le moteur pour reprendre mon souffle sur le bas-côté de la route. Une allergie aux graminées, sans doute… Je rentre chez ma mère éreintée, mais pas abattue. Haut les cœurs ! Il me faut avancer. J'ai un bébé, maintenant, dont je dois m'occuper…

Ce n'est pas si facile. De retour à Paris après ma parenthèse bretonne, je me retrouve en tête à tête avec Morgan. Cet enfant, je l'ai fait toute seule, pour le meilleur et pour le pire. Le meilleur, c'est lui, c'est nous, c'est de l'entendre rire aux éclats quand j'embrasse son bedon, et lui donner son bain et l'éclabousser, le câliner, le chatouiller. Le pire, c'est la logistique, qui se complique singulièrement dès que je remets un pied dans mon appartement. Je suis épuisée, d'abord, par les nuits sans sommeil que m'inflige mon adorable – et insatiable – bébé. Et puis j'ai du mal à gérer : il faut que je prépare ses repas, que je tienne mon appartement correctement. Impossible. La dernière fois que j'ai fait à manger pour quelqu'un, c'était pour mon père. La dernière fois que j'ai fait le ménage à fond, c'était quand il l'exigeait. Depuis que j'ai échappé à son emprise, j'ai vécu à la va-comme-je-te-pousse, mangeant n'importe quoi, n'importe quand. Quant au rangement, je n'en fais pas : les journaux, les livres, les disques et les vêtements s'entassent en piles instables sur le plancher. Les peintures de mon appartement sont rutilantes, certes, mais l'anarchie règne.

Il me faudrait une femme de ménage, et puis une nounou pour me relayer… J'ai besoin d'aide pour Morgan. Donc, j'ai besoin d'argent, car mes économies ne sont pas éternelles. L'arrêt maladie longue durée que m'avait prescrit le médecin a muté en congé maternité, et j'arrive en fin de droits. Je n'ai plus le choix : il faut que je retourne dans mon hypermarché. Rien qu'à cette idée, j'ai des sueurs épouvantables : retrouver le petit chef qui m'a sucré mon augmentation, travailler de jour, avec des gens normaux, dans le vrai monde… C'est la panique. Je ne vais pas y arriver, je le sens. Je n'ai qu'une envie : ne plus jamais revenir au magasin. Cela tombe bien, je suis licenciée peu de temps après.

Me voilà donc au chômage, mère célibataire d'un bébé de quelques mois. Maintenant, il me faut trouver une solution pour faire vivre cet enfant. Vite. Vu mon incapacité totale à reprendre une vie normale, je n'en vois qu'une : retourner me prostituer. Devenir mère m'a sauvé la vie, mais ne m'a pas guérie : elle est toujours là, la Camarde, la bestiole en moi, l'angoisse. J'ai besoin d'argent, certes, mais aussi de me brûler, encore et encore. J'ai besoin de la nuit, de l'alcool, de l'oubli et d'éprouver ce sentiment de puissance qui m'envahit lorsque les hommes me paient. La naissance de mon fils n'a apaisé qu'un temps mon appétit d'autodestruction. Ainsi, je replonge : j'embauche une nounou sympathique et efficace pour veiller sur mon fils et, le soir même, je file directement au Baron.

Le Baron, c'est la boîte dont tout le monde parle à l'époque, le centre névralgique des noctambules, là où les plus jolies poules de luxe travaillent.

« S'il n'y a personne au Baron, c'est qu'il n'y a personne dans Paris. »

Voilà ce que j'ai entendu dire. Il paraît aussi que, dans ce club huppé, les tarifs sont bien plus élevés qu'au C., les clients plus nombreux et encore plus riches. Je pourrais me faire suffisamment de fric pour choyer mon Morgan, et même avoir une employée de maison à demeure… C'est au bar, face à la scène où une strip-teaseuse agite ses plumes, que le patron de l'établissement me fait passer mon entretien d'embauche. Le temps que la danseuse s'effeuille, l'affaire est faite : dans la vie, désormais, je fais prostituée à temps plein, au sein du club très privé de M. Louis.

Chaque soir, des hommes m'achètent, affreusement cher. Pourtant, de cet argent, je ne profite pas tant que ça. Je vis en banlieue, je m'offre de jolies fringues et une belle voiture, mais les sous qui me restent s'entassent dans une grande boîte en carton, chez moi. Quand la boîte déborde, je vais à la banque acheter des bons au porteur anonymes, qui finissent dans un coffre. Anonymes pour les impôts, et aussi parce que cet argent n'est pas vraiment à moi. À mes yeux, il ne représente pas le fruit de mon labeur, mais la preuve que les hommes ont payé pour m'avoir. Plus les hommes casquent, plus j'ai l'impression de les dominer. À vingt-cinq ans, ce qui m'enchaîne à la prostitution, c'est ce pouvoir-là. Je vends mon corps pour avoir, soir après soir, la sensation de tout maîtriser.

En fait, je m'enfonce.

Les premiers temps, au Baron, je file directement chez moi après avoir quitté mon client, puis, les mois passant, j'ai de moins en moins envie de rentrer. Je me sens sale, j'ai besoin de me vider la tête. Alors je me laisse dériver avec les autres filles, mes collègues. Elles, leur truc, c'est de se rejoindre en boîte une fois leur micheton expédié. On se retrouve souvent au Boy, l'ancien Queen, une boîte gay où les danseurs nous fichent une paix royale. Ou bien nous optons pour un night-club de lesbiennes. On peut s'y amuser, danser, boire, sans mecs à nos basques pour nous rappeler le boulot. On oublie tout ! Les choses sérieuses, les sujets qui fâchent, on les met de côté. Le passé, à peine émerge-t-il parfois, en fin de soirée, quand les coupes sont vides et le soleil levé.

C'est dans ces instants embrumés que j'apprends que Laetitia, toxicomane depuis son adolescence, tente de se sevrer de l'héroïne. Que Chan, qui se dit japonaise, est en fait arabe, mais ne l'assume pas, rapport à sa famille qui l'a reniée. Firmine, la reine du *dancefloor*, me confie entre deux vodkas des bribes de son enfance : sa mère l'enfermait à clé dans sa chambre pendant des jours et des jours quand elle n'était pas sage. Toutes ces filles, mes copines du Baron, ont bien morflé avant d'en arriver là. Et toutes essaient, comme elles peuvent, de continuer à vivre. Alors, elles font des projets, des enfants, des châteaux en Espagne. Maya, une Black sublime, mince comme un fil, roulée comme une pin-up, m'annonce un jour dans les toilettes du Baron qu'elle va décrocher.

« Dans un mois, j'arrête ! me dit-elle en recourbant ses longs cils au mascara.

— Ah oui, pourquoi ?

— Mais parce que j'accouche, tu n'as pas remarqué mon gros bidon ? »

Non. Une de nos collègues cultive le projet d'ouvrir un salon de thé en Suisse, dont elle est originaire, et vient chaque soir se vendre, histoire d'accumuler un bon petit paquet de fric. Une autre copine a repris ses études de psychologie, afin de préparer sa reconversion. Ce genre de projets, cela motive pour tenir le coup. La drogue aussi, ça aide.

Pour moi, ça commence le soir où une copine du Baron m'emmène dans une soirée huppée. Partout, sur le tourne-disque, sur les tables basses, des lignes de coke nous attendent. Je goûte, c'est agréable, ça me nettoie l'esprit… Je ne vais plus m'arrêter. Cocaïne, mais aussi LSD, ecstasy, shit, herbe… Je suis heureuse quand j'en prends, et puis ça redescend. Alors, chaque jour, il me faut ma dose de remontant pour me donner du courage avant d'aller travailler, pour me détendre après, pour mieux m'amuser le week-end. Car il n'y a plus de jours chômés pour ma déglingue : je sors chaque soir, avec les mêmes copines aussi déjantées que moi. Je ne fréquente plus que les oiseaux de nuit. Avec eux, je me sens libre, libérée de l'angoisse. Le jour, c'est autre chose : je suis comme un bateau de papier sur l'eau, je dérive.

Heureusement que je dois prendre soin de mon bébé, mon petit Morgan chéri. Je lui donne le maximum, de l'amour et des règles de vie, aussi souvent que possible. Quand je suis avec lui, j'essaie de faire de nos tête-à-tête des parenthèses enchantées. Certains week-ends, nous partons en balade, un panier pique-nique sous le bras, et je le prends en photo sous toutes les coutures. Lui rigole comme un petit fou, mais moi, sur les clichés, j'ai toujours l'air triste. Lui et moi, on va en forêt, au zoo, au parc… Je lui achète des tonnes de vêtements : à chaque virée shopping, c'est deux mille francs que je claque pour mon joli canard. Je lui commande même un mini-Perfecto sur mesure – taille enfant. Je veille à ce que Morgan ne manque de rien.

Un soir où je lui donne son bain, avant de m'envoler vers le Baron, une pensée s'invite en moi sans que je l'aie conviée. Une pensée érotique, dégueulasse, incongrue, interdite, à la vue de mon petit bébé tout nu dans sa baignoire. C'est là que mon père a commencé, avec moi. C'est là que je pourrais, moi aussi, le caresser, le salir. Je m'horrifie moi-même. Quelle est cette crasse qui surgit sous mon crâne ? Je sors brusquement mon Morgan de son bain. Vite une serviette, un pyjama, je colle mon fils dans les bras de sa nounou et je m'enfuis de chez moi en claquant la porte, l'estomac retourné et la tête à l'envers.

C'est chez le Dr Petit que je retrouve refuge.

« Si vous avez conscience de ces pensées sordides, c'est que vous êtes sur le bon chemin, Isabelle. Vous êtes suffisamment forte pour ne pas reproduire ce que vous avez vécu. »

Ses mots m'apaisent. Je ne peux plus me passer de ce merveilleux thérapeute. Je le vois maintenant deux fois par semaine, parfois davantage. Lui me reçoit le soir, n'importe quand, dès que j'en ai besoin, à 19 heures, à 22 heures… Avec ses patients, il ne compte pas son temps. Bruno, ce n'est pas le style à s'économiser, ni le genre lacanien qui ne décroche pas un mot pendant la séance. Il aime sincèrement ces extraterrestres qui, comme moi, squattent son cabinet, et cette humanité dont il me fait don me rend plus forte. Je le laisse m'écouter, j'arrête de faire semblant de rire pour lui raconter vraiment ce qui grouille au fond de moi, et lui s'y adapte, pour mieux m'aider. Il sait que j'ai d'énormes problèmes avec mon image, que je ne me supporte pas, que je me trouve laide : un soir, donc, mon bon docteur m'ouvre la porte de son cabinet un miroir à la main. Exercice du jour : arriver à se mirer dedans. Impossible ! Infaisable ! Seul compte le regard des autres, mais le mien, quelle importance ? Super-psy ne lâche pas l'affaire. Il faut plusieurs séances avant que j'accepte de me regarder en face, et que je trouve la force de dire ce que je vois dans la glace.

Je vois une mocheté.

Je vois une femme de rien, trop maquillée.

Je vois une fille, coupable, et dont le crime se lit sur le visage.

Ce crime, c'est l'inceste.

Au fil de nos séances, je m'aperçois que je porte encore en moi une culpabilité qui me ravage. Ce fardeau, je vais, doucement, tenter de m'en débarrasser, car peu à peu j'entrevois l'évidence : je suis innocente du crime que mon père a commis. Le criminel, c'est lui, et ce n'est pas ma faute si sa violence démente a dévasté ma vie. La petite fille que j'étais et qui, malgré elle, a excité son père, la gamine qui a accepté de garder l'atroce secret, je lui en veux de moins en moins. Je ne souhaite plus l'oublier, l'étouffer à la coke, la brûler aux passes. Je veux lui pardonner, et me réconcilier pour toujours avec elle. Grâce à Bruno, je découvre enfin ce que je suis : mon propre bourreau. Ma vie est un supplice que je m'inflige seule, et qui ne fait souffrir que moi. Il faudra un jour que cela cesse, puisque je suis la victime, non la criminelle.

J'en prends conscience, le reste est une question de temps.

Un soir, au Baron, je suis adossée contre un mur, les yeux dans le vague, quand je vois arriver ce type. Costume coupé net, la cinquantaine, élégant, raffiné, le regard tendre et coquin. Le maître d'hôtel me fait signe et, deux secondes plus tard, me voilà assise à côté de ce mâle pas mal du tout. C'est moi qu'il veut, et pas une autre des trente filles qui gravitent ce soir-là dans le bar. Je m'assois, il se lève, ajuste ma chaise, et commande une bouteille de Dom Pérignon. Ce galant homme ne parle qu'italien, c'est donc son ami qui se charge de traduire notre conversation. J'apprends ainsi que Virgilio est « ingénieur des routes » et qu'il me trouve très jolie, ravissante, superbe, somptueuse, exceptionnelle… Le baratin à l'italienne, dont je ne crois pas un mot. Tout comme je ne crois pas un seul instant qu'il soit ingénieur de quoi que ce soit. Si les salariés des Ponts et Chaussées pouvaient s'offrir un costume de ce prix-là, cela se saurait. Mais qu'importe son mensonge ? Il paie, il est attentionné, cela me suffit pour l'accompagner où il le souhaite. Et d'abord, au cabaret russe, où monsieur commence à me faire un ébouriffant one-man show, simultanément traduit par son binôme.

« Dès que je t'ai vue, je suis tombé raide amoureux de toi, c'est le coup de foudre, cela ne s'explique pas, tu ne me quittes plus... » ânonne le traducteur dans mon oreille.

Cause toujours... Virgilio claque alors des doigts, appelle la fleuriste qui fait le tour des tables du restaurant, lui achète toute sa cargaison et me couvre de roses de la tête aux pieds. Après une nuit au Meurice, mon Romain n'a pas changé d'avis, au contraire : il veut ab-so-lu-ment me revoir et me propose de revenir le lendemain. Et puis le surlendemain. On cause, on se câline, on boit du bon champagne, on dîne, les repas sont succulents, la conversation limitée mais agréable. Quand il m'annonce qu'il s'envole pour l'Espagne, j'empoche le numéro de téléphone qu'il me donne sans aucun espoir de le revoir. Dommage, il était mignon. Sauf que Virgilio est vraiment amoureux : il me téléphone tous les jours, et me supplie de venir le rejoindre.

Madrid, Genève, Lugano... Il me paie, assez cher chaque fois, pour que je passe le week-end à ses côtés, aux quatre coins de l'Europe. Moi, j'y vais, en me demandant quand il se décidera enfin à me dire vraiment ce qu'il fait dans la vie. Cela arrive un matin, alors que nous petit-déjeunons au creux de draps qui sentent bon la lavande. Son job est simple : il est escroc indépendant, et son plus gros client, c'est la mafia sicilienne, pour qui il corrompt des banquiers et détourne des fonds.

« Est-ce que tu vas m'aimer quand même ? me demande-t-il.

— Oui. »

Je l'apprécie, en effet. Il est marginal, doux, romantique, attentionné. Il a des sentiments pour moi et cela me fait du bien. Maintenant que je m'y attache, plus question de faire casquer Virgilio. Je refuse désormais qu'il me paie, et c'est un immense cap que je franchis là : je n'ai plus peur d'être aimée. Jusqu'à présent, j'avais fait en sorte de décourager ceux qui osaient s'y essayer. Mes mecs, je les avais choisis mariés, infidèles, instables. Les gentils, les sérieux, les amoureux, je les avais éconduits efficacement. Mon père m'avait échaudée : pour ne plus jamais souffrir de mon amour pour un homme, pour garder la main sur notre relation, j'avais cantonné les mâles dans des rôles de clients ou d'amants. Grâce à mon psy, j'ai évolué, je redoute moins qu'un homme m'aime, puisque je m'aime un peu mieux. J'ai toujours une peur bleue d'être en couple, logique : le seul homme avec qui j'ai vécu maritalement, c'est mon père. Alors je préfère encore les hommes mariés, mais, avec Virgilio, j'accepte tout de même, pour la première fois depuis mon adolescence, d'avoir un vrai chéri. Et j'arrête aussi sec de me prostituer. Au Baron, je ne remettrai pas les pieds : je cesse du même coup la drogue, les sorties, la mort lente. Tout l'argent qui se trouve dans ma boîte, je le dépense : j'achète n'importe quoi, vite, des vêtements qui restent au placard, un manteau de fourrure que je n'aime pas et que je revends une misère, une voiture que je cabosse vite fait. Je claque cent mille francs, peut-être davantage, mais cet argent-là, je n'ai aucune envie de le garder. Il est sale, à dégager ! J'ai d'autres choses à faire que de regarder ce fric pourrir sous mon lit.

Avec Virgilio, je vis.

Au début, ils sont délicieux, les moments que nous passons ensemble. Il me fait connaître la musique italienne, m'apporte des cassettes, me fait visiter Rome qu'il connaît comme sa poche, me couvre de bijoux, de vison, de zibeline. Moi, je vole des instants à la mafia pour l'entraîner avec mon fils au bois de Vincennes. Je l'invite chez moi, où il me mitonne des pastas à sa façon que nous dégustons avec plus d'appétit que les pâtes aux truffes des restaurants étoilés ! J'ai envie d'une vie normale, j'ai envie de calme aussi, de me poser, et surtout d'échanger, de partager, de communiquer ! Mais Virgilio et moi parlons un sabir assez abscons, franco-anglo-italien, et, surtout, mon amant manque de temps. Je lui cours après dans le monde entier, et cette existence folle qu'il mène commence à me peser. Avec mon Romain, je passe mes journées entourée de gros bras armés jusqu'aux dents, je cache ses faux passeports, je le vois se trimballer dans les aéroports avec des valises pleines de billets. Et moi, plus les mois passent, moins je m'y retrouve. Un jour, c'est le pompon : nous sommes à Zurich pour affaires, descendus dans une jolie chambre d'hôtel où nous nous amusons comme des fous, quand on toque à la porte. Mon chéri enfile un peignoir à la hâte… À peine a-t-il le temps d'ouvrir qu'une quadra furieuse, hurlant et vociférant en italien, se rue dans notre nid d'amour et entreprend d'agonir d'injures mon Virgilio. Brusquement, elle se tourne vers moi, me demande mon nom, mon âge. Tandis qu'elle détruit à coups de sac à main tout le mobilier de notre chambre, je saute dans mon jean et me précipite au bar de l'hôtel siffler un cognac pour me remettre. En traversant les couloirs, j'entends derrière moi les femmes de chambre chuchoter à mon passage. Tout le personnel se fend la poire. Moi, je n'ai plus envie de rire. Je suis dans une panique totale, je téléphone en vain à mon psy, aux abonnés absents… Quand Virgilio arrive à remettre la folle dans le premier avion pour Rome, il daigne enfin m'expliquer la situation :

« Ce n'est pas ma femme, c'est une copine, ce n'est rien, elle est jalouse, tu comprends, Isabelle… »

Je comprends surtout que Virgilio est bigame et que Franca, la mégère en question, est sa compagne officielle depuis plus de quinze ans. J'ai mal, mais je ne veux pas y songer. Je suis tellement habituée… Alors je remets mon masque de jeune femme souriante : mon ego, laminé de nature, n'est pas à ça près.

« Tu n'as pas l'air vraiment heureuse… »

Je suis allongée sur une plage de la Côte d'Azur, quelques semaines plus tard, lorsque j'entends cette phrase définitive. Virgilio, recherché par la police, s'est installé dans le sud de la France pour échapper aux autorités italiennes et continuer son business. Ce week-end-là, je le rejoins donc dans un quatre-étoiles où mon mafieux participe à une « affaire » avec une cinquantaine de collègues. Le palace est à nous : les Américains squattent le parking pour garer leurs limousines et la plage privée pour y organiser des barbecues géants. Je sirote un cocktail de fruits frais face à la mer bleu marine, quand ma voisine de transat, femme de brigand elle aussi, entreprend de sonder le tréfonds de mon âme :

« Tu n'as pas l'air vraiment heureuse… » me dit-elle.

Étant donné notre situation – nous deux, affalées dans un luxe affolant –, cette remarque est assez incongrue. Mais elle a vu juste, la demoiselle : je ne suis pas heureuse. Sa réflexion déclenche une tempête sous mon crâne, comme si j'ouvrais les yeux pour la première fois depuis bien, bien longtemps.

Je suis avec un malfrat, moi qui ai tant souffert du premier homme qui a enfreint la loi. Je crame sur une plage de la Côte d'Azur, moi, la fille de l'Atlantique qui préfère les embruns. Je n'ai plus de travail, je suis entretenue, moi qui ai toujours lutté contre la dépendance. À bien y réfléchir, cette vie que je mène, je l'ai construite en dépit de moi-même, à rebours des valeurs qui étaient les miennes. Ces dernières années, je me suis escrimée à faire l'exact contraire de ce qui me rendait heureuse. J'ai fait ce qui plaisait aux autres, j'ai été ce que mon père voulait que je sois : une femme légère, soumise aux désirs de tous. Et cet oubli de moi, cette absence de bonheur, prennent subitement de l'importance, à cet instant, sur cette belle plage. Avec mon psy, j'ai compris que je n'étais coupable de rien, alors je ne veux plus me punir. Avec Virgilio, j'ai accepté d'être aimée, et ça m'a plu. Il est marié, indisponible ? J'en prends acte, mais je veux davantage, je veux du bonheur à plein temps et une vie qui me ressemble, enfin ! Ma décision est prise : Virgilio et moi, c'est terminé. Ma priorité, maintenant, ce sera moi, moi et re-moi.

« À partir d'aujourd'hui, plus personne ne m'obligera à faire ce dont je n'ai pas envie. Et je vais enfin exercer le métier dont j'ai toujours rêvé : journaliste. »

À l'âge de vingt-six ans, voilà ce que je déclare à mon psy, lorsque je reviens de la Côte d'Azur. Car j'aime écrire, oui, j'ai toujours adoré cela. J'ai noirci des dizaines de journaux intimes, j'ai rédigé pour Karl des milliards de lettres que je n'ai jamais postées. J'ai écrit à mon fils avant qu'il naisse, à ma sœur, à moi-même. Après le bac, je me voyais reporter, chroniqueuse, envoyée spéciale ! Alors maintenant, cela suffit : il faut que ma vie me ressemble une bonne fois pour toutes.

Aussitôt dit, aussitôt fait.

Je passe de cinquante mille francs de revenus par mois au RMI, mais, au moins, j'écris ! Pour *Femme pratique*, *Avantages*, puis *Le Nouvel Économiste*... C'est difficile. Rédiger, passe encore, mais côtoyer des collègues, obéir à des ordres... J'y peine. Et puis quel drôle de métier que le journalisme ! On m'impose des articles sur L'Oréal et Nivéa qui achètent à grands coups de chéquier des pages de pub dans les magazines. Lors d'une interview, le maire d'une grande ville me propose même de me pistonner dans un canard prestigieux en échange de papiers favorables à sa famille politique... Alors, ça marche comme ça ? Je suis un peu déçue. Et puis la pige, quel boulot de chien ! Payée des clopinettes, et au lance-pierre, par des rédactrices en chef cyclothymiques... Bref, pas mon truc. Je laisse tomber la presse et, quitte à grenouiller dans un milieu pourri, je m'en retourne vers celui que je connais le mieux : la nuit. Je fais croupière dans un cercle de jeu, puis secrétaire-comptable dans un night-club. Chaque jour, avant de prendre mon poste à 14 heures, je m'occupe de mon fils. Je redécouvre le plaisir de passer du temps avec lui, sans être éreintée par une nuit blanche, ni l'esprit ailleurs. Sortir, danser, me camer, me vendre... ces pulsions se sont tues en moi. Alors je profite de Morgan et lui de moi. C'est qu'il a grandi, mon chéri ! Il a presque trois ans maintenant, et c'est un bonheur de voir qu'il pousse droit. Sage et gentil, il me rend au centuple ce que je lui donne désormais au quotidien : de l'affection, des règles, un cadre. Tout ce que je n'ai pas eu, moi, lorsque j'avais son âge.

Mon psy constate avec satisfaction que je tente, de plus en plus sérieusement, d'être bonne avec moi-même. Pour mon rétablissement, il met alors le paquet : nos séances durent deux heures, puis trois, puis quatre ! Plus les mois passent, plus je suis heureuse. De mes progrès, d'abord. Mais surtout de le voir, lui, super-psy. Sa voix m'ensorcelle. Son regard me bouleverse. Ce psychiatre, que j'ai trouvé, pendant trois longues années, si professionnel et si peu à mon goût, commence à me faire un furieux effet.

« Tu transfères, Isabelle, tu transfères, ce n'est pas grave, calme-toi. »

Mais les remontrances que je m'adresse ne me sont d'aucune utilité. Je tangue, je chavire, je me noie dans ses yeux. Au bout d'un an de vapeurs et de rêveries sentimentalo-sensuelles dont mon psy est le héros, il faut me rendre à l'évidence : je suis indéniablement, profondément, éperdument amoureuse de lui. Je crois même que je l'ai été du premier jour où je l'ai vu, et que je me suis protégée comme j'ai pu, en me convainquant que ce quadragénaire n'avait aucune chance de me plaire. Maintenant que je vais mieux, mes barrières explosent : je prends conscience que je l'aime, tellement fort ! Mais je ne lui dis rien. Car je le connais, le sauveur de mon âme, plus pro que lui, cela n'existe pas : jamais, au grand jamais, il ne flirtera avec une patiente. Alors je me tais, et je pense à autre chose. Un soir, je lui raconte que mon voisin me drague effrontément, lorsque je le vois se rembrunir soudain.

« Ah oui, très bien. J'ai un rendez-vous maintenant, la séance est terminée. »

Je ne suis pas folle, il me semble bien que j'ai lu dans les beaux yeux ourlés du Dr Petit une trace de jalousie… Mon cœur en bondit de plaisir. Le surlendemain, Bruno se jette à l'eau : oui, il me désire, mais il ne fera rien. Ce que j'entends, je n'arrive même pas à le croire tellement c'est beau : je suis la femme qu'il a toujours attendue. Moi, Isabelle Aubry, je suis celle dont il a toujours rêvé. Alors, là, j'ouvre les vannes : je lui balance tout, qu'il règne sur mon cœur depuis des mois, que je suis folle de sa voix, de son regard, de ses mains… Et maintenant ? Maintenant, rien. Bruno me rappelle qu'il est mon médecin, et qu'il est marié.

« Platonique. »

C'est le seul mot que je retiens de tout le discours qu'il me sert après sa déclaration. Notre relation le reste donc pendant six mois beaux comme le jour. Six mois doux comme de la soie pendant lesquels nos séances glissent peu à peu vers une tendre conversation. Délaissant son cabinet, nous allons à présent causer dans le jardin, ou dans l'atelier tout proche où Bruno sculpte, à ses heures perdues. J'arrête de le payer quand nous commençons à nous retrouver, le soir, pour aller au théâtre ou voir un spectacle de danse, dont lui et moi sommes férus. Voilà qu'il ose se confier, blaguer, évoquer devant moi ses enfants qu'il aime tendrement, le Sénégal où il a passé son enfance. Voilà que nous devenons, à tout petits pas, un duo confiant et serein. Il n'y a plus ni médecin ni patiente, mais deux êtres qui se découvrent et acceptent de s'aimer, follement, jusqu'à finir dans les bras l'un de l'autre.

Cette nuit-là, un plaisir inconnu me submerge, et je comprends ce que la majorité des femmes de vingt-sept ans savent depuis belle lurette : faire l'amour, cela peut être formidable pour la femme aussi. Bruno et moi… Notre histoire dure deux ans. Deux ans d'amour fou, d'amour vrai. À Bruno, j'ouvre totalement mon cœur, mon âme, mon corps. Lui ne m'offre ni vison ni bijoux, mais des livres qu'il aime, de sublimes lettres tendres qu'il rédige rien que pour moi, une sculpture qui me représente, et qu'il a réalisée de mémoire, un jour où je lui manquais trop. Ce n'est pas un palace qui abrite nos câlins, mais la petite chambrette nichée au-dessus de son cabinet, ma piste aux étoiles, tapissée des tableaux d'un de ses patients, des toiles multicolores dont il me parle des heures durant. Car il me parle, tout le temps. De moi, de lui, de l'Afrique où il m'emmènera, c'est promis, et de son père, ce père ultraviolent qui a brisé sa jeunesse. À ses côtés, je découvre ce sentiment d'être comprise, parfaitement, et tendrement valorisée. Tous les deux, nous rions aux éclats, nous sautons sur le lit comme des gosses ! Nous vivons main dans la main l'enfance que nous n'avons pas eue. De moi, il connaît tout, et je veux lui en faire découvrir plus encore. Alors je l'emmène en Bretagne afin de lui dévoiler ce qu'il méconnaît. Je l'entraîne à la pointe de la Torche, où j'ai appris à nager, et devant l'ancienne maison de mes grands-parents, perchée au bout du monde. Je lui raconte l'exaltation de se jeter dans les vagues, la joie d'aller respirer le romarin au sommet des dunes griffées par le vent. Ces souvenirs, ces odeurs, ces émotions, je les revis avec Bruno. Et ça creuse.

« Manger à 16 heures de l'après-midi, vous n'y pensez pas ? »

À quatre-vingts ans passés, la tenancière de ce microscopique troquet planté au milieu de nulle part ne fait plus la cuisine pour ses clients, et le dernier croissant qu'elle a servi ce matin est mangé depuis longtemps. Mais elle se laisse attendrir par les deux amoureux affamés que nous sommes, Bruno et moi, et c'est dans sa cuisine que nous dégustons finalement l'omelette qu'elle nous mitonne de bon cœur. Ce festin tout simple, la chaleur du poêle qui nous engourdit, cette mamie qui me rappelle ma chère Augustine, le plaisir infini de partager la part ensoleillée de mon enfance avec quelqu'un qui m'aime… c'est trop. Quand nous quittons notre Bigoudène pour retourner à l'hôtel, le bonheur cogne tellement fort en moi que je m'écroule en sanglots.

Maintenant, je sais que je ne suis plus seule, que l'amour vrai existe et qu'il est à ma portée. C'est la première fois de ma vie que je ressens cette plénitude-là, ce sentiment d'être entière, parfaitement comblée.

Avec moi aussi, Bruno est heureux. Et déchiré.

« Dis, papa, pourquoi es-tu amoureux de deux femmes ? »

C'est sa fille qui, un jour, lui pose la question qui fâche. C'est que notre amour est trop puissant désormais pour s'embarrasser de secrets. L'épouse de Bruno sait, il le lui a dit, que nous étions ensemble, et elle ne le supporte pas. Plus les jours passent, plus notre amour croît et plus le désespoir, chez cette épouse trompée, enfle. Une nuit où Bruno dort lové contre moi, elle se shoote aux médicaments. Les pompiers la sauveront de justesse et cette tentative de suicide dessinera le point final de notre histoire. Plus de maman pour ses enfants ? Au lendemain du drame, l'homme de ma vie refuse que son adultère engendre des orphelins. De ce jour, je le vois qui s'éloigne de moi et je le vois qui se détruit. D'abord, il rêve de fuir : puisque m'aimer est dangereux, il lui faut s'en empêcher. Alors il pense à s'exiler dans une bâtisse loin du monde, une ancienne gare, une grange, n'importe quoi d'isolé. Il n'y aura, me dit-il, qu'un atelier pour ses sculptures, et une ligne de téléphone dont moi seule connaîtrai le numéro. Ce projet d'une vie solitaire, Bruno ne le réalise pas. Mais, perdu entre ses deux femmes, il s'enfonce, profondément. Il fume désormais comme un pompier, se noie dans le travail, ne dort plus, ne parle plus, a des douleurs au ventre, à la poitrine. Doucement mais sûrement, il me quitte, sa femme gagne. Il est malheureux quand il est avec elle, mais coupable dès qu'il est près de moi. Lui qui était si gai en ma compagnie s'assombrit. Il oublie de m'appeler. Nous n'irons pas au Sénégal : Bruno espace nos rencontres, et moi, je ne supporte ni cette tristesse qui ne le quitte plus ni son zèle à se faire du mal. Nous nous voyons moins, jusqu'à ce que nous ne nous voyions plus, à peine quelques coups de téléphone qui brisent mon cœur. Bruno, mon sauveur, mon adoré, l'homme de ma vie, meurt d'un cancer du poumon à peine un an après notre rupture, et de son départ je ne me remettrai jamais.

À ses côtés, j'ai parcouru un long chemin vers moi-même et, quand il s'envole, me laissant au désespoir, je garde en moi ce trésor qu'il m'a offert : le respect de moi-même. Si mon fils m'a donné une raison de vivre, Bruno m'en a donné les moyens. Grâce à son talent de psy, puis à sa tendresse d'homme, je sais désormais que je suis innocente du crime que j'ai subi et que je mérite d'être heureuse. J'ai découvert que j'étais capable d'aimer et d'être aimée. Maintenant, il me reste à survivre sans lui, et à affronter, seule, les vrais coupables qui ont ruiné ma vie : mes parents.

10

Le deuil des morts, et celui des vivants

La mort de Bruno m'envoie en enfer. Le jour est un cauchemar, la nuit, un rêve, car, dans mes songes, il est toujours à mes côtés. Mais il me reste à faire un deuil plus ardu encore : celui de mes parents. Cela va me prendre de longues, très longues années.

Car, longtemps, je leur donne une chance. Pour vivre mieux une existence pleine d'angoisse, je décide d'abord de pardonner à mes parents, ou du moins d'essayer. Ma mère ne m'a pas protégée, mon père m'a broyée, mais je garde chevillé au cœur l'espoir d'avoir une famille, alors je me bats pour raccommoder ce que l'inceste a brisé. J'essaie de superposer aux images noires de mon enfance cassée des souvenirs plus doux : pendant plusieurs années, je passe avec mon fils Morgan des vacances en Bretagne, chez maman. Avec ma sœur Camille, je dîne et sors de temps en temps. Un soir, en boîte de nuit, elle tente de m'entraîner dans un rock endiablé. Or je ne connais rien à cette danse, moi !

« Mais si, tu sais ! me lance Camille. Tu ne te souviens pas, quand papa te faisait swinguer sur Elvis ? »

Aucun souvenir de cela… Les horreurs que Renaud Aubry m'a fait subir ont effacé le reste.

Maintenant, entre lui et moi, il faut reconstruire. Quand cela me prend, je lui rends donc visite, dans sa belle demeure normande. Rarement il me demande des nouvelles de ma santé, de mon moral. Jamais il ne me questionne sur la façon dont je me remets des dégueulasseries qu'il m'a imposées. En revanche, il passe de longs moments à me parler des aléas passés de sa vie, à lui. C'est d'un air pleurnichard qu'il me raconte la prison. L'horreur de la prison. La sale promiscuité de la prison. La difficulté d'y rester digne, propre. Ses manigances pour décrocher une cellule individuelle, pour cumuler les remises de peine, il me les détaille avec délectation.

Devant moi, mon père se vante autant qu'il se plaint de ses quatre années au placard. À l'entendre, c'est lui la victime. Et moi, naïve, j'attends qu'il s'excuse de ce qu'il m'a fait.

Renaud Aubry a changé, ça oui. Il me couve d'un air doux, m'accueille comme une reine quand je passe une tête dans son village. Cela me fait du bien, cette tendresse affichée… C'est un bon début. Mais il m'en faut plus pour avoir confiance. Mon père, c'est sûr, aimerait beaucoup que je redevienne sa fi-fille, l'Isabeau qui l'admirait tant jadis, ce serait bien pratique, cet amour rabiboché qui effacerait une bonne fois pour toutes l'inceste, cette tache sombre sur son CV et sur son casier judiciaire… Si nous nous réconciliions, il serait alors libéré d'un tel poids ! Alors il m'offre des meubles, redouble de compliments à mon égard, s'intéresse à Morgan…

« Ce petit, il lui faudrait un père ! clame-t-il à tout bout de champ. Quelle éducation tu lui donnes comme ça, en restant mère célibataire ? Tu vas finir par en faire un pédé. »

Lui, dans le genre bon père, il s'est posé là ! S'il croit que c'est simple de trouver un mec stable après ce qu'il m'a fait… Ses conseils, comme ses cadeaux, je les accueille avec froideur. Avec mon père, je reste sur mes gardes, toujours un peu distante, ironique, parfois cassante. Il le remarque. Mais il ne lui viendrait pas à l'idée de me demander pourquoi, de faire avec honnêteté son autocritique, de remettre franchement sur le tapis cet inceste dont il s'est délecté. Une fois, une seule, semblant se parler à lui-même, il lâche cette petite phrase :

« Ce que je t'ai fait est affreux… Tu ne pourras jamais me pardonner… »

Ce n'est même pas une question. Sur ce sujet comme sur tant d'autres, Renaud Aubry ne daigne pas me demander mon avis. Il se contente de s'apitoyer sur son sort de papa puni… Je lui rétorque franchement :

« Je t'excuserai, ou pas, tout dépendra de toi, de la façon dont tu te comporteras avec moi. Tu veux que je reste ta fille, que je te pardonne ? Alors sois un vrai papa pour moi. »

À mon injonction, Aubry répond à sa façon : vicelarde et égoïste.

D'abord, il tente de reformer avec moi le duo de jadis, Renaud et Isa contre le reste du monde, ce couple malsain qu'il aimait tant. Il recommence à critiquer, devant moi, son entourage, ses collègues, sa belle-famille, son épouse, ses voisins. Comme si cela me plaisait ! Il se remet à me faire des confidences, intimes, sur sa nouvelle femme, un « gros veau » qu'il ne désire pas… Puis il me demande de rejoindre l'entreprise qu'il monte à ce moment-là : contre espèces sonnantes et trébuchantes, il me propose 10 % des parts de sa boîte. Il me tanne, je cède. Si cela permet que lui et moi nous rapprochions, pourquoi pas ? Il me fait profiter d'un bon plan : je prends cette offre comme un petit pas vers moi. Après, peut-être, viendront les excuses officielles… Je me leurre gravement, son *mea culpa* n'arrive pas. Alors, je vais forcer le destin, d'abord sur la pointe des pieds, et puis plus franchement. Devant la femme de mon père, je remets le passé sur le tapis :

« Ah ! si seulement j'avais pu avoir une vie normale, moi aussi… Un mari, un équilibre, une existence douce et rangée… »

Cette femme, désormais, sait pertinemment ce que mon père m'a fait subir. Elle sait aussi que je me suis prostituée. Mon père le lui avait caché, mais Camille, ma sœur, lui a tout dévoilé un jour de colère. Malgré cela, Évelyne minimise :

« N'exagère pas, Isabelle… »

Cette femme ne veut pas m'écouter. Elle pense que ma douleur, « c'est dans ma tête ». Et mon père reste muet comme une carpe, le lâche ! La moutarde commence sérieusement à me monter au nez… Personne ne me prend donc au sérieux ? Si Renaud Aubry et sa moitié tiennent tant à tourner la page, ils vont la tourner, mais pas avant de m'avoir payé ce qu'ils me doivent. Je mets donc les pieds dans le plat et réclame à mon père mes dommages et intérêts, ce salaire de ma douleur qu'il ne m'a jamais réglé.

Ça ne lui plaît pas, mais alors pas du tout…

Il me rétorque assez sèchement qu'il me les a déjà payés, que cet argent est de l'histoire ancienne. Et puis il s'embrouille, argumente, me dit que ces parts dans sa société qu'il m'a données, c'est sa façon à lui d'être mon père. Mais il me les a facturées, ces parts ! Je suis fumasse… Quelque temps plus tard, Camille a un grave accident de voiture. Ce n'est qu'une semaine après le crash que mon père daigne venir la voir. À cet instant, je comprends que

Renaud Aubry n'a pas changé, et ne changera jamais. L'empathie, connaît pas. Les années ont passé, et mon père est resté ce parfait égoïste, sans aucun égard pour quelqu'un d'autre que lui-même. Mon existence en mille morceaux, il s'en fiche pas mal. D'ailleurs, il refuse de plaider coupable, des années après :

« Ma pauvre fille, mais tu me rends donc responsable de tous les échecs de ta vie ! » me crache-t-il un jour à la figure.

Je n'obtiendrai jamais qu'il reconnaisse ses torts. Je n'aurai jamais de vrai papa. C'est seulement maintenant, après de longues années à me bercer d'illusions, que je le comprends. Pendant tout ce temps, j'ai misé sur le changement de l'homme qui avait perverti ma vie et mon enfance. J'ai tenté de guérir en me réconciliant avec mon bourreau, en pariant sur la victoire du bien. J'ai joué, j'ai perdu. Aubry n'a pas changé. Qu'à cela ne tienne : c'est moi qui vais changer. Je traîne Renaud Aubry au tribunal pour obtenir mon dû. Il est finalement condamné à me verser mes dommages et intérêts, mais ne s'avoue pas vaincu pour autant. Sachant que j'ai d'anciennes dettes, il appelle directement mes créanciers afin qu'ils saisissent cette somme avant même qu'elle ne tombe sur mon compte en banque. Je n'en verrai donc jamais la couleur. Symboliquement, mon père refuse de réparer son crime. Il refuse d'être coupable.

Mais, cette fois-ci, papa n'aura pas le dernier mot. Je ne suis plus la gamine manipulable dont il s'est tant joué par le passé. Je n'ai pas fait quatre ans de psychothérapie en vain : plus question que qui que ce soit me piétine. Je renonce à entendre Aubry s'excuser, mais pas à me faire justice. Il est procédurier ? Je vais être pire : une vraie teigne. Ce reste d'amour que, des années durant et malgré tout, j'ai continué à lui porter, je le transforme en une haine extrêmement féconde. Son entreprise, dont je suis partenaire à hauteur de 10 %, je la passe au crible pour en déceler tous les vices. Je me plonge des nuits entières dans le droit des sociétés, puis lui envoie les huissiers et le harcèle jusqu'à ce qu'il me rachète mes parts au prix que j'ai fixé. Dépité, il s'y résout. Je les lui vends cinquante-cinq mille francs : le montant qu'elles m'ont coûté, plus vingt-cinq mille francs qui compenseront les dommages et intérêts qu'il m'a volés. C'est là ma petite vengeance. Je fais enfin respecter mes droits, en tapant là où ça fait le plus mal à Renaud Aubry : pile au portefeuille. Je me fous de ce pognon. Ce que je veux, pour une fois dans ma vie, c'est avoir le dernier mot. Je l'obtiens sous forme de chèque et, du jour où je l'encaisse, je fais une croix définitive sur mon père, que je ne reverrai plus jamais.

À vingt-neuf ans, donc, ma vie recommence, sans lui. Je m'occupe de mon fils et je travaille, comme formatrice, puis consultante pour la grande distribution. Mon job, c'est d'inventer des concepts afin que les chefs de rayons soient plus productifs… Je m'y connais, et ça me plaît. Enfin, ce qui me motive surtout, c'est de voir que mes supérieurs sont contents, et que mon travail a effectivement un impact positif sur leurs ventes. Je fais mes preuves dans un milieu normal, à la force de mes neurones et non plus de mes fesses, c'est assez gratifiant. Mais je cultive dans un coin de ma tête un projet professionnel bien différent, et qui m'exalte. Bruno m'a tant aidée à vivre que cela m'a donné des idées : médecin des âmes, quel merveilleux métier ! Pourquoi ne pas me reconvertir là-dedans ? Mais pour devenir psy, encore faut-il faire soi-même une psychanalyse, une vraie, sur le divan. Je commence donc la mienne chez un nouveau thérapeute, un lacanien pur et dur qui ne décroche pas un mot et me facture quatre cent cinquante francs la séance, une fois par semaine. Au niveau personnel, cela ne m'apporte rien, mais alors rien du tout. Je souffre le martyre sur son canapé pelucheux, trente minutes d'enfer où je suis la seule à parler – c'est le principe. Mais cette solitude, c'est justement ce qui me tue dans la vie. Cette impression d'être anormale et que personne ne me comprend, c'est ce qui m'a menée chez les psys, et là, devant celui qui est censé m'épauler, j'en souffre épouvantablement. Ça doit faire partie de la thérapie, donc je tiens bon. Et puis je veux vraiment faire ce métier, moi, alors je m'accroche, des années durant ! Mais, au fil du temps, Freud commence à me sortir par les trous de nez. Parallèlement à mon analyse, j'assiste à des conférences, des colloques et autres cours magistraux donnés par les disciples de Sigmund. Et je me rends compte qu'avec son complexe d'Œdipe à la noix, il est facile de rejeter la faute de l'inceste sur les gosses eux-mêmes. Exactement la défense de mon père… Les silences de mon psy, son côté « êtes-vous sûre de n'avoir pas fantasmé sur votre père ? », tout cela finit par me dégoûter. Quand je quitte définitivement son cabinet, au bout de six ans d'analyse, je suis dans un état bien plus lamentable que lorsque j'y suis entrée.

Régulièrement, je traverse des phases de dépression noire. J'ai un mal fou à sortir de chez moi, j'ai peur de la foule, du bruit, des autres, je dors beaucoup et n'ai envie de rien. En fait, j'enchaîne déprime sur déprime, sans me rendre compte de la gravité de mon état et en essayant de le cacher à mon fils. Ma principale hantise, c'est que mon petit, ma raison d'être, hérite des névroses de sa mère. Heureusement, mon Morgan pousse droit : à l'école, il est bon, ses profs sont ravis, mon chouchou est adorable, poli, sage comme une image. J'ai une chance folle avec cet enfant : quelque part, là-haut, le grand barbu doit essayer de se rattraper…

Côté cœur, Bruno a fait le vide. Après sa mort, aucun homme ne lui arrivant à la cheville, j'enchaîne les amourettes sans lendemain. Mon assureur me drague éhontément, mais je l'éconduis. L'alliance qu'il porte au doigt lui ôte désormais toute chance avec moi. Je m'aime mieux qu'avant : plus question de jouer les secondes épouses ou les filles faciles ; j'ai besoin de quelqu'un de disponible, de bien, de droit. Alors quand Marc finit par quitter son épouse, je le fais mariner quelques mois, et puis nous sautons le pas. Avec lui, c'est chouette. Au début. Mais ce qui, au fil du temps, commence à me perturber, c'est la façon dont Marc picole. Jamais il n'est ivre, mais il trouve toujours une bonne raison de déboucher une bouteille. L'anniversaire de notre premier mois de flirt ? Champagne ! Le soir, il passe chez moi avec des fleurs… et une flasque de cognac. Il se sait dépendant, mais ne se l'avoue pas. Il boit, et ne se supporte pas quand il a bu. Alors il fuit, claque la porte de mon appartement au bout de quelques heures quand il devait passer le week-end avec moi, ne vient pas aux rendez-vous qu'il me donne. À grandes rasades de whisky, notre relation se dégrade. Séparations, réconciliations… ma vie est rythmée par nos disputes. Je souffre comme une bête, mais je m'accroche, car je suis intimement persuadée que, dès que Marc arrêtera de boire, notre vie sera parfaite. Alors je le tanne, chaque jour, je l'exhorte à rejoindre les Alcooliques Anonymes, à se prendre en main, il y a urgence ! Pour tenir le coup, je commence à errer sur le Web à la recherche d'internautes qui vivent le même cauchemar que le mien. Sur les forums où des proches d'alcooliques se retrouvent, je balance mon témoignage. Surprise ! Des dizaines de réponses affluent aussitôt dans ma boîte mail. L'une m'interpelle particulièrement :

« Peut-être es-tu, comme moi, codépendante… »

Codépendante, kesako ? Cette dame m'explique que les personnes codépendantes oublient leur propre mal-être en se dévouant corps et âme à un autre être humain. L'alcoolisme de leur conjoint, sa dépendance à lui, devient leur drogue à elles. S'occuper de l'autre, quelle magnifique excuse pour esquiver ses propres problèmes ! Cette internaute a tapé dans le mille : ce qu'elle raconte là, c'est tout moi. Oui, je cache les bouteilles de Marc, oui, je suis obsédée par son alcoolisme, oui, je me dis que, quand il sera sobre, là seulement je serai heureuse… Avec Marc, je continue d'entretenir mon vieux démon favori : la négation de moi-même. Après m'en être rendu compte, et puisqu'il faut que je veille sur moi plutôt que sur les autres, j'agis fermement : je quitte Marc et, dans la foulée, je passe de quatre paquets de cigarettes par jour à zéro. Ma nouvelle abstinence ne se limite pas au tabac : je décide que tant que je ne rencontrerai pas un homme sain, avec qui je serai capable d'avoir une relation équilibrée, je n'aurai plus aucun contact intime avec la gent masculine. Exit les mecs ! *Vaincre la codépendance*, la bible écrite par une psy américaine, devient mon livre de chevet.

C'est à la page 122 que j'ai le choc de ma vie.

L'auteur y explique qu'il faut avant tout que les codépendants se mêlent de leurs affaires, cernent leurs propres problèmes et essaient de s'en sortir. Ça, j'ai déjà commencé à le faire. Elle conseille également à ses lecteurs de fréquenter les groupes de parole du style Alcooliques Anonymes, qui, d'après elle, peuvent s'avérer d'une grande aide. Chaque codépendant peut trouver le groupe qui lui convient, il en existe en effet un nombre incalculable, chacun spécialisé dans une thématique différente. Et l'auteur de lister tous les groupes existants : Boulimiques Anonymes, Narcotiques Anonymes, Dépendants Sexuels Anonymes, Nicotine Anonymes. Et Survivants de l'Inceste Anonymes.

Quand je lis ces trois petits mots, je tombe raide sur le parquet. Ça existe, ça ? Mais c'est quoi, c'est où, c'est quand ? Peut-on y aller tout de suite ? Cette nuit-là, je ne ferme pas l'œil. Des heures durant, j'arpente la Toile à la recherche des coordonnées de ces fameux « SIA ». En vain. Pendant deux mois, je vais fouiner le moindre recoin du Web et passer cent coups de fil pour enfin dénicher l'adresse du seul groupe de parole des Survivants de l'Inceste Anonymes qui existe dans l'Hexagone. La réunion a lieu à Paris, près de l'église Notre-Dame, chaque vendredi à 19 h 30.

J'y vais, une énorme boule à l'estomac.

Dans la petite salle, une Allemande furibarde peste parce que « tout le monde est à la bourre ». Au-dessus d'elle : une ampoule qui pend au plafond. Autour : des murs lépreux, des meubles entassés et une demi-douzaine de gens serrés comme des sardines. Tout est moche, triste, sale, ça promet. J'ai envie de partir en courant, mais je n'ai pas fait une heure de métro pour des prunes, donc je reste. Sur une étagère, un classeur est à la disposition des participants. En attendant que les retardataires arrivent, je le feuillette donc, histoire de me donner une contenance maintenant que je ne clope plus. Première page : « Symptômes pouvant se déclarer chez les survivants de l'inceste ». Je lis :

« Dépressions chroniques, anorexie, boulimie, automutilation, fugues, dépendance aux drogues, image corporelle déformée, frigidité, dépendance affective, manque de confiance en soi, désordre ménager, besoin compulsif de séduire, incapacité à dire non, à faire confiance, à vivre en couple, problèmes d'intégration sociale, difficultés à supporter une hiérarchie, phobie des autres, tentatives de suicide… »

C'est toute mon histoire qui défile devant mes yeux. Tous mes maux, écrits noir sur blanc sur cette feuille ! Certains, bien sûr, je les avais mis sur le dos de mon père, et avec raison. Mais pas tous. L'anorexie, la boulimie, les griffures, l'absence d'orgasme, ça peut aussi être lié à ce que papa m'a fait ? C'est écrit là, « toutes les victimes d'inceste connaissent des troubles similaires ». Alors, comme ça, je ne suis pas folle ? C'est formidable ! J'avance plus en une minute qu'en six ans de divan avec mon lacanien.

Il est l'heure de commencer. La jeune Allemande explique alors que SIA est un groupe de parole, qui propose un programme de rétablissement en douze étapes, inspiré des Alcooliques Anonymes et adapté par des Américains. Puis elle précise la règle du jeu : les SIA n'accueillent pas les prédateurs, mais uniquement les victimes et leurs proches. Aucun des participants ne doit juger son voisin, donner des conseils ou contredire qui que ce soit. Cette réunion n'est pas un débat, mais un partage d'expériences et de ressentis. Ce préambule expédié, le tour de table commence.

Chacun se présente, donne son prénom et son statut, survivant de l'inceste ou proche de survivant, puis s'exprime. Je les observe, ces victimes, ce sont les premières que je vois ! Il y a de tout, hommes et femmes, jeunes et vieux, de tous les milieux semble-t-il, si l'on se fie, bêtement, à leurs vêtements. Je suis ébahie : quand elles parlent, c'est ma voix que j'entends. Elles disent des choses que je ressens depuis que je suis toute petite, et que je croyais être la seule à éprouver. Elles disent le total isolement, la muraille autour de soi, la peur des autres, l'angoisse, la culpabilité, la haine, le manque d'amour. Elles disent l'obsession de maîtriser les choses, de s'oublier. Elles aussi, en voulant enterrer l'inceste, se sont parfois enterrées elles-mêmes. Elles aussi sont passées par toutes mes douleurs et suivent le même chemin, sinueux, pour continuer à vivre. Chacun de leurs mots pourrait sortir de ma bouche.

J'ai trente-cinq ans et, pour la première fois de ma vie, je ne me sens plus seule.

« Je suis Isabelle… Survivante de l'inceste. »

L'émotion me serre la gorge au moment de me lancer, à mon tour, et ma voix sort en entrefilet, un croassement chahuté de sanglots. À cet instant, j'assume enfin ce que je suis. Je suis une survivante, oui, c'est bien vrai. J'aime ce mot. Car de l'inceste on peut mourir – je suis bien placée pour le savoir. Survivant… cela signifie aussi que l'on est, enfin, acteur de sa vie. Une victime subit, souffre, pieds et poings liés. Un survivant est actif, il prend sa vie en main. C'est positif, cela change tout. En un seul terme est dite la possibilité de se tirer de l'inceste et de devenir un acteur de sa vie. Tout ce que j'essaie de faire depuis des années…

Ces réunions me font un bien extraordinaire. Je deviens vite un membre assidu, tendance hyperactive : je crée un site Internet pour le groupe, je traduis des textes sur l'inceste que m'envoie le siège américain des SIA et, en quelques semaines, je prends la place de modératrice du groupe de Paris. Au fil du temps, j'essaie de franchir les « douze étapes du rétablissement », fondement du programme des Survivants de l'Inceste. Sur la première, déjà, je vais passer des années : « admettre que nous avons été impuissants face au vécu et aux conséquences de l'inceste, et que notre vie est devenue impossible à contrôler ». Les étapes suivantes ne sont pas plus aisées : « faire un inventaire moral, approfondi et sans peur, de soi-même », « s'en remettre à sa puissance supérieure »… Oups ! Pour moi qui ne suis pas croyante, celle-ci est un peu absconse. Mais l'important, dans cette histoire de douze étapes, c'est de réfléchir sur soi, sur ce que l'inceste a bouleversé, inversé, cassé dans notre vie. Je m'y attelle consciencieusement et, peu à peu, j'ouvre les yeux. Je me rends compte à quel point, depuis l'inceste, j'ai effectivement tenté de contrôler ma vie, les autres, les hommes, mon image, mes émotions. Je comprends à quel point c'était vain, car ce que je dominais d'un côté partait en vrille de l'autre, en tabagisme dément, en tentatives de suicide, en mutilations… Je me rends compte à quel point je me suis culpabilisée, punie, niée. Comprendre, cela m'aide énormément à ne pas reproduire mes erreurs. Quand j'ai un petit coup de blues, je relis les leitmotive des SIA : « être bon avec soi-même », « ne pas compliquer les choses », « cela aussi passera »… Je participe à toutes les réunions et tire de cette douce fraternité une force inconnue, un apaisement nouveau. La danse aussi, ça m'aide.

Plusieurs heures par semaine, je file à un cours pour professionnels. Le niveau est élevé, c'est dur, mais tellement bon ! Le soir, avec Jean-Claude, mon professeur depuis de nombreuses années, nous écumons les ballets, les comédies musicales jazzy, les créations contemporaines… Il a des invitations, aucune avant-première ne nous échappe. De *La*

Bayadère aux danses africaines en passant par le *Polichinelle* de Stravinski : je vois tout, tout, tout et j'en redemande ! J'ai faim de musique, de douceur, d'émotions, et de sentir, moi aussi, mes muscles chauffer quand j'exécute les savantes chorégraphies de Jean-Claude. J'ai besoin de me réconcilier avec mon corps, de le mettre, enfin, au service de la beauté après l'avoir tant soumis, sali et martyrisé. Comme les groupes SIA et comme mon fils, la danse m'aide à vivre, oh combien… À cette époque, je parle énormément d'elle, je ne respire que pour elle.

Bizarrement, ma mère ne s'y intéresse pas, mais alors pas du tout. Jamais elle ne m'interroge sur mes loisirs, mes passions, mon état mental, ni sur rien d'autre d'ailleurs. Entre nous, peu d'échanges vrais, sincères, profonds. Si l'on se fie aux apparences, ma mère est absolument parfaite : non seulement elle est chic, conviviale, polie et spirituelle, mais elle choie ses enfants, ses deux gamines chéries. La preuve ? Elle continue de nous offrir, à ma sœur et à moi, des vêtements chers, du linge de maison, tout ce qu'elle trouve beau et à son goût. Elle est d'ailleurs si fière de ses filles, minces, grandes, jolies, que dès que l'une de ses connaissances la complimente sur nous, elle se rengorge sur le ton de la plaisanterie :

« C'est vrai que je les ai réussis, mes bébés ! Trois kilos cinq cents hier, un mètre soixante-dix aujourd'hui, je n'ai pas raté un seul biberon… »

Quand je viens passer quelques jours chez elle, le repas est succulent. Pour fêter mon arrivée, elle met les petits plats dans les grands : langoustines tièdes, bon vin, toasts croustillants et moelleux… Côté boulot, elle m'aide aussi : repartir de zéro après la prostitution ne fut pas aisé. Quand je monte ma boîte de consulting, l'argent tarde à rentrer, ma mère me file donc un coup de main. Morgan bénéficie également des largesses de sa mamie. Pour lui, ma mère ouvre grand son portefeuille : elle lui offre des cadeaux et, quand je suis fauchée, le billet d'avion pour qu'il vienne la voir en Bretagne, et même les courses, parfois, pour que mon gosse ait à manger, quand je suis vraiment, vraiment raide... Des chèques, des cadeaux, elle m'en donne, c'est sûr. Mais de tendresse, peu. Tout le monde aime ma mère, ses voisins, ses clientes au magasin, même les copains que je lui présente la trouvent « très, très sympathique ». Car je les lui présente. Pendant des années, je vais guetter son approbation. Pendant des années, je vais la prendre comme elle est. Une maman, j'en veux une, je me convaincs donc que sa froideur enrobée dans du papier de soie, c'est sa façon de m'aimer. Je me dis que ses cadeaux remplacent les mots, les gestes, pour traduire son affection. Et je l'aime, moi aussi, je le lui dis... Je le lui prouve également. Tous les moyens sont bons pour nous lier un peu plus. J'ai accouché de Morgan dans le même hôpital qu'elle, dans la même chambre. J'emménage à Maisons-Alfort, comme elle le fit jadis. Je m'associe à elle dans une affaire de laverie. J'essaie d'être toujours jolie, polie, aimable, bien vêtue, puisque c'est comme cela qu'elle m'apprécie.

C'est doucement, tout doucement, que je commence à comprendre que quelque chose cloche. Ma mère ne sait pas qui je suis, et ne cherche pas à le savoir. Pendant ma « carrière » au C. et au Baron, elle était parfaitement au courant de ce que je vivais. Je me vendais, elle s'en fichait. Aujourd'hui, *idem*. Je reste quinze jours alitée à cause d'une hernie, ma mère ne me passe même pas un coup de fil, et c'est mon fils qui doit me faire à manger. Quand

Bruno meurt, je suis au désespoir absolu. À tel point que ma sœur, horrifiée de mon état, un jour où elle m'appelle pour prendre de mes nouvelles, saute dans sa voiture pour venir me consoler. Elle viendra de Bretagne jusqu'à Paris et me ramènera avec elle. Pendant des jours et des jours, je vivrai sous son toit, à ses basques, véritable loque humaine. Camille me nourrira, me parlera, me forcera à prendre l'air afin de me changer les idées. Pour moi, elle sera une sœur, une vraie.

Ma mère, elle, quand elle apprendra le décès de Bruno, lâchera ces deux seuls mots :

« Et alors ? »

Mes soucis, mes peurs, mes bonheurs, tout ce qui se passe à l'intérieur de moi, Marie n'y prête guère attention. Ce qui l'intéresse, c'est l'extérieur. Que je sois jolie pour qu'elle puisse me montrer à ses voisins commerçants, que je sois spirituelle pour qu'elle puisse s'en vanter. Que je présente bien le jour, qu'importe si je me prostitue la nuit. Mon père m'avait déjà transformée en poupée, sans se préoccuper de ce qui me brisait à l'intérieur. Ma mère en rajoute une couche avec son obsession des apparences, et son incapacité à m'aimer vraiment, tendrement. Ma mère et moi, c'est comme une belle coquille, nacrée, mais creuse. En fait, depuis mon enfance, rien n'a changé : ma mère fait le job, mais son cœur n'y est toujours pas. Et j'en souffre encore, et j'en ai assez d'en souffrir… Et puis elle m'étouffe. Comme jadis, quand elle me faisait coudre les mêmes robes qu'elle en taille fillette, je finis par posséder les mêmes rideaux, les mêmes chemisiers, les mêmes pantalons que les siens. C'est gentil, ses cadeaux, mais je suis adulte maintenant ! Cette vampirisation me pèse comme jamais. Car je ne fais pas que porter les tenues de Marie. Inconsciemment, je copie aussi ses échecs, notamment sentimentaux : elle a été longtemps malheureuse en ménage ? Moi aussi. Après David, dont elle divorce parce qu'il est accro au jeu, elle se colle avec des hommes immatures, inconstants, instables ? Moi aussi ! À l'époque où je suis avec Marc, ma mère et ma sœur vivent également avec des alcooliques. Quatre ans de psychothérapie avec Bruno, plus six ans d'analyse, plus deux ans de SIA… Tout ce remue-méninges commence à faire son effet sur moi : je me rends compte qu'avec ma mère, je triche. Je tente d'être à son image, de faire et d'être ce qu'elle veut, tout ça pour qu'elle m'apprécie, qu'elle me chouchoute ! Et cela ne vient pas, ou mal. Je fais donc semblant de croire qu'elle m'aime, j'étouffe ce sentiment persistant d'être jugée et négligée par elle… Cela a trop duré. Il me faut devenir moi-même.

Alors je me détache, peu à peu, de ses désirs et des apparences dans lesquelles elle m'enferme. J'en ai marre d'être un jouet que l'on exhibe ! Je n'en peux plus de vivre dans le regard des autres. Le jour où, enfin, j'arrive à sortir de chez moi en jogging, sans maquillage, je crie victoire ! Je progresse… Pour ma mère, c'est une déchéance. Elle ne comprend strictement rien au cheminement qui est le mien et ne cherche pas à savoir ce qui se trame en moi. Elle voudrait que je sois, que je reste, comme elle, et tout contre elle. Maman me propose de venir vivre à côté de sa maison, de travailler avec elle, de reprendre son magasin. Je décline ses invitations. Peu à peu, j'arrive à prendre de la distance. Mes petits copains, je ne les lui présente plus. J'arrête de lui faire des confidences, de lui demander son avis. À trente-cinq ans passés, je commence enfin à tracer mon propre chemin, et à me défaire de cette dépendance affective qui me ligote à elle.

Je ne tarde pas à en subir les conséquences. Financières, surtout, puisque c'est le seul langage que ma mère sache parler. D'abord, elle me présente la facture, la liste de tous les frais qu'elle a engagés pour moi et Morgan depuis sa naissance. L'avion pour que son petit-fils aille la voir, le centre aéré, la nourriture… Tout ce qu'elle m'avait gentiment proposé de prendre en charge, elle me suggère de le lui rembourser. Je m'y emploie. Autre dossier épineux : la laverie que nous avons montée toutes les deux. Ma mère, voyant que les affaires n'étaient pas florissantes, s'est retirée de ce business, mais est restée caution. Alors, quand ce commerce périclite, moi étant une RMIste en pleine création d'entreprise, les créanciers se tournent vers elle. Je lui dis de ne pas payer, que je suis justement en train de m'arranger, mais, par peur de voir les huissiers débarquer dans son magasin et ruiner sa réputation, elle signe un chèque. Elle considère qu'elle « éponge mes dettes » alors que, non seulement elle m'a laissée en plan avec une laverie en pleine dégringolade, mais, en étant caution, elle savait ce qu'elle risquait. Bref, tout ce dégrade entre nous.

Cela ne va pas s'arranger, car un autre sujet pourrit notre relation. C'est l'inceste, bien sûr, qui reste comme un os en travers de ma gorge. Lors de mes deux thérapies et dans les groupes SIA, je remue ma boue : plus moyen d'occulter les angles morts de ma vie. Ma mère en fait les frais. Qu'elle n'ait pas vu, pas su, pas voulu empêcher ce qui m'est arrivé, qu'elle ait été une mère trop peu présente pour deviner cet inceste qui se tramait sous son toit, tout cela me revient comme une porte dans la figure. J'arrive difficilement à croire qu'une maman puisse ne rien remarquer, mais passons. Qu'elle ait fait l'amour avec mon père, devant mes yeux d'enfant, sans que cela la perturbe plus que ça, il faut que je me force beaucoup pour l'accepter. Qu'elle ait eu des doutes, qu'elle m'ait auscultée, sans rien dire ni faire, je dois l'avaler, et c'est terriblement dur. L'histoire avec son David, ça, je ne l'encaisse pas. Son mari m'a sauté dessus le jour même de ma tentative de suicide, et encore après. J'étais une gamine, au bord de la mort, fragile, complètement paumée, il en a profité. Mais elle, comment a-t-elle pu ne pas remarquer que je couchais avec son époux dans son propre lit, à ses côtés ? J'étais à deux centimètres d'elle, il y avait les soubresauts du sommier, la respiration haletante de David. Faut-il avoir le sommeil profond ! Ou faut-il ne pas vouloir briser son mariage, même pour sauver sa fille… Alors, quand ma mère se pose en citoyenne indignée par l'inceste, j'explose.

C'est ce qu'il advient lors d'un dîner familial organisé chez elle. Il y a là ma sœur et son conjoint, ma mère et le sien, plus moi. Et la conversation se met à rouler sur la peine de mort. Moi, je m'y oppose, même pour les pédophiles. Exécuter un violeur d'enfant, c'est se mettre au même niveau que lui : il a massacré un gosse, et la justice massacre un homme. J'ai une plus haute idée de la loi… Dans l'assistance, les avis sont mitigés. Quand l'ami de maman se prononce en faveur de la peine capitale pour les pédocriminels, ma mère ne dit rien et lui sourit d'un air approbateur. L'inceste, c'est tellement affreux, semble dire son sourcil froncé ! Pour un peu, elle se prendrait pour le chevalier blanc ! Oublie-t-elle qu'elle n'a même pas été fichue de me protéger ? Je deviens folle de rage :

« Et les complices, devrait-on les exécuter aussi, les complices ? Ceux qui ne portent pas assistance à une enfant en danger, quelle peine méritent-ils ? »

Et me voilà crachant la vérité sur David à ma mère, à ma sœur et à leurs fiancés ébahis, qui filent se planquer dans une autre pièce en attendant la fin de l'orage.

J'aurais aimé que ma mère me parle, cette fois-là. Qu'elle me plaigne, qu'elle me dise doucement à l'oreille :

« Ma pauvre petite fille, ma toute petite, c'est affreux, vraiment, je n'ai rien vu, que puis-je faire pour t'aider à t'en sortir ? »

J'aurais sans doute continué à lui hurler dessus, il fallait que cela sorte, mais j'aurais vu, au moins, son empathie, son affection, j'aurais lu dans ses yeux sa tristesse, son sentiment de culpabilité… Cela m'aurait apaisée, cela m'aurait montré qu'elle se souciait de moi. Au lieu de cela, elle me toise, blême, outrée. Deux jours plus tard, je reçois une lettre écrite de sa main :

« Suite au procès public que tu as fait lundi dernier, je tiens à te préciser que je ne me sens pas coupable d'être complice de ce qui t'est arrivé. Je n'avais pas connaissance de ce que David faisait. Si c'est vrai que David a profité de toi, peux-tu m'expliquer pourquoi tu n'as pas porté plainte ? Je te souhaite de trouver un banquier aussi compréhensif que je l'ai été. »

Signé « maman ». Je lui parle inceste, elle me répond pognon. Elle ne comprend pas que je n'aie pas porté plainte ! Mais non, bien sûr… Je n'avais même pas conscience de ce que je vivais, à l'époque. Et aurais-je été lucide, j'avais bien trop morflé, avec mon père et avec la justice, pour me coltiner un nouveau procès. Encore aujourd'hui, je suis aux yeux de ma mère celle qui fait scandale à tout bout de champ. Elle m'en veut de péter les plombs, de ressasser de vieilles histoires, de ne pas réussir à

« aller de l'avant ». Mais l'inceste vit toujours en moi comme une bombe à retardement... Si l'on m'aime, il faut l'accepter. Ma mère y peine. À ses yeux, je suis sa fille « spéciale ». Ma sœur, elle, est parfaite : elle est d'accord avec maman, travaille avec maman, s'habille comme maman. Le jour où elle veut faire une donation, ma mère exprime clairement sa préférence : à ma sœur, elle donne trois cent mille francs, des parts du magasin qui vont croître et fructifier. À moi, elle ne donne rien, sous prétexte qu'elle a déjà dépensé trop d'argent pour ma pomme, mes dettes et mes découverts bancaires. Le jour où elle me convie chez le notaire signer ce papier illégal qui me déshérite, je décide que plus jamais je ne la verrai de ma vie, ni ma sœur qui, convaincue sans doute par ma mère que je ne suis qu'une vilaine profiteuse, accepte sans broncher ce deal qui m'écrase.

Ne pas avoir de parents est affreux, mais les orphelins de naissance peuvent encore s'illusionner sur ce qu'ont été leurs géniteurs. Avoir mes parents, c'est pire encore : je suis née d'un monstre et d'un cœur sec, et j'ai dû vivre avec. Il m'a fallu de longues années avant de me décider enfin à les considérer comme morts. Les enterrer vivants est épouvantablement difficile. Mon père, passe encore : sur la fin, ma haine de lui est tellement forte que je fais aisément une croix dessus. Mais ma mère... De maman, on n'en a qu'une. Afin de me reconstruire, d'arrêter de souffrir de son désintérêt pour moi et de sa vampirisation, je me force à détruire l'amour que je lui porte. Je la sors aux forceps de ma vie en décembre 2001, et la douleur atroce de cet arrachement me conduit directement à l'hôpital psychiatrique. Verdict : dépression nerveuse majeure. J'y reste un mois et demi, à sursauter au moindre bruit, à compter mes cauchemars, puis un mois et demi encore en maison de repos. Des psys, des pros ceux-là, spécialisés dans l'aide aux victimes, me mettent fissa sous antidépresseurs et me signent un arrêt maladie très, très longue durée.

Rompre avec ma mère m'achève presque. Presque, seulement.

Ce qui me fait tenir, c'est l'association que j'ai créée, deux ans avant.

Je suis encore furieuse d'avoir tant peiné à dénicher les Survivants de l'Inceste Anonymes. Deux mois pour trouver leur adresse, un seul groupe existant en France : est-ce pensable dans un pays développé ? Je vivrais en Somalie, je comprendrais, mais en France, un des pays les plus riches du monde, l'un des mieux cotés par l'Organisation mondiale de la santé, c'est inadmissible que l'on manque autant d'informations et de structures pour traiter ce fléau ! Alors, je ne fais pas que rebidouiller le site Internet des SIA : en 1999, je lance aussi le mien, inceste.org, histoire de faciliter la tâche aux autres victimes. J'y décris mes symptômes, je liste aussi les petites phrases qui m'aident à lutter contre la déprime, j'ajoute quelques liens sur d'autres sites, deux ou trois informations sur mon parcours...

Le succès de ces sept petites pages personnelles, rédigées la nuit par l'autodidacte du Net que je suis, dépasse tout ce que je pouvais imaginer. Français et étrangers en nombre le fréquentent assidûment. Un soir, une Québécoise m'interpelle :

« Isabelle, sache que tu es mon ange, mon sauveur...

— Euh... pourquoi ?

— J'ai lu ton témoignage, tes symptômes, j'ai tout lu, et ça a fait écho en moi, ça m'a complètement retournée. J'ai téléphoné dans la seconde à mon père et je lui ai demandé s'il m'était arrivé quelque chose dans mon enfance. Il m'a répondu que j'avais été violée par mon grand-père à l'âge de trois ans. Personne ne me l'avait jamais dit ! Maintenant, je comprends pourquoi je suis alcoolique, pourquoi j'ai pris de la drogue, pourquoi je vais si mal… Comment pourrais-je te remercier ? »

Lire le mail de cette femme me fait immédiatement monter les larmes aux yeux. Grâce à Internet, j'ai pu aider cet *alter ego* du bout du monde, et, même si c'est une goutte d'eau dans l'océan, pour moi, c'est énorme. Le Web permet donc aux victimes de s'entraider, de s'unir ? Je deviens sur-le-champ une accro de la Toile, et entreprends la transformation de mon petit site perso en véritable portail consacré à l'inceste. En *webmistress*, je me sens utile et, sur mon nouveau site, les témoignages de victimes affluent. Des femmes et des hommes violés par leur père, leur grand-père, leur oncle. Des fillettes abusées par leur propre frère, ou même par leur mère ! Des femmes enceintes de leur père, séquestrées, prostituées. C'est toute la panoplie de l'horreur qui défile sur mon écran. Je suis estomaquée par le nombre de victimes : l'inceste est bien un immense et dégueulasse iceberg… Parmi les centaines de témoignages que je mets en ligne, c'est l'un des premiers, celui de « mademoiselle Marie », qui me remue le plus.

Mlle Marie, c'est Sandrine dans la vraie vie. C'est avec cette jeune femme adorable, et trois autres amis rencontrés dans les groupes de parole et sur le Net, que nous décidons de fonder notre association. Nous, nous avons vécu à une époque où l'inceste n'existait pas. Personne n'en parlait, personne ne dénonçait, les voisins préféraient s'occuper de leurs affaires… Moi, encore, j'ai eu la chance que Mme

Abeille l'ouvre, et qu'un procès se tienne, mes autres comparses ont dû se contenter de la chape de plomb. Aujourd'hui encore, le déni de l'inceste fait des ravages. Il faut que cela cesse ! Au départ, Sandrine s'investit à fond dans le projet. Elle a été l'esclave sexuelle de son grand-père dès l'âge de six ans, et pendant six ans. À l'époque où je la rencontre, ce salaud est toujours en vie, en fuite pour éviter les représailles qu'elle lui a promises. Car elle veut porter plainte. Cette démarche sonne le début de ses ennuis. D'abord, son avocat lui annonce que les crimes de son grand-père sont prescrits. Trop d'années ont passé, il n'y a plus aucun moyen qu'il paie sa faute devant la justice. Sandrine est effondrée, mais décide tout de même d'exiger la reconnaissance de son drame par sa famille, puisque l'État botte en touche. Elle rédige donc son témoignage en quelques semaines, et le remet en main propre à tous les membres de son entourage. Elle n'obtient aucun retour, de personne. Elle convoque alors un conseil de famille, afin de crever l'abcès et de savoir si elle est bien la fille de son grand-père, comme elle le soupçonne. Sa mère refuse de lui répondre. Ses proches minimisent, remettent ses dires en question avant de changer de sujet… Le silence se referme sur son histoire et plonge Sandrine dans une profonde dépression.

Le soir, souvent, elle m'appelle. Pour parler, échanger quelques nouvelles, pour vider son sac… Je tente comme je peux de lui remonter le moral. Je lui dis que, cette haine qui l'habite, elle la mettra bientôt au service d'autres enfants, ceux qui aujourd'hui même sont violés dans leur maison. Je lui assure qu'elle obtiendra justice pour eux, à défaut d'y être arrivée pour elle. Avec l'association, nous lutterons, ensemble, contre la prescription, contre ce silence mortifère qui étouffe les gamins abusés ! Parfois, mes discours enflammés la requinquent, un peu. De temps en temps, la douleur est plus forte, alors je l'entraîne en forêt, avec ses deux petits garçons, pour lui changer les idées… Au fil des semaines, je vois mon amie se débattre dans un marasme de hargne et de souffrance. Je sais trop bien ce qu'elle vit : comme moi, comme toutes les victimes, elle se démène pour ne pas couler.

« J'ai l'impression de brûler derrière une vitre, et que ma famille me regarde sans rien faire… Crever, c'est tout ce dont j'ai envie », me souffle-t-elle souvent.

Sandrine tient le coup pour ses gosses, et pour notre projet. Je la mets au courant jour après jour de l'avancée du dossier. Dès que les statuts de notre association seront déposés, c'est sûr, ça ira mieux, elle deviendra présidente, et moi secrétaire.

« Présidente, tu te rends compte, chéri, maman va devenir présidente ! »

Lors d'une de nos balades au vert, l'idée l'amuse, et elle laisse éclater son rire clair en passant la main dans les cheveux de son aîné.

L'Association internationale des victimes de l'inceste – AIVI pour les intimes – est officiellement fondée à la fin de l'année 2000.

Mlle Marie se défenestre trois semaines plus tard, laissant deux orphelins de trois et cinq ans.

C'est un matin brumeux qu'a lieu son enterrement, dans un cimetière de banlieue planté de marronniers. Nous, ses amis, nous y rendons les bras chargés de brassées de fleurs blanches, celles qu'elle aimait tant, et, au cœur, une peine immense. Aussi grande que notre colère. Car c'est bien l'inceste qui l'a tuée, et de l'inceste nul ne parle à cet instant, sous les grands arbres. Les yeux rougis et les dents serrées, nous écoutons le curé déballer son oraison funèbre, parsemée, çà et là, de passages d'une lettre que Sandrine a laissée. Je devine que seuls les paragraphes « familialement corrects » ont échappé aux ciseaux. Sortis de leur contexte, des mots d'amour pour sa mère suggèrent un foyer uni, sain et sans histoire. Funèbre mascarade… Après la cérémonie, les proches de Sandrine ne parlent que de ses enfants. Comment vont-ils se remettre de ce drame ? Le papa surmontera-t-il son chagrin pour bien s'occuper d'eux ? Pas une allusion à la suicidée, black-out total sur son grand-père, le criminel qui l'a poussée par la fenêtre. Là, dans son trou, Sandrine n'existe pas davantage aux yeux de sa famille que de son vivant. Quelques mois plus tard, je passe me recueillir sur sa tombe : il n'y a toujours ni fleurs ni dalle.

Cette femme, morte d'un silence trop pesant, aurait pu être moi. Elle, l'inceste ne l'a pas ratée. Quand je lui dis adieu, en jetant un lys sur son cercueil, je sais que je n'aurai plus la force de continuer le combat que nous avons entamé ensemble : j'abandonne notre association toute neuve. Pendant des mois, je n'y pense même plus, terrassée par le cafard. Et puis, peu à peu, remonte en moi la colère que j'ai ressentie à son enterrement. Cette maman de trente-deux ans, ma complice, ma sœur de misère, qui se souviendra d'elle ? Qui ira demander justice à son grand-père, son assassin ? Que sauront ses gamins de la vraie raison de son suicide ? Combien d'autres femmes, abusées comme elle pendant des années, fuient ainsi dans la mort faute d'avoir le soutien de la loi, de leurs proches ? Moi, je me suis tirée de l'inceste, pas indemne, non, mais vivante. Je suis l'une des rares victimes de ma génération à avoir été reconnue par la justice. Le tribunal m'a légitimée : même s'il a minimisé mon calvaire, nul ne peut contester le crime que j'ai subi. Sandrine n'a pas eu cette chance, et cela l'a achevée. Elle décédée, de quel droit jetterais-je l'éponge ? Il ne sera pas dit que mon amie soit morte pour rien. Pour elle et toutes les autres victimes que l'inceste détruit, je dois me battre, et reprendre le flambeau là où Sandrine l'a laissé. Six mois après son enterrement, je deviens présidente de l'Association internationale des victimes de l'inceste.

De ce jour, c'est la rage qui m'anime. Une rage incandescente qui, jadis, me cramait, et que je retourne désormais contre les vrais coupables, contre les abuseurs, contre une société qui laisse faire, contre une justice mal fichue, trop tendre avec les assassins d'enfants. Aujourd'hui, huit ans après la création d'AIVI, huit ans après la mort de Sandrine, ce feu en moi brûle encore. Plus que jamais.

11

L'âge de pierre

Du jour où je prends la présidence d'AIVI, mon but est clair : faire la révolution. Rien que ça, oui, car ils le méritent, tous ces gosses qui subissent aujourd'hui ce que j'ai enduré jadis. Inceste, partouzes, puis tentatives de suicide, drogue, mutilation, prostitution… Mon histoire à moi est inadmissible, j'exige qu'elle devienne impossible. Que de pain sur la planche ! Il faut transformer les mentalités, la justice, et faire de l'inceste, ce gros mot que nul n'ose prononcer, une grande cause nationale.

Il faut l'avouer, mes moyens sont inversement proportionnels à mes ambitions.

Les débuts de l'Association internationale des victimes de l'inceste sont, comment dire… artisanaux. Nous, les heureux fondateurs d'AIVI, sommes tous, comme le nom de l'association l'indique, des victimes de l'inceste. Notre slogan est simple : « Donnons-nous enfin la parole. » Car, en famille, nous avons tous gardé le silence, et l'avons payé au prix de l'autodestruction. La justice, souvent, ne nous a pas écoutés, ou mal. Et, aujourd'hui, qui parle de l'inceste ? Personne, ou alors des élus, des médecins, des juristes, des experts. Les victimes, elles, sont reléguées, alors que nous sommes les mieux placées pour connaître les conséquences des viols et le fonctionnement des abuseurs : ce sont nos parents ! Cela dit, monter une association de victimes est osé : notre moral fluctue et, entre les tentatives de suicide des uns et les crises d'angoisse des autres, moi y compris, il n'est pas aisé de réunir les bénévoles. Pas avare de challenges, notre association refuse toute subvention. L'avantage est d'être totalement indépendant de l'État, mais l'inconvénient est de taille : nous n'avons pas le moindre sou vaillant. Alors, vive le système D ! Nous squattons gratuitement un local de la mairie de Paris, où nous nous retrouvons à six les bons jours, trois les mauvais.

À l'unanimité, le premier dossier auquel nous choisissons de nous atteler est celui de la prescription. Les membres de l'asso connaissent bien le problème : quand l'enfant abusé, en grandissant, souhaite porter plainte, il est souvent trop tard, les crimes sont « prescrits ». En clair : effacés ! Moi-même, j'ai dû m'asseoir sur les sévices que mon père m'a infligés entre l'âge de six et neuf ans. J'avais jusqu'à mon douzième anniversaire pour mener l'affaire en justice, quelle blague ! Comment a-t-on pu demander à une gamine, qui a enfoui au plus profond de ses tripes le souvenir des abus pour survivre, de se rendre si jeune au commissariat ? Depuis mon enfance, le temps a passé, mais, côté justice, les choses ont peu évolué. En France, au début du XXIe siècle encore, la victime de crimes sexuels n'a que dix ans après sa majorité pour porter plainte. Pour les délits, c'est jusqu'à vingt et un ans seulement. Après, terminé, ces méfaits sont prescrits, et l'agresseur peut dormir *ad vitam* sur ses deux oreilles. Autant dire que le temps que la victime sorte du déni, c'est déjà trop tard, encore et toujours. Quel magnifique cadeau aux violeurs d'enfants !

Les bénévoles d'AIVI, moi en tête, nous plongeons donc dans la documentation, histoire de monter un dossier béton en faveur de la suppression de la prescription. Nous avons besoin de données, d'enquêtes, et de chiffres sur l'inceste, ainsi que sur ses conséquences ! Mais le résultat de nos premières investigations nous dépite rapidement : il existe très peu d'études sérieuses sur le sujet, et de statistiques moins encore. Il faut se faire à l'idée : au niveau scientifique, l'inceste ne passionne personne. Cela n'entame pas notre détermination, au contraire. Puisque nous manquons de jus de crâne pour étayer nos revendications, nous allons le produire nous-mêmes. Nos bénévoles québécoises phosphorent pendant des semaines sur leurs bouquins de droit, car, chez elles, l'inceste est imprescriptible : les victimes ont leur vie entière pour porter plainte. Moi, je bûche jour et nuit les manuels d'histoire, afin de comprendre comment les juristes d'après-guerre ont réussi à créer de toutes pièces le « crime contre l'humanité ». Après tout, l'inceste aussi est, dans son genre, un crime contre l'espèce humaine, puisqu'il détruit des générations de gosses et engendre des consanguins… Ce n'est pas LE grand interdit de nos sociétés pour des prunes.

Le résultat de nos cogitations transatlantiques est un argumentaire clés en main pour l'abolition totale de la prescription. Notre dossier bien ficelé sous le bras, nous partons donc à l'assaut des députés de notre beau pays. Ce n'est pas une mince affaire. Nous cherchons d'abord à savoir quels élus s'intéressent à l'inceste. Réponse : pas grand monde. Aux quelques amateurs dûment repérés, nous envoyons notre étude, et un seul nous répond avec enthousiasme, le député de Moselle, Gérard Léonard. Ça tombe bien, ce monsieur cherche justement des soutiens pour la proposition de loi fort intéressante qu'il a dans sa manche. Lui demande le rallongement de la durée de prescription de trois à vingt ans pour les délits sexuels sur mineur(e)s et de dix à trente ans pour les crimes. C'est moins ambitieux que ce que nous réclamons, mais c'est déjà ça. Sa proposition de loi est acceptée à l'unanimité par l'Assemblée nationale, mais le Sénat la rejette. Officiellement, il s'agit de ne pas « légiférer dans la précipitation », et puis se pose le problème de la preuve : vingt ou trente ans après les faits, quelles preuves des délits ou des crimes auront subsisté ? Moi, je pense surtout que, si le délai de prescription s'allongeait, une multitude d'affaires ne manqueraient pas d'affluer dans des tribunaux déjà engorgés. Et ça coûterait bonbon de devoir traiter tous ces dossiers ! Passons. Le député Léonard est déçu, nous aussi, mais tout n'est pas perdu : sa proposition de loi a droit à une seconde chance quelques mois plus tard. Puisqu'un espoir subsiste, l'AIVI et sa présidente, votre servante, vont mettre le paquet. Je décroche une audition avec les sénateurs chargés du dossier « prescription », ceux-là mêmes qui s'avèrent réfractaires à toute modification législative. Le matin, après un pantagruélique petit déjeuner destiné à me donner des forces, j'enfile ma tenue de combat : bloc-notes, trois tonnes de documents, tailleur, rouge à lèvres. Je suis impatiente de les rencontrer, ces sages de la nation, nous allons parler, cogiter ensemble, échanger nos points de vue, cela sera tout bonnement formidable ! La réalité est nettement moins glorieuse. Le Sénat que je vois, c'est une salle moche comme tout, avec six « experts » dedans. Six sénateurs, six hommes. Mon Dieu, qu'ils sont ignorants en la matière ! C'est incroyable que les élus chargés d'évaluer notre loi sur l'inceste aient une connaissance si parcellaire de leur sujet.

Le déni, connaissent pas. Alors, me voilà en train d'expliquer aux sages que l'oubli est la seule façon de survivre à l'inceste. Beaucoup de victimes occultent leurs viols, car l'horreur est trop grande, insoutenable. Ce ne sera que des années plus tard, voire des décennies, qu'elles en reprendront conscience, suite à une thérapie, un deuil, un divorce, la naissance d'un enfant… D'où la nécessité de leur laisser la vie entière pour porter plainte. J'ai chaud, je parle vite, il faut que je leur case le maximum d'infos en un minimum de temps.

« Mais, vingt ou trente ans après les faits, quelles preuves de cet inceste le juge pourra-t-il trouver ? » me demande un sénateur.

Ah, cette fameuse « preuve » ! Mais si on en cherche, on en trouve, des preuves des viols d'enfants, même trente ans après. Moi, par exemple, il n'y a qu'à regarder les méandres de ma vie pour se rendre compte que quelque chose a furieusement cloché. Il n'y a qu'à compter mes fugues, mes tentatives de suicide, mes dépressions nerveuses ! Dans tous les cas, la police ou le juge pourra interroger les proches, saisir le carnet de santé, enquêter pour trouver d'autres éventuelles victimes… bref, faire un bon boulot d'investigation, et les preuves émergeront, forcément. Cette histoire de preuves n'est qu'un cache-misère pour planquer l'absence de volonté politique. C'est au moment où je m'énerve vraiment qu'un des sénateurs semble brusquement se réveiller :

« Mais, au fait, pourquoi l'inceste entre adultes est-il interdit, à votre avis ? »

Je ne vois vraiment pas le rapport avec la choucroute. Le sujet, ce sont les gosses violés par leurs parents, nom d'un chien ! Apparemment, je ne suis pas la seule à m'étonner, le président de séance doit recadrer son collègue qui s'égare :

« Nous parlons des enfants, là, pas des adultes… »

Nous revenons donc à nos moutons : l'absolue nécessité de pouvoir porter plainte longtemps, bien longtemps après les faits, quand la victime aura repris ses esprits et trouvé le courage de faire appel à la justice. L'un des sénateurs m'interrompt :

« Bon, bon, d'accord, mais nous avons besoin de statistiques ! Quel est l'âge moyen de sortie du déni ? »

Elle n'est pas possible, cette question. On ne sait même pas vraiment évaluer le nombre exact de victimes de l'inceste en France, aucun scientifique ne s'y intéresse, et ce crouton-là me demande l'âge moyen de sortie du déni ! Et pourquoi pas l'âge du capitaine, tant qu'il y est ? Ne sait-il pas que s'il débloquait des fonds pour booster la recherche sur l'inceste, nous en aurions, des chiffres fiables ?

Je finis mon speech le rouge aux joues et en quatrième vitesse, car mes interlocuteurs me montrent poliment la porte. J'ai épuisé la demi-heure qui m'était impartie. Derrière moi, d'autres attendent leur tour et l'honneur d'être reçus au Sénat…

Je sors de cette audition dépitée, mais remontée comme une pendule. Nous décidons aussi sec de faire une manifestation. Pendant deux jours, la loi « Perben II », qui inclut l'éventuel allongement de la durée de prescription, doit être rediscutée. Les militants d'AIVI seront donc là pour prendre le Sénat d'assaut. En prévision de cette opération commando, je rameute la terre entière, et tous les internautes, dix mille chaque mois, qui fréquentent mon site inceste.org. Mais que c'est dur pour les victimes de sortir à visage découvert ! Notre manif réunit péniblement quinze personnes, mais des plus bruyantes : hurlantes, les mains pleines de ballons blancs ! Une nappe que ma mère m'a offerte fait office de banderole : « Non à la prescription ». Tandis que mes amis s'agitent et tractent devant les grilles du Sénat, je me lance dans un vaste micro-trottoir pour sensibiliser les passants. À ma question : « Pour vous, c'est quoi l'inceste ? », une quinquagénaire chapeautée qui promène Médor me répond tout de go :

« C'est ce que mon oncle m'a infligé quand j'avais dix ans… »

Quand je vous dis que l'inceste est un iceberg…

Le 9 mars 2004, la loi est modifiée : sauf cas spécifiques, les victimes ont désormais jusqu'à leurs trente-huit ans pour porter plainte. La presse et le ministre, autosatisfait, saluent ce gigantesque progrès pour le droit des victimes. Moi, ça me fait doucement rigoler. Si nous débouchons quand même le champagne à l'AIVI, c'est le cœur gros, car combien d'années faudra-t-il attendre avant d'obtenir une autre avancée ? L'imprescriptibilité, seule mesure qui rendra justice aux victimes, je ne sais même pas si je la verrai de mon vivant… Au Canada, les victimes d'inceste ont leur vie entière pour lancer un procès. *Idem* dans tous les pays du Commonwealth, de l'Australie aux îles Samoa. Et chez nous, dans la grande et fière contrée des droits de l'homme, on efface les crimes sexuels au bout de vingt ans. Mais c'est un passeport pour l'inceste que l'on offre aux pervers ! Car il ne faut pas se leurrer : un tordu qui viole son fils impunément n'a aucune raison de ne pas s'attaquer, plus tard, à sa petite-fille. En sifflant ma coupe, je rumine : la France vit à l'âge de pierre ! Et pas seulement à cause de la prescription. À l'AIVI, nous avons sondé nos sympathisants. Seuls 6 % de leurs agresseurs ont fini en prison ; 25 % des personnes abusées n'ont pas porté plainte. Les autres l'ont fait, mais leur bourreau a été acquitté, ou alors leur plainte a été classée sans suite. Sous le tapis, leurs viols ! De tels dénis de justice arrivent tous les jours. Le plaignant se rétracte ? Affaire classée ! Mais, au Canada, le fait qu'une victime revienne sur ses accusations est un début de preuve ! Car c'est la peur de briser sa famille qui la pousse à se dédire, tous les spécialistes le savent. Chez nous, en France, faute de bien comprendre l'inceste et ses conséquences, on passe à côté de vrais crimes, et de vrais criminels. Aux États-Unis, quand les autorités se sont rendu compte qu'elles laissaient filer des tueurs en série faute de connaître leur fonctionnement et leurs méthodes, elles se sont prises en main : les services de police ont phosphoré, recoupé les données qu'ils possédaient sur les coupables, et établi des parcours types de *serial killers*. Cette science-là, le profilage, permet d'éviter de passer à côté d'un meurtrier récidiviste… Pourquoi ne pas faire la même chose pour les violeurs d'enfants ?

Les enquêteurs ne sont pas les seuls à manquer cruellement d'informations. Les journalistes, n'en parlons pas. La pédophilie, ah, ça, ça les branche, c'est à la mode. Ils ne manquent pas de me contacter régulièrement, afin que je témoigne dans telle ou telle émission sur le sujet. Une ancienne gosse violée qui accepte de témoigner à visage découvert, présidente d'une association spécialisée qui plus est, ça ne court pas les rues. Je suis donc la bonne cliente… Mais, quand la télé m'appelle, ou la radio, ou la presse, pour causer pédophilie, j'ai ma réponse toute prête :

« Nous, notre combat, ce n'est pas la pédophilie, mais l'inceste, désolée… »

Et la réponse fuse, invariablement :

« Mais c'est un peu pareil. »

Non, ce n'est pas pareil.

Au café du commerce, tout le monde tombe d'accord là-dessus : la pédophilie, c'est mal, et l'inceste aussi, bien sûr. Surtout quand ça arrive chez les voisins. Car, quand c'est sous notre toit, alors, là, l'affaire se complique singulièrement… La victime d'un pédophile n'est pas seule : son père, sa mère et l'ensemble de ses proches, horrifiés, font bloc pour la soutenir dans son drame. Mieux : l'enfant saccagé peut compter sur son entourage, et sur toute la société pour s'offusquer d'une telle dégueulasserie. Il aura droit, souvent, à la une des journaux, et même à une entrevue à l'Élysée si son cas fait suffisamment de bruit. La victime de l'inceste, elle, fait exploser sa famille à la minute où elle parle. Car ce n'est pas un méchant pervers inconnu qui l'a violée. Ce n'est pas un affreux tueur en série ou un sale type qu'on n'a jamais vu. C'est le cousin Jacques ou papy Pierrot. C'est papa, ou le mari de maman, ou tonton chéri, celui qui est si rigolo aux fêtes de famille, celui que nos parents invitent chaque dimanche depuis vingt ans pour faire le quatrième à la belote. Ce bonhomme qui nous a changé les couches quand on était pas plus haut que trois pommes, il nous aime tant ! Lui, se faire tailler des pipes par son neveu chéri après le dîner dominical ? Pas possible ! Impensable !

Que vaut la parole d'un gosse dans ce genre de cas ? Combien d'adultes, quand un enfant leur confesse le crime qu'il subit, préfèrent « faire comme si », ne pas voir, ne pas entendre, ne pas comprendre, intimer à l'enfant de se taire ? Beaucoup. Dans notre association, nos bénévoles en ont entendu des vertes et des pas mûres quand ils ont révélé l'inceste à leurs proches. À Anne, abusée par son grand frère, sa mère a dit que « cela se faisait entre frères et sœurs », et qu'elle aurait dû se défendre. Le père de Mélanie, esclavagisée par son beau-père, lui a conseillé de « ne pas remuer la merde ». Moi aussi, j'ai passé ma vie à m'entendre dire que j'exagérais… Évelyne, la femme de mon père, m'a conseillé d'arrêter d'en « faire des tonnes » quand je lui ai dit que ma vie avait été détruite par mon père. Ma mère, elle, n'a pas compris pourquoi je n'avais pas dénoncé son second mari quand il a profité de ma faiblesse. Sans doute croit-elle, aujourd'hui encore, que j'affabule. Elle n'est pas la seule. Il y a quelques mois de cela, on sonne au portail de ma maison. J'ouvre : c'est ma sœur, derrière la porte. Je ne l'ai pas revue depuis quatre ou cinq ans. Depuis le jour où elle a regardé ma mère me déshériter sans rien dire, sans rien faire.

Elle entre, donc, et nous buvons un café. Elle m'annonce qu'elle a eu un second enfant, et me montre des photos de son aînée, ma nièce que j'adore. Ça me fait mal au cœur, elle me manque tellement, cette gamine… Les minutes passent et je commence à me demander ce qui a bien pu pousser ma sœur jusque chez moi… L'envie d'avoir de mes nouvelles, sans doute. Ça me fait plaisir à moi aussi, de la voir… Ma sœur reste ma sœur. C'était elle qui me tenait la main lorsque j'ai accouché. C'était elle qui me tendait les mouchoirs quand la mort de Bruno m'a détruite. Même noyé sous la rancœur, notre amour subsiste… mais, au fil de notre conversation, quelque chose émerge qui va envoyer la tendresse au rancart. Ce qui tracasse ma cadette, ce sont les abus que mon père a perpétrés sur moi lorsque j'avais six ans, dans le bain et ailleurs. Il m'a salie pendant trois ans, elle le sait. Un jour où j'avais mon père au téléphone, je le lui ai rappelé, il n'a pas nié.

« Si c'est faux, vas-y, dis-le, que je mens ! » lui ai-je hurlé au bout du fil.

Renaud Aubry s'est tu, et son silence gêné a fait office de réponse. Camille était là, à côté du haut-parleur, elle a tout entendu. Mais ma sœur chérie, mon bijou, a toujours du mal à avaler cette sale réalité. Elle sous-entend que ce dont je parle, ces sombres histoires de baignoire et de serviettes de toilette, ne sont « pas écrites dans le jugement ». En clair, dans le compte rendu du procès de notre père, en 1981, il n'y en a nulle trace. Logique, elles étaient prescrites, les premières saloperies de papa ! Aucun juge n'est donc venu confirmer mes dires. Alors ma sœur refuse d'y croire…

J'hallucine.

Je n'ai pas vu Camille depuis cinq ans à la louche, elle s'incruste chez moi sans avoir été conviée, et, en plus, assise sur mon canapé, elle se permet de me remettre en doute encore et encore ? Je devrais argumenter, la convaincre ? Pas question. Je l'ai trop fait jadis, devant les juges, devant les experts, les médecins, ma mère… Aujourd'hui, j'ai passé l'âge de me justifier. Alors, tandis que Camille finit son espresso, je me lève, j'ouvre la porte, et lui indique la direction du métro.

La parole d'un enfant violé, même devenu adulte, que vaut-elle ? Ma sœur ne me croit pas, ou pas assez. Il est vrai que c'est dur à imaginer, papa sur sœurette. Vous-même, le croiriez-vous ? Pas sûr… Il est bien plus confortable de penser que l'horreur n'a pas eu lieu. C'est tout le problème de la France, qui s'obstine à jeter un mouchoir opaque sur les enfants abusés. Dans notre pays, aucune structure spécialisée n'accueille les victimes de l'inceste. Presque aucune, pour être exacte : la maison Jean-Bru, à Agen, prend en charge une quinzaine de jeunes filles. Et c'est à peu près tout. Pourtant, il y en a, des victimes ! À force, je connais les chiffres par cœur :

en France, chaque année, cinq mille enfants violentés sexuellement sont signalés au « 119 » – le numéro de téléphone de l'enfance maltraitée. Et, dans plus de 70 % des cas, le pervers est du même sang : père, grand-père, mère, oncle…

Trois mille cinq cents gosses massacrés par des membres de leur famille : la pointe émergée de l'iceberg.

Car l'écrasante majorité des gamins abusés préfère le silence. Par peur, par honte, par déni. Et parce qu'ils pensent, justement, qu'ils ne seront pas crus. Résultat : 90 % des incestes sont tus. La conséquence est simple : neuf criminels sur dix, 90 % des salauds qui se sont tapé leur gosse errent, libres, dans la nature. Ça non plus, je ne l'invente pas : c'est écrit noir sur blanc dans une récente étude de la fondation canadienne Marie-Vincent, qui fait autorité en la matière.

Les criminels qui se font pincer, eux, ont encore de grandes chances de s'en tirer blancs comme neige. Comme mon cher père, qui n'a récolté que six ans de prison, et n'en a purgé que quatre. Car, aujourd'hui encore, au XXIe siècle, il n'y a toujours rien dans la loi qui dise clairement qu'un môme *subit* toujours un acte sexuel avec un membre de sa famille. Aucun texte ne précise que jamais le gosse ne peut être consentant. Même si l'inceste est prohibé, cet interdit n'est pas cité explicitement dans le code pénal. Comment réprimer justement un crime qui n'est pas nommé ? L'inceste est donc jugé comme une agression sexuelle « normale ». L'auteur, ayant autorité sur la victime, est censé être puni plus durement. Mais souvent, ce n'est pas le cas. Car, pour qu'une pénétration soit considérée comme un viol, il faut qu'elle ait eu lieu avec « violence, contrainte, menace ou surprise ». Or tout le problème d'un enfant, c'est justement qu'il obéit à ses parents ! Nul besoin de l'intimider, de le frapper ou de le forcer pour qu'il se plie à toutes les perversions de son papa ! Du coup, l'inceste, parfois, n'est pas considéré comme un viol, parce qu'on pense que le gosse était d'accord. Moi, c'est ce qui m'a tuée : la juge a écrit noir sur blanc que mon père avait eu de très nombreuses relations sexuelles avec sa fille, et ce pendant des années, mais « sans toutefois exercer de contrainte » sur moi. Mon père s'en est donc tiré avec une peine ridicule. Le procès de mon géniteur a eu lieu en 1981. Aujourd'hui, pense-t-on, cela ne se passerait plus ainsi. Ce n'est pas la peine d'inscrire l'inceste dans le code pénal, ils savent bien, les juges, les jurés, c'est évident, qu'un gosse ne peut pas *désirer* avoir des relations sexuelles avec son père, sa mère ou son oncle ! N'est-ce pas ?

Eh bien non, pas toujours.

En 1998, la cour d'assises de Carpentras jugeait un homme de trente-six ans, accusé d'avoir violé son neveu Nathaniel, alors âgé de onze ans. La vie de ce gosse a été brisée net, et son adolescence fut une longue errance entre débauche et dépression. Lors du procès, l'oncle a entièrement reconnu les faits. En précisant néanmoins à de nombreuses reprises que son neveu était consentant. Qu'il a fait cela « pour lui faire plaisir ». Lors de ce viol, Nathaniel a dit à tonton qu'il avait mal, et son oncle lui a répondu :

« C'est un mauvais moment à passer, mais tu verras, tu en redemanderas. »

Lors de son procès, l'accusé a demandé pardon à son neveu.

Ce viol n'a pas été considéré par les jurés du Vaucluse comme un viol. En rendant leur verdict injuste, les jurés n'ont fait qu'appliquer le droit français. Nathaniel n'a pas été menacé, il n'a pas non plus refusé de se soumettre à son oncle, évidemment, puisque c'était son oncle. La pénétration anale ayant eu lieu « sans violence, menace, contrainte ou surprise », les jurés ont donc conclu que le petit garçon était d'accord. Aux yeux de la justice, un gamin de onze ans n'est pas suffisamment mûr pour être poursuivi en justice. Mais il l'est suffisamment pour désirer être sodomisé par un membre de sa famille.

Le bourreau de Nathaniel est ressorti libre du tribunal.

Mon histoire à moi n'est pas de l'histoire ancienne. Elle se reproduit tous les jours. En pire. Ça me ronge, ça me rend dingue… Et ce qui me tue encore davantage, c'est d'entendre les campagnes de communication « anti-inceste » de certaines associations. Le thème est toujours le même : « Enfants, vous avez le droit de dire non. » Mais c'est horrible, de parler comme ça à des mômes abusés ! D'abord parce que c'est impossible de s'opposer à ses parents : quel gosse de six ans peut le faire ? Avec ce genre de message, on impose aux gamins victimes une mission impossible et contre nature – faire respecter la loi à leurs propres parents. Non seulement l'enfant violé se sent coupable d'avoir excité son bourreau et de partager avec lui ce secret odieux, mais la société lui rajoute une couche de culpabilité : « Tu n'as pas dit non, tu aurais pu, tout de même ! »

Un jour de grande colère, il me vient une idée fixe : faire une vraie « campagne de sensibilisation », efficace et pas moralisatrice. Des affiches publicitaires qui cognent, histoire de réveiller les mentalités des adultes, des voisins, des profs, des travailleurs sociaux. Bref, de tous ceux qui peuvent côtoyer un enfant abusé sans s'en rendre compte. Une agence nous propose gratuitement ses services – tant mieux, nous n'avons pas un centime. C'est parti pour des heures de *brainstorming*, d'où émergent des visuels accrocheurs : des photos de jouets d'enfants, un peu spéciaux. Emballés dans un plastique rose bonbon, on voit « la vraie langue de papa », ou « la main baladeuse de tonton », ou encore « le doigt tripoteur du frangin ». Sous la photo, un message : « 72 % des infractions sexuelles sont perpétrées dans le cercle familial ». Tollé général ! Les journaux qui osent publier nos affiches, *Le Monde* en tête, sont assaillis de courriers de lecteurs furibards, vent debout contre cette « provocation malsaine », ces « photos sordides ». Quelques jours plus tard, le Bureau de vérification de la publicité émet un avis négatif sur la campagne d'affichage. Son message est limpide : que les victimes de l'inceste parlent de l'inceste, à la rigueur, mais qu'elles en parlent joliment.

Que ce soit clair : il n'y a pas de belle façon de parler de l'inceste. Je le reconnais aisément, ces affiches sont plutôt choquantes, affreuses. Elles peuvent coller la nausée, j'en conviens. Comme l'inceste. Pourquoi devrait-on enrober de bolduc ce crime dégueulasse ? Les partouzes dans lesquelles m'emmenait mon père quand j'avais treize ans, c'est joli, ça, peut-être ? Nous qui sommes les victimes, nous sommes pourtant sommées de nous taire. De cette pudeur mal placée, mon amie Sandrine a fait les frais. Coupable d'avoir choqué en racontant les sévices sexuels perpétrés par son grand-père, elle s'est vue rejetée par sa famille, et a réglé son problème en se précipitant par la fenêtre. En voilà une qui s'est tue à tout jamais…

Moi aussi, on aimerait bien que je la boucle. Mon père, surtout, est furieux de me voir tous les quatre matins à la télévision, racontant notre belle histoire devant la France entière. Un jour, je suis invitée sur France 2 dans un débat consacré aux agressions sexuelles. L'émission commence, le journaliste me présente, en résumant un peu hâtivement mon parcours :

« Isabelle Aubry, présidente de l'Association internationale des victimes de l'inceste, violée par son père entre six et quatorze ans. »

Devant son écran, papa chéri saute au plafond. Il attaque aussitôt France Télévisions, au motif que son honneur a été gravement mis à mal. Il précise par avocat interposé qu'il n'a pas commis de viol, mais une « atteinte sexuelle », puisque « sans contrainte », et que ce n'était qu'entre l'âge de douze et quatorze ans. La clé de son argumentaire est ailleurs : il invoque son « droit à l'oubli ». En clair, il a purgé sa peine, donc il exige qu'on le laisse se « réinsérer » en paix. Moi, je me bats encore contre la dépression pour survivre, et lui, bien installé dans un petit château avec sa femme, m'ordonne de fermer ma bouche pour préserver sa tranquillité ! On croit rêver.

Mon témoignage dérange, donc. Mais la parole des agresseurs, elle, on l'écoute.

C'est à la radio que je l'ai entendue, un jour de l'an 2000.

Un matin, l'un des tubes de Garou, le chanteur canadien, passe sur les ondes, et je manque de m'étrangler avec mon croissant. Les paroles de son tube me donnent immédiatement la nausée :

« Avec elle, oh, c'est passionnel. [...] On dirait qu'elle sort des jupes de sa maman, on croirait qu'elle n'a jamais eu d'amant, mais méfiez-vous de la femme-enfant, méfiez-vous de ses quatorze ans. [...] Son petit corps adolescent pour vous n'a rien de bien troublant. [...] Je rêve de sa peau. [...] À cause d'elle, on m'appelle criminel. [...] Ils vont m'enfermer, [...] ils vont me condamner, ils vont sûrement me rendre fou. À cause d'elle. »

Les violeurs d'enfants ne sont pas suffisamment choyés, sans doute, il faut encore leur donner la parole dans une chanson populaire ! Et voilà que leur complainte – pauvres de nous, on va finir au trou ! – squatte les ondes du monde entier... J'entre dans une colère noire, à cogner dans les portes, à pester toute seule. Et puis je me calme : le mal est fait, ce n'est pas la peine de se coller un ulcère. Dans les cas extrêmes, les réflexes des Survivants de l'Inceste Anonymes me reviennent : je respire un grand coup et m'en remets à ma « puissance supérieure » : si Elle est vraiment sympa, Elle me donnera bien, un jour ou l'autre, l'occasion de clouer le bec à ce chanteur tordu...

Bingo : quelques mois après, je vais rendre visite aux membres de l'AIVI du Québec, et Garou prend place dans le même avion que moi, côté riches. Pendant huit heures, je bouillonne dans mon jus sur mon siège éco, bien décidée à coincer la star à l'atterrissage et à lui offrir le plus beau scandale public de sa carrière. En allant récupérer mes bagages, je tombe nez à nez avec le chanteur si mal inspiré. À peine Garou dégaine-t-il son stylo, croyant à l'assaut d'une fan énamourée en quête d'autographe, qu'il reçoit ma hargne en pleine figure. Il tente de se justifier, protestant qu'il regrette cette mauvaise interprétation de sa chanson...

« Mais c'est trop tard ! À quoi pensiez-vous, enfin, vous êtes irresponsable ou quoi ? »

Je lui aboie dessus, et m'énerve tant et si bien qu'il faut que son manager nous sépare avant que je ne colle à Garou l'avoinée qu'il mérite. Mes copines me récupèrent, tremblotante de rage, assise par terre, mes valises étalées autour de moi… Mon premier contact avec le *star system* n'est pas vraiment glorieux.

Heureusement, il existe des vedettes plus sensibles à notre cause. Elles sont peu nombreuses, car poser aux côtés de victimes de l'inceste n'est pas forcément très glamour. Mais il y a des braves, comme le comédien Bruno Solo ou la chanteuse Nicole Croisille… Eux, nous les contactons en 2004 pour notre opération « Cinquante mille nounours face à l'inceste ». L'idée est simple : collecter des peluches et les redistribuer gratuitement, lors de la Journée mondiale des droits de l'enfant, tout en donnant des informations sur l'inceste aux gens qui viendront en chercher un. Sur le papier, le principe est sympa. Mais en pratique, quelle montagne à gravir ! D'abord, il faut collecter les nounours, et puis trouver un lieu pour la redistribution, décrocher les autorisations de la préfecture, dénicher une tente de 1 000 m^2, de l'argent, des sponsors ! Les bénévoles et moi bossons jour et nuit. Moi qui suis plutôt versée dans la dépression, d'habitude, je déborde d'une énergie bizarre : je travaille à deux cents à l'heure, limite hystérique, scotchée au téléphone toute la journée, sans boire, sans manger. J'épuise littéralement mon entourage. Mais je suis tellement excitée de voir que partout en France des victimes surgissent de l'ombre ! Car, sous prétexte de collecter des nounours, certaines sortent du placard et s'assument enfin, sans honte ! Le 20 novembre 2004, l'opération « Cinquante mille nounours face à l'inceste » pose sa tente place de la Bastille et accueille la ministre de la Famille, la secrétaire d'État aux Droits des victimes, ainsi que la défenseure des enfants. Toute la journée se tiennent des conférences sur les conséquences de l'inceste, des permanences juridiques pour les victimes, des expositions, un petit concert… Les médias se bousculent pour couvrir l'événement. Par la grâce des nounours, l'inceste fait même la une de *France-Soir*, et s'invite chez Fogiel. Nous voulions que la France entende parler des enfants abusés, et se rende compte du scandale qu'est le traitement judiciaire des affaires d'inceste : c'est plutôt réussi. Il semblerait même que ma petite prestation télévisuelle ait chatouillé certaines oreilles du côté du pouvoir…

Six jours après, le ministre de la Justice Dominique Perben annonce à la télévision que l'inceste sera inséré dans le code pénal. Noir sur blanc, ce mot sera écrit, pour la première fois depuis plusieurs siècles : à la presse, le 26 novembre 2004, le ministre le promet.

Nous attendons toujours.

À défaut de faire bouger le gouvernement, l'AIVI gagne avec l'« opération nounours » sa légitimité, ainsi qu'une grosse couverture médiatique. Par la suite, je décroche même le premier prix des « femmes formidables » décerné par le magazine *Femme actuelle*. Et, chaque fois que l'association est citée dans les médias, le résultat est le même : ma boîte mail explose sous les candidatures de bénévoles. C'est ainsi qu'aux tout débuts de l'association, le CV d'un dénommé Gérard me parvient. Comme son prénom ne l'indique pas, ce garçon est jeune, vingt-cinq ans à peine, et il souhaite ardemment devenir volontaire chez nous. D'abord, je me méfie : c'est le premier homme qui me propose ses services. En plus, il n'est pas une victime lui-même. Bizarre, bizarre. Il m'explique rapidement que c'est sa copine qui a été abusée, et qu'étant solidaire, il souhaite donc s'engager comme volontaire sur le terrain associatif. Fort bien. Je reçois donc les deux tourtereaux chez moi, afin de les remercier de cette candidature et de leur expliquer le fonctionnement d'AIVI. Trois tasses de thé plus tard, mon avis est fait : Gérard a l'air sympa, je l'embauche donc comme bidouilleur en chef des ordinateurs d'AIVI. Lui et sa promise habitant près de chez moi, nous nous retrouvons régulièrement pour boire un verre ou faire les magasins. Parfois, c'est Gérard, tout seul, qui se coltine les courses. J'apprends alors que sa vie de couple n'est pas toute rose : sa copine le fait tourner en bourrique, et le trompe tant et si bien qu'il souffre comme un chien et finit par s'ouvrir les veines. Après quelques jours à l'hôpital, mon bénévole revient à la vie, célibataire.

Moi, à cette époque, en 2001, je me suis enfin décidée à acheter un appartement, le premier de mon existence. « Posséder mon intérieur », ça ne m'est pas arrivé souvent au sens propre, et jamais au sens figuré, j'étais locataire jusqu'à présent. C'est un très grand pas pour ma petite personne… Mais quel boulot ! J'ai eu une tonne de travaux à faire, de la peinture, de la plomberie… Gérard a déménagé également, et lui aussi rénove : nous sommes donc deux éclopés du cœur en vadrouille chez Castorama, s'échangeant de bons tuyaux sur la pose du parquet ou la réfection de joints… Je lui apprends à poser le carrelage, il me file un coup de main pour porter le matériel. Moins glamour que nos tête-à-tête, ça n'existe pas. Et pourtant. Je me sens extraordinairement bien en compagnie de Gérard, j'attends avec impatience nos virées chez Leroy-Merlin. Entre nous, il n'y a pas de séduction, pas de danger, nulle angoisse, nul déchirement… C'est bon, c'est tout. Jadis, à l'époque où je ne me voulais que du mal, je ne l'aurais même pas regardé, ce type : trop gentil. Et là, petit à petit, je fonds pour mon bricoleur… Un soir, je lui propose même de rester voir un film. Nous n'allons pas plus loin cette nuit-là. Avec Gérard, tout se fait doucement, tendrement. Naturellement. Après plusieurs mois de complicité, je mets finalement, sans même y penser, un terme à mes deux années d'abstinence. Elle n'a plus lieu d'être : j'attendais un homme bon et droit, je viens de rencontrer mon ange.

C'était il y a sept ans maintenant. Et, depuis, ce n'est pas la passion comme avec Bruno, ce n'est pas la torture comme avec Marc et les autres, c'est infiniment mieux que cela.

C'est tout simplement le bonheur.

Avec Gérard, je n'ai ni peur ni mal. Est-ce qu'il m'aime ? Pourquoi ne m'aime-t-il pas ? Pourquoi est-il en retard ? Va-t-on rompre ? Pourquoi rester ensemble ? Toutes ces questions qui me pourrissaient l'existence dans mes vies affectives antérieures ne me broient plus le cerveau. Grâce à sa tendre constance et sa spontanéité, Gérard m'a appris qu'une histoire d'amour pouvait être aussi simple qu'heureuse. Lui n'est ni marié, ni tordu, ni manipulateur, ni torturé, ni cruel, ni instable. Mais gentil ! Attentionné ! Agréable, cultivé, drôle ! En plus, il aime cuisiner, et avec lui tout roule, tout coule. Le jour où il a souhaité vivre avec moi, il s'est juste pointé devant ma porte avec ses valises.

J'ai ouvert, et moi qui, à trente-sept ans, n'avais jamais vécu avec un homme, je lui ai fait aussitôt une place dans mes placards. Mon fils, lui aussi, a adopté Gérard. Et pour cause, Morgan et lui n'ont que quatorze ans de différence, et pas mal de hobbies en commun : hard rock, mangas, BD, jeux vidéo… C'est l'avantage de sortir avec un petit jeune ! Aujourd'hui encore, Morgan adore son papa. C'est ainsi qu'il appelle Gérard, qui considère mon fils comme le sien. Un matin, tranquillement, mon cher et tendre m'a d'ailleurs informé de la suite du programme :

« Il faudrait tout de même penser à offrir un petit frère ou une petite sœur à Morgan… Mais avant, marions-nous. »

Banco. Nous sommes passés devant monsieur le maire en 2004, un jour ensoleillé de juin. Nous étions vingt-huit à faire la fête : quelques amis, la famille de Gérard, trois bénévoles de l'association et mon fils. Nous avons ri, beaucoup, et trinqué, et chanté du Piaf, et dansé au bord de la Marne. Sur les photos, pour une fois dans ma vie, j'ai cet air niais qui va si bien aux gens heureux. Dans ma belle robe écru et rouge, j'ai une large et indécollable banane.

Depuis, l'enfant que nous désirions n'est pas venu. Gérard l'a accepté, sans larmes et, je crois, sans ressentiment. Chaque soir, je sais qu'il rentrera à la maison, et qu'il sera adorable. Notre vie n'est ni tumultueuse ni tempétueuse : c'est un ruisseau tranquille, une succession de joies simples, de petits voyages, de petits dîners, de petits bouquets, tout plein de minuscules attentions qui tressent jour après jour un immense et calme bien-être. Gérard sait que, souvent, je vais mal. Il sait quels cauchemars me hantent. Il tente de les éloigner au mieux et de me remonter quand je chute au fond du trou. Depuis que nous nous aimons, je me sens en sécurité, et cette sensation toute neuve, c'est à lui seul que je la dois.

Après l'avoir longtemps cherchée, après avoir beaucoup souffert, j'ai enfin une vraie famille : celle que j'ai fondée. Elle est atypique, peut-être. Elle est à mon image, et me rend aussi heureuse que je peux l'être.

12

Nicolas et moi

Il faut maintenant que je l'avoue : il y a un autre homme dans ma vie, à part Gérard. Celui qui hante mes pensées, c'est Nicolas. Sarkozy, le président… Le rencontrer, c'est mon obsession. Décrocher une entrevue, j'en rêve, même dix minutes, juste pour le convaincre de faire de la lutte contre l'inceste une cause nationale. Imaginez un instant : si lui était informé du scandale qu'est le traitement juridique de l'inceste en France, s'il décidait de s'en soucier, que de montagnes nous pourrions déplacer ! La tâche n'est pas si compliquée, il suffit juste de vouloir s'y atteler. Pour le président, j'ai donc sous le coude une petite feuille de route toute tracée. D'abord, rendre le crime d'inceste imprescriptible, l'introduire dans le code pénal et lancer régulièrement des campagnes d'information auprès du grand public. Ordonner, ensuite, des enquêtes scientifiques sur le nombre de victimes et les conséquences des abus, puis, sur la base de leurs résultats, former sérieusement les profs, les juges, les médecins, tous ces personnels en contact avec les enfants, afin de mieux détecter, écouter et encadrer les gamins violés. Tout cela est indispensable, urgent, fondamental, tout cela nécessite des moyens, et de la volonté, et de l'énergie !

« Mais de l'énergie, vos amis comme vos ennemis disent que vous en avez à revendre… Il est urgent de la mettre au service des enfants abusés… »

Voilà ce que je dirai à l'oreille du président *himself*, le jour où je le verrai. Car j'y arriverai, il le faut. Je m'y emploie avec acharnement, et, pour parvenir à mes fins, tous les moyens sont bons.

Déjà, comme je l'ai fait pour son prédécesseur, je tanne ses conseillers. Depuis que l'AIVI existe, j'en ai vu des tripotées, de ces soldats de l'ombre : des conseillers à la santé, à la justice, aux victimes, au social… Il y en a de plus chaleureux que d'autres, et de mieux informés. Alors, après les politesses d'usage, je dégaine ma question rituelle :

« L'inceste, vous y connaissez quelque chose ? »

Selon la réponse desdits conseillers, je leur fais la totale ou la semi-totale : un speech d'une plombe sur « les abus sexuels dans le cadre familial », ou alors sa version courte, si ces messieurs-dames sont pressés et/ou déjà au courant du sujet. La plupart de ces chargés de mission m'aident. Pas sur les sujets qui fâchent – prescription ou code pénal – mais sur le reste : l'un me soutient dans mon projet de fonder un centre d'expertise sur l'inceste, l'autre m'a promis de faire venir la ministre de la Santé à notre prochain congrès sur les conséquences médicales et les thérapies de l'inceste… La clique des conseillers est d'autant plus conciliante que je ne lui demande jamais un centime. Un chèque ? Non merci, je préfère que ces éminences grises se bougent pour qu'on parle, partout, de l'inceste. À force de faire le siège des ministères, je finis par avoir mes entrées à l'Élysée.

C'est un beau matin de 2007 que je reçois sur du papier tricolore une invitation à me rendre aux festivités présidentielles du 14 Juillet. Le thème – parce qu'il y a un thème cette année –, c'est « victimes et héros ». Les survivants de l'inceste, pour moi, sont des héros, pour le gouvernement, ce sont des victimes, mais le résultat est le même : la présidente d'AIVI est conviée par Nicolas à le rejoindre en ses jardins pour la fête nationale. Chouette, chouette ! Je vais enfin pouvoir lui causer ! C'est fortes de cet objectif – rencontrer le *big boss* et lui extorquer un rendez-vous – que nous arrivons, Aude, notre trésorière, et moi-même, devant les grilles de l'Élysée. C'est magnifique. De là, nous voyons les jolis bâtiments, les grands arbres, les vastes pelouses… Il fait un temps splendide. Une belle journée pour joindre l'utile à l'agréable. Car nous ne sommes pas venus là pour tartiner les sandwichs, mais pour faire le maximum de pub à l'AIVI, et rencontrer le plus de ministres possible afin de faire avancer nos idées. La longue file d'attente dans laquelle nous prenons place me donne le temps et l'occasion de briefer Aude sur l'art subtil du « réseautage », comme disent nos amis québécois. Leçon numéro un : s'infiltrer, jouer des coudes pour accéder aux puissants ; et, leçon numéro deux : toujours leur laisser nos coordonnées !

« Ta carte de visite doit être dans ta main quand tu serres la main du ministre », expliqué-je à Aude.

Elle se marre, moi aussi : sous le soleil de juillet, nous avons l'impression d'être en opération commando. Nous avons chacune nos cibles, elle le Premier ministre, moi la ministre de la Santé ! Notre paquet de cartes de visite dans la poche et notre tenue des grands jours sur le dos, nous entrons enfin dans les jardins de l'Élysée, noirs de monde. Le brouhaha s'intensifie, annonçant la grande nouvelle : le président arrive ! Des centaines de personnes se massent autour du perron. Un cordon de sécurité nous empêche d'avancer : un garde du corps tous les vingt centimètres ! Alors, de loin, j'écoute :

« J'ai voulu, avec Cécilia, que cette garden-party soit réservée à tous ceux d'entre vous pour lesquels la vie n'avait pas été indulgente cette année, tous ceux qui ont dû mettre un genou à terre [...]. Vous avez résisté, vous avez refusé de subir... »

Applaudissements. Je suis dans les starting-blocks, attendant que Nicolas se jette dans la foule pour y prendre un bon bain, comme Chirac le faisait jadis à la télé... Je m'apprête à le harponner, ma carte de visite bien serrée dans mon poing, mais c'est raté ! Sa conclusion envoyée, le président retourne dans son bureau, suivi par sa petite troupe de privilégiés. Déçue mais pas désespérée, je me rabats sur ses ministres. Certains sont descendus du perron dans l'arène. Alors, *go*, *go*, *go* ! Aude se précipite sur François Fillon, tandis que je tente de me frayer un chemin jusqu'à Roselyne Bachelot.

Le temps que je fende la foule qui s'agglutine, appareil photo en main, autour de Roselyne, Aude est déjà revenue vers moi, un lumineux sourire accroché entre les deux oreilles :

« Ça y est, ça y est, Fillon va nous recevoir, il me l'a promis !

— Super ! Tu lui as donné tes coordonnées, bien sûr ? »

Enfer, elle a oublié ! Alors, me voilà courant sur mes talons hauts après François Fillon, agrippant un de ses gardes du corps par le bras en lui faisant promettre de transmettre mon précieux numéro de téléphone. De retour, je croise un proche du président que j'ai déjà rencontré lors de notre combat antiprescription :

« Bonjour ! L'inceste dans le code pénal, on en reparle quand ?

— Pas le temps, désolé, j'ai un avion. »

Décidément, ce n'est pas mon jour de chance.

« Isabelle, reprends-toi. Ne te laisse pas abattre, tu vas y arriver. »

Requinquée fissa par la méthode Coué, j'écrase vaillamment quelques doigts de pieds et réussis enfin à me planter devant une Roselyne Bachelot hilare, posant pour les clichés souvenirs.

« Bonjour ! Moi, je ne veux pas une photo, je veux un rendez-vous.

— Très bien, à quel sujet ?

— L'inceste.

— Ah, l'inceste, ce n'est pas moi ! »

Comment ça, « pas elle » ? J'hallucine :

« Quand même, l'alcoolisme, la prostitution, la toxicomanie, le suicide, l'anorexie, ce n'est pas vous, la ministre de la Santé, qui vous en occupez ?

— Si, si, on connaît les conséquences de l'inceste, bien sûr... Mais vous savez, je ne suis pas un robot, je ne suis qu'un être humain, mon agenda est saturé... »

Alors, je jette mon orgueil par-dessus les moulins, et je la supplie :

« Écoutez, je vous en prie, faites un effort, recevez-nous, c'est extrêmement important, c'est un fléau de santé publique... »

Et voilà Aude qui s'y met à son tour :

« Une bonne politique de prévention permettrait de réaliser d'énormes économies ! Certains pays ont évalué à plusieurs milliards les gains pour la Sécurité sociale quand on s'occupe des victimes suffisamment tôt. »

Ma trésorière s'est ratée sur François Fillon, mais là, quelle force de persuasion ! Nous voilà à deux sur cette pauvre Roselyne à lui bourrer le crâne, tout en distribuant de discrets coups de coude aux courageux qui tentent de nous couper la parole afin de lui vendre, eux aussi, leur camelote. Malgré notre acharnement, Mme Bachelot finit quand même par nous échapper et je me retrouve assise à l'angle d'une table, seule et au désespoir, sans aucun rendez-vous ferme.

C'est là qu'un quinquagénaire encravaté entreprend de me donner le coup de grâce. Lui est procureur dans un bled du sud de la France. Il me demande ce qui m'amène à l'Élysée, et, en picorant les derniers petits-fours qui ont échappé aux sauterelles, le voilà qui soupire :

« Ah, oui, l'inceste ! C'est vrai que ça nous occupe bien, ces histoires… C'est au moins 20 % des affaires que l'on traite dans mon tribunal. Mais pourquoi donc l'insérer dans le code pénal ? Nous sommes suffisamment débordés. Les plaintes sont déqualifiées, classées sans suite, c'est vrai… mais moi, je reçois dix fois plus de dossiers que je ne peux matériellement en traiter, alors, il ne faut pas s'étonner… »

Ce jour-là, dans les jardins de l'Élysée, c'est toute l'histoire de ma vie qui se répète. Pour les élus, les juges, les gens en général, l'inceste est loin, très loin d'être une priorité. Toutes ces vies d'enfants fracassées, qui s'en soucie ? Procureur ou ministre, voisins ou parents, c'est *idem* : ceux qui devraient s'y intéresser tentent de passer la patate brûlante au copain d'à côté… Le procureur finit son verre, et moi aussi j'ai eu ma dose : la garden-party, pour moi, c'est terminé. Je sors du palais présidentiel épuisée et le moral à zéro… Il me faudra de longues semaines avant de relativiser : dans un pince-fesses officiel, les survivants de l'inceste ont été représentés, c'est déjà ça. Et puis notre opération commando a finalement porté ses fruits : quelques mois plus tard, nous serons reçues au ministère de la Santé et à Matignon. Jouer des coudes sert donc à quelque chose.

Mais ce qui se révèle encore plus efficace, c'est un vrai, grand et beau scandale.

Je l'apprends sans le vouloir au mois d'août dernier. En écoutant les informations, j'entends qu'un garçonnet de cinq ans, baptisé Énis, s'est fait enlever et violer par un pédophile tout juste sorti de prison. C'est abominable, cette histoire, j'en tremble en éteignant ma radio. Mais ce qui me met dans une colère plus folle encore, c'est d'entendre au fil des jours les réactions de nos gouvernants. Ils sont partout, à la télé, à la radio, dans les journaux, et ils se vantent ! Ah, ça, ils sont réactifs : ils promettent aussitôt le durcissement des peines pour les criminels déjà condamnés, un soi-disant « bon tour de vis » pour les salopards violeurs de gosses. Et moi, je bouillonne de rage. Que d'énergie mal dépensée, que de bruit pour rassurer le bon peuple ! Le gouvernement s'acharne sur les récidivistes, qui représentent une proportion infinitésimale des délinquants sexuels en liberté, alors que 90 % des affaires d'inceste ne sont jamais révélées ! Ça leur fait une belle jambe, aux parents pervers, que les peines de prison soient aggravées pour les anciens détenus. Eux ne sont jamais inquiétés, parce que les affaires sont classées sans suite ou parce que les enfants violés, dans la société d'aujourd'hui, ne sont ni écoutés ni entendus.

J'envoie dans la seconde un communiqué rageur à la terre entière. Aussitôt quelques radios nationales m'appellent pour recueillir ma réaction, et je ne m'en prive pas : j'explique donc sur les ondes que la France vit à l'âge de pierre, que des mesures d'urgence ne serviront à rien, qu'il faut une vraie politique d'étude et de prévention des abus sexuels, pédophiles ou incestueux.

« Des petits Énis, il y en a des milliers qui souffrent chaque jour à cause de l'incompétence totale de nos institutions et du manque de volonté politique ! »

Voilà en substance le fond de mon speech. Furibard.

Le lendemain dimanche, un conseiller de la ministre de la Justice m'appelle sur mon portable. Il n'est pas content du tout, du tout. Il me dit que, quand même, j'aurais pu peser mes mots, que Mme Dati est très en colère, que M. Sarkozy ne doit pas être ravi non plus de ma prestation radiophonique, et qu'il faudrait que je rédige un second communiqué qui reconnaisse les avancées majeures proposées par l'équipe gouvernementale. Me dédire ? Non, ça ne va pas être possible, désolée. En revanche, je précise que j'ai toute confiance en notre nouveau président. Bien sûr, je crois dur comme fer dans sa volonté de changer les choses : d'ailleurs, j'ai un petit projet sous le coude, un centre d'expertise, de soins et de recherche consacré à l'inceste, qui, j'en suis sûre, va passionner Nicolas Sarkozy, je pourrais le lui expliquer *de visu* s'il a cinq minutes pour me recevoir… Au fait, si le conseiller peut faire passer un second message, je pense que faire de l'inceste une grande cause nationale, comme le cancer ou la maladie d'Alzheimer, serait pour le coup une gigantesque avancée, que je ne manquerais pas de saluer en public.

Après avoir chacun expliqué nos vues, le conseiller et moi raccrochons poliment.

Nicolas Sarkozy ne m'a jamais accordé de rendez-vous. En revanche, il a demandé à l'un de ses conseillers – un de plus ! – de me recevoir fort aimablement, et a choisi de me décorer. Chevalier de l'ordre du Mérite, rien que ça ! J'ai décidé d'accepter uniquement si le président me la remettait en main propre. Sinon, je refuserais sa médaille, dont je me moque comme d'une guigne. Je m'empresserais de dire à qui veut l'entendre, et aux médias en particulier, que le gouvernement veut bien décorer une victime de l'inceste, mais surtout pas l'entendre. Si je provoque un pataquès, au moins ma décoration aura-t-elle servi à quelque chose… J'ai compris que seule primait la loi du plus bruyant. Puisqu'il faut donc du ramdam pour être écoutée, le président peut compter sur moi. J'ai assez souffert du silence dans ma vie, le bruit, maintenant, ne me fait plus peur. Pour faire autour de l'inceste un boucan d'enfer, j'ai quelques munitions dans ma poche : des spots pour la télé, une campagne d'affichage, des marches blanches, notre congrès bientôt, et un listing de journalistes long comme mon bras auxquels je ne manquerai pas, chaque fois que l'actualité m'en donnera l'occasion, d'envoyer une rafale de communiqués rageurs. Ceux qui, en haut lieu, décident de nos vies, je ne les laisserai jamais oublier l'inceste. Je ne les laisserai jamais faire croire à l'opinion qu'ils s'occupent de la sécurité des mômes, quand 90 % des parents violeurs courent encore dans la nature. Jusqu'à ce qu'une véritable politique préventive et législative soit enfin mise en place, je harcèlerai toute la sphère politique, du planton ministériel au président en personne. Je ferai de même pour son successeur, et le successeur de son successeur, qu'il soit de gauche, de droite ou du milieu. Je le fais déjà, et cela ne va pas s'arrêter de sitôt.

Ce combat, désormais, c'est ma priorité, le pilier de mon existence. Mes soirées, mes week-ends, je les passe le nez dans l'ordinateur à bûcher mes dossiers. Mes semaines filent, les rendez-vous s'enchaînent : ici, une formation sur l'inceste à dispenser aux assistantes sociales d'un hôpital ; là, un groupe de parole de victimes à animer, ou bien une copine, violée par son oncle quand elle était enfant, à accompagner au tribunal… Dans mon entourage, il y a ceux qui comprennent cette existence monomaniaque que je mène – mon mari, mon fils. Et puis il y a les autres.

« Mais enfin, Isabelle, tu as tout pour être heureuse, maintenant, pourquoi te torturer encore avec ces affreuses histoires d'inceste ? »

Ces bonnes gens interloqués – cousins, voisins, connaissances – se trompent doublement : d'abord, je ne veux ni ne peux laisser tomber ce combat, car sinon c'est simple, j'en crèverai. Et puis ce « bonheur parfait » dont je devrais jouir sans me soucier du reste, je ne le connais pas.

Pour ma vie présente, vue de l'extérieur, c'est vrai, je pourrais remercier le ciel : j'ai le plus adorable des maris, une jolie maison en banlieue parisienne, deux chiens et, surtout, un fils formidable. Mon petit bouchon est devenu un jeune homme, et quel homme : beau comme un cœur, gentil comme tout et, question neurones, plutôt gâté par la nature. Cet enfant, j'en suis fière. Moi qui ai eu les pires géniteurs, j'aurais pu tout rater, tout gâcher. L'élever ne me fut pas facile tous les jours : j'ai fait ce que j'ai pu, et surtout le contraire de mes propres parents. Éduqué dans l'amour et le respect des règles, Morgan ne s'en porte pas mal : il a réussi brillamment le concours d'entrée à l'école de commerce et, plus tard, je le verrais bien filer vers un troisième cycle d'HEC, ou de Sciences-Po… Mais, s'il souhaite devenir maçon ou comédien, je lui dirai amen aussi. L'important est qu'il jouisse de ce dont on m'a privée : la liberté de choix. Moi, l'inceste a sagouiné ma vie et mes études, et m'a offert une brillante carrière dans la prostitution de luxe. À ce propos, j'ai fini par me rendre à l'évidence, et avoué à Morgan qui était son géniteur, le client du C. Récemment, mon fils a décidé de prendre contact avec lui. C'est son choix et je le respecte.

J'espère que le père biologique donnera suite, Morgan le mérite… Que leur rencontre se fasse ou non, Morgan a un vrai papa désormais, c'est Gérard. Le lien biologique ne fait pas tout, je suis bien placée pour le savoir, et, aujourd'hui, ma petite famille est une famille d'amour, une famille heureuse. Autre bonne nouvelle : mon père est mort d'un arrêt cardiaque, en juillet 2004, à l'âge de soixante-deux ans. Il n'aura pas beaucoup profité de sa troisième femme, de sa nouvelle vie et de son château. Lorsque j'ai appris la triste nouvelle, mon mari et moi avons aussitôt débouché une bouteille de très bon champagne. Tchin ! À la justice, aussi tortueux soient les chemins par lesquels elle passe !

Oui, j'ai tout pour être heureuse aujourd'hui. Sauf que je ne le suis pas.

Je ne peux pas l'être, parce que l'inceste a détruit ma vie. Certes, j'ai pu me reconstruire. Désormais, je ne suis plus seulement une victime de mon père : je suis devenue moi-même, Isabelle, une militante, une maman, une épouse. J'ai même officiellement changé de nom, et le jour où l'administration m'a enfin autorisée à jeter Aubry à la poubelle fut l'un des plus joyeux de ma vie. Maintenant, je sépare bien les choses : dans toutes mes activités liées à l'inceste, j'utilise Aubry, le nom sale d'un sale type, d'une sale vie. Mon nouveau patronyme, je le garde bien au chaud, secret. Il est propre, ce nom-là, il n'appartient qu'à moi et à mes proches. Parmi eux, j'essaie de cultiver de petits moments de plaisir : profiter d'un rayon de soleil, d'un sourire de mon fils, d'un câlin de mon mari, d'une balade, d'un bon bouquin dévoré sous la couette. Survivre à l'inceste est possible, je le sais, c'est extraordinairement compliqué, très fragile, parfois agréable. Mais guérir est impossible.

Aujourd'hui encore, je ne peux pas refaire certains gestes que mon père m'a appris. Je ne peux plus ni danser le rock, ni jouer aux échecs, ni cuisiner de bons petits plats. Ranger et nettoyer m'angoisse terriblement. Tenir une maison m'est très, très difficile.

Aujourd'hui encore, je redeviens, dans mes songes, la gamine fracassée que je fus. La porte Dauphine, le boulevard des Maréchaux… Ces lieux où je suis morte, je n'ai qu'à fermer les yeux pour les revoir. Chaque nuit, je retourne malgré moi dans mes petits cimetières ; chaque nuit, c'est mon enfance qui se réveille : je rêve que je suis toujours locataire de l'appartement où j'ai vécu le calvaire. Dans cette tour de cauchemar, la porte d'entrée de notre quatre-pièces ne ferme jamais : chacun peut y entrer, entrer chez moi, en moi, à sa guise. Tous mes réveils se ressemblent : tous mouillés de larmes, et de sueur. Moi qui, jadis, pensais que j'allais un jour revivre normalement, je sais désormais que mon bail d'enfer est à durée indéterminée. Je ne saurai jamais vraiment où j'habite.

Aujourd'hui encore, le suicide me tend les bras. Je sais que si, un matin, vivre me semble trop dur, j'ai cette solution que je ne crains pas. En finir est une option qui est là, et que je refuse jour après jour.

Alors, je fais semblant, oui, comme quand j'étais jeune. Mon malaise se déguise toujours sous de grands éclats de rire. Parfois, quand je vais voir ma psy, je ris tellement avec elle qu'elle me coupe, pas dupe, et me lance :

« Ça va mal, hein, en ce moment ? »

En effet. Ça va souvent mal. Je n'ai plus de racines : mon père, ma mère, ma sœur, je les ai arrachés de ma vie, pour mon bien, mais le deuil de maman est atroce. Elle m'a portée dans son ventre, elle m'a fait naître… Ce lien-là, cet amour pour elle, je m'efforce chaque jour de l'oublier. C'est dur d'enterrer sa famille, surtout lorsqu'elle est vivante. Un jour pleine d'énergie, l'autre au fond du trou, je balance entre la dépression et cette hyperactivité étrange qui m'avait déjà intriguée lors de l'opération « Cinquante mille nounours face à l'inceste ». Récemment, les médecins ont enfin mis un mot sur mon mal : trouble bipolaire. Maniaco-dépression, mal incurable, médicaments à vie. Aucun symptôme du même genre n'a été détecté chez mes aïeux. Certains médecins pensent que cette pathologie peut également naître d'un grave traumatisme… Malades héréditaires ou traumatisés : il semblerait bien que je fasse partie de la seconde catégorie. L'inceste m'a donc laissé un cadeau dont je ne me débarrasserai jamais : pour le restant de ma vie, je carburerai au lithium et aux antidépresseurs. Ce traitement de cheval régule mon humeur. Effets secondaires : dix kilos en trop et une anesthésie de mes émotions. Sous médocs, je ne suis plus laminée ni hystérique : mes sentiments sont calfeutrés, tant pis pour les agréables, tant mieux pour les autres. Voilà des années que je n'ai pas travaillé, et je ne reprendrai peut-être jamais : je suis officiellement « invalide », et suivie par une armée de psychiatres, de médecins, d'art-thérapeutes. Dans ce bataillon de soins, certains sont remboursés par la Sécurité sociale : je coûte ainsi un pognon démentiel à la collectivité, comme toutes les victimes de l'inceste. Le viol familial n'est pas qu'une question de société ou un simple problème juridique : il est aussi un fléau de santé publique, un puits sans fond pour les dépenses de l'État. Combien d'économies réaliserait-on si l'on décidait de prévenir l'inceste ? Si les enfants abusés sortaient de l'ombre, si les médecins étaient formés à la question et les prenaient en charge rapidement, que de dépressions nerveuses évitées, que d'économies pour la France !

Au lieu de ça, aujourd'hui, les praticiens méconnaissent la question. Un bénévole, récemment, interpellait son médecin traitant sur le sujet. Réaction immédiate de l'homme de l'art :

« Oui, bien sûr, c'est affreux, l'inceste… mais ici, à Versailles, non, il n'y en a pas. Heureusement, ce n'est pas le genre des gens du coin. »

Qu'il se détrompe : les violeurs d'enfants se recrutent partout, chez les routiers et chez les profs, chez les cadres sup' comme chez les chômeurs. L'inceste est la chose du monde la mieux partagée, et celle qui, sans doute, fait le plus de dégâts chez ceux qui y survivent. Cette blouse blanche soigne certainement sans le savoir des victimes de l'inceste. Sans le savoir, donc sans dispenser les soins qu'il faudrait… Cette ignorance n'est pas l'apanage des cabinets en ville. Chaque fois que je vais dans les hôpitaux pour y déposer les dépliants d'AIVI, la remarque fuse, invariablement :

« Ah non, madame, ici, c'est un hôpital pour adultes, je vais vous donner les coordonnées des structures pédiatriques… »

La relation entre viols d'hier et séquelles d'aujourd'hui ne se fait pas naturellement. Et pourtant, 40 % des alcooliques disent avoir été violentés sexuellement quand ils étaient gosses. La moitié des anorexiques confessent des abus sexuels dans l'enfance, tout comme la majorité des boulimiques… Et, parmi les dépressifs, les suicidaires, les toxicomanes, combien de minots abusés ? Beaucoup, cela ne fait aucun doute. Les rares études scientifiques s'accordent toutes sur ce point : l'enfant violé par un membre de sa famille a subi une trahison majeure qui résonnera toute sa vie en lui, sous forme de troubles du sommeil, de l'alimentation, de failles psychologiques et psychiques.

Mais, dans l'esprit de tout un chacun, l'inceste ne cause pas de dégâts.

Cette ignorance, cette inconscience me rendent littéralement folle de rage. Depuis mon enfance, rien n'a changé. En 2007 et en 2008, la fondation canadienne Marie-Vincent a lancé de vastes sondages sur la perception par la population des abus sexuels commis sur les mineurs. Leurs résultats m'ont fait froid dans le dos : à notre époque encore, un adulte sur quatre est convaincu qu'un enfant peut provoquer une agression sexuelle par son comportement. L'écrasante majorité des personnes interrogées pense que les enfants abusés le sont dans la rue ou à l'école, mais pas dans un contexte privé. Dans le cas où ils recevraient les confidences d'un gosse violé, les sondés, pour moitié, garderaient le silence si l'enfant le leur demandait. Par respect pour sa requête, mais aussi par peur que l'enfant ne mente, pour éviter de se retrouver embringués dans une procédure judiciaire, pour ne pas témoigner contre quelqu'un qu'ils connaissent… Il y a toujours, aujourd'hui comme hier, mille et une raisons de ne pas protéger un enfant qui crève.

Ces sondages-là ont eu lieu au sein de la population québécoise. Mais nous, les Français, sommes-nous mieux informés, ou plus courageux, que nos cousins de la belle Province ? Je ne le pense pas. Sommes-nous davantage épargnés par ce fléau de l'inceste ? Non plus. D'après une enquête sur la sexualité dans l'Hexagone, menée en 2006 par deux très respectables instituts de recherche (l'Inserm et l'Ined), 6,8 % des femmes et 1,5 % des hommes confessent avoir subi des rapports forcés. Dans six cas sur dix avant l'âge de dix-huit ans, et principalement par des personnes de leur famille. La parole des victimes se libère un peu : le nombre d'abus déclarés aux sondeurs a, en effet, explosé ces dernières années. Mais le recours à la justice, lui, stagne dramatiquement. « Ce paradoxe conduit à s'interroger sur la nature des réponses apportées à cette violence », concluent les auteurs de cette étude, pour qui la solution est claire : « Mettre en place des dispositifs d'écoute, d'accompagnement et de recours bien plus proches des réalités de vie des personnes agressées, et investir fortement dans des mesures concrètes de prise en charge et d'appui, matériel et social, des personnes et de leur entourage. »

Bref, tout reste à faire pour les victimes, cette armée discrète dont je fais partie et qui ne cessera, à l'avenir, de croître. Car, en ce moment même, des enfants se font violer sous leur propre toit, et ressentent dans leur chair et leur âme ce calvaire que j'ai enduré. Penser à eux, ces poupées vivantes que l'on détruit ici et maintenant, me broie littéralement le cœur. Alors, il me faut agir, vite, sans cesse, afin que l'inceste sorte du placard où l'on continue de l'enfermer. À force de remuer ciel et terre, l'AIVI compte désormais mille six cent cinquante sympathisants, et douze mille internautes fréquentent son site chaque mois. Nous avons des antennes à Paris, Versailles, Bordeaux, Genève… D'autres ouvriront bientôt, en France métropolitaine, au Canada et en Guyane, pour prévenir les abus et aider les victimes, les fédérer, les écouter, les défendre… Mon épuisant activisme porte ses fruits, et j'en suis contente. Mes psys, pour leur part, ont plus de mal à partager mon enthousiasme. Eux s'inquiètent parfois de me voir débordée, stressée, avec mille projets sur le gaz. Ils me brandissent alors d'abscons graphiques où s'étalent mon taux de truc et ma courbe de machin, avant de conclure d'un ton ferme et définitif :

« Isabelle, il faut vous calmer maintenant, prendre des vacances, sinon vous allez y rester. »

De leurs alarmants gribouillis et de leurs mises en garde, je me fiche complètement. Je ne veux pas de congés, je ne serai jamais calme. Les enfants d'aujourd'hui en ont besoin, de mon énergie et de ma colère. Les mioches violés par leurs parents n'ont pas de lobby, pas de parti, pas de syndicat. Ils n'ont pas voix au chapitre. Alors, je me bats pour eux, et je me battrai toujours. Car qu'ai-je à perdre, à la fin ? Ce qu'il me reste de santé, d'énergie ? Mais je suis déjà morte, moi. Le sens de ma vie est parti il y a bien longtemps, avec l'eau du bain où je barbotais avec mon père. Depuis, c'est du sursis : j'ai survécu grâce au déni, et plus tard grâce à mon fils. C'est pour lui que j'ai cessé de me faire mal, c'est parce qu'il dépendait de moi que j'ai évité, longtemps, de me suicider. Maintenant qu'il est élevé, c'est mon association, ma raison d'être. Mon mari Gérard me rend extraordinairement heureuse, mais son amour seul ne me suffirait pas à résister à l'attraction du vide. Ce qui me maintient debout, c'est ma guerre contre l'inceste. Un groupe de parole ouvert, un passage télé, une manifestation qui fait bouger les politiques… chaque petite bataille que je remporte est une revanche sur mon histoire, une claque envoyée à la figure de tous les violeurs de gosses, et à mon père en premier. Ce qui me sauve aujourd'hui, c'est de sauver d'autres enfants, ou du moins d'essayer. Ainsi, le cauchemar que j'ai vécu sert enfin à quelque chose. Ainsi, tant qu'il faudra changer nos lois et nos mentalités, je répondrai présente. Tant qu'il y aura des mômes à aider, je ne me donnerai pas le droit de me tirer une balle dans la tête.

Après, on verra…

L'Association internationale des victimes de l'inceste (AIVI) a été fondée en 2000 par Isabelle Aubry. L'inceste n'a pas de frontières, AIVI non plus. Partout où ce fléau sévit, l'association a une raison d'être et d'agir pour rassembler, aider et porter la parole des survivants de l'inceste qui ont vécu ou qui vivent encore sous le poids du silence.

Pour aider AIVI, vous pouvez adhérer ou envoyer vos dons à :

AIVI
BP 80200
75921 Parix Cedex 19

Pour en savoir plus : http://aivi.org
Contact : contact@aivi.org

Imprimé en France par

BRODARD & TAUPIN

à La Flèche (Sarthe)
en janvier 2010

POCKET – 12, avenue d'Italie - 75627 Paris cedex 13

N° d'impression : 56217
Dépôt légal : février 2010
S19280/01